Nasıl Dayandın Ya Resulullah ﷺ

Hayatını Değiştirecek Siyer

Mehmet Yıldız

“Dünya dediğin rüyaların yapıldığı malzemeden. Uyan!”

--/--/----

NASIL DAYANDIN YA RESULULLAH

Mehmet Yıldız

TİMAŞ YAYINLARI | 5435
Din Kitaplığı | Ailede Din Eğitim | 45

EDİTÖR
Kalender Yıldız

KAPAK TASARIMI
Erdi Demir

İÇ TASARIM
Nur Kayaalp

1. BASKI
Aralık 2021, İstanbul

8. BASKI
Haziran 2023, İstanbul

ISBN
ISBN: 978-605-08-4368-2
9 786050 843682

TİMAŞ YAYINLARI
Cağaloğlu, Alemdar Mahallesi,
Alayköşkü Caddesi, No:5, Fatih/İstanbul
Telefon: (0212) 511 24 24

timas.com.tr
timas@timas.com.tr
timasyayingrubu

Kültür Bakanlığı Yayıncılık
Sertifika No: 45587

BASKI VE CİLT
Alfabe Basım
İkitelli OSGB Mah. Enkoop 1. Sk. No: 1B/-1
Başakşehir / İstanbul
Telefon: (0212) 485 21 25
Matbaa Sertifika No: 46012

iyi ki **kitap**lar var...

TİMAŞ YAYINLARI
İstanbul 2023
timas.com.tr

NASIL DAYANDIN YA RESULULLAH

Mehmet Yıldız

MEHMET YILDIZ

Hayatınızın keyifli geçtiğini zannettiğiniz günlerde, bir bakmışsınız Firavun misali bir adam oluvermişsinizdir. İşte böyle yaşarken bile kalbim daraldığında, çevremde kimsenin elinin kalbime yetmemesi kalbimi yapan sanatkarın arayışına itiverdi beni.

İyi ki de itmiş, elhamdülillah ite kaka bulduk bu yolu.

Sonra kader diğer sürprizlerini tecelli ettirmek için benim biletimi İzmir'e kesmiş meğer...

Ege üniversitesinde matematik bölümünü bitirdikten sonra ise ikinci meslek olarak matematik öğretmenliğine başlamıştım. İlk mesleğim mi? Rabbimi tanımak...

Mersin'de birkaç üniversiteli gencin birleşerek, bir bebeğin annesinin meme musluklarından beslendiği gibi, Risale-i Nur'un iman hakikatlerine doyurduğu musluklardan beslenerek serüvenimiz başladı. Sonra dertlenmeye başladık... Bildiklerimizi, bilemeyenlere bildirmek için dertlenmeye...

Allah, kader planında bu acı ile kıvranan birkaç arkadaşla denk getirince 300 metrekarelik bir mekânda sosyal medya kullanarak milyonlarca insana ulaşmaya vesile olduk. Demek bizim gibi kusurlu adamlar bile bu eserlerle bu hale gelebiliyormuş! Yaptığımız sohbetleri YouTube, Facebook, Twitter, Instagram gibi sosyal medya araçlarını kullanarak birçok kardeşimize ulaştırmaya çalıştığımızdan, birkaç yıl içinde bir de baktık milyonlara ulaşmak nasip olmuş. Bize gelen binlerce mesajda, bizleri tıpkı kendileri gibi gördüklerinden ve kendilerinin de bu işleri yapabileceğine güven duymaya başladıklarından bahsediyorlar. Kısa bir süre zarfında milyonlara ulaşınca anladım ki, Allah bizim gibi küçükleri böyle büyük işlere vesile ederek kendi büyüklüğünü gösteriyormuş...

Bu güzel yolda güzel projeler yapabilmek için ömrümüzün sonuna kadar mücadele etmeye niyetliyiz.

Ve sizin hayat hikayeniz de...

Şayet benzer cümlelerden dem vuruyorsa, sizleri bir gün Hayalhanem'de karanfil kokulu demli çayımız ile bekliyor olacağız.

Sosyal Medya:
youtube.com/hayalhanem
twitter.com/mehmedimyldz
instagram.com/mehmedimyldz
facebook.com/mehmedimyldz

İçindekiler

ALEMLERE RAHMET HZ. MUHAMMED (sav)

SEN OLMASAYDIN, SEN OLMASAYDIN ALEMLERİ YARATMAZDIM...

Yer O'nun için...

Gök O'nun için...

Deniz kıyısındaki kum tanelerinin her biri O'nun için...

Tüm alem O'nun,

O (sav) ise tüm alem için...

Kul ve Resul planında vücuden en evvel manen en ahir...

O ki Allah'ın sevdiği kulu, son resulü...

Hürriyetini bulmak isteyen O'na esir olsun.

Allah'a kul olmak isteyen O'na uysun.

Kurtuluş O'nda... Ferahlık O'nda... Selamet O'nda...

Aranıp da bulunamayan hiçbir güzellik yok O'nda...

Öyleyse bugün kim bunalımdan bunalıma giriyorsa, kim başına gelen imtihanlardan yorgunsa, kim sıkıntılar içinde göğüs kafesi çatlayacakmış gibi hissediyorsa, kim kendine yapılan haksızlıklardan üzgünse, kim sevdikleri tarafından incitilmişse, kim her şeyi olmasına rağmen hala huzursuzsa, kim aldatılmışsa, kim ağlatılmışsa Resulullah'la (sav) arasındaki bağa baksın... Kim de hayatına yeni bir başlangıç yapmak istiyorsa bir besmele çekip bundan sonra O'na (sav) biraz daha benzeyebilmek için adım atsın.

O'na benzemek...

O'na bir adım daha yaklaşabilmek...

O'nun yolundan gidebilmek...

O'nun tüm insanlığı kurtarmak için girdiği mücadeleyi aleme anlatabilmek.

İnsan buradaki kurtarma mücadelesini hakkıyla anlayabilirse içinde bulunduğu durum ne olursa olsun, ister zina zindanı, ister kumar bataklığı, ister içki belası, ister fuhuş zindanı... batıp girebileceği en kötü hal, ne olursa olsun kurtuluşa erecek, feraha kavuşacaktır. Neden mi bu kadar emin konuşuyoruz? Çünkü bu vaadi bize verenin kim olduğunu biliyoruz.

"Kim Allah'a ve peygamberine itaat ederse Allah onu, altından ırmaklar akan cennetlere koyacaktır, orada devamlı kalıcıdırlar; işte büyük kazanç budur." (Nisâ/13)

"Kim Allah'a ve peygambere itaat ederse işte onlar, Allah'ın kendilerine lütuflarda bulunduğu peygamberler, sıddıklar, şehidler ve salih kişilerle beraberdirler; bunlar ne güzel arkadaşlardır!" (Nisâ/69)

İşte bizler Allah'ın bizlere yol göstermek için gönderdiği bu güzel insanlara tutunursak aklımızdaki birçok soru cevap bulacak, kalbimizdeki birçok şüphe yerle bir olacak ve karanlıklar aydınlanacak.

O halde hiç zaman kaybetmeden bir an evvel başlayalım aklımızı ve kalbimizi karıştıran bu soruların cevaplarını vermeye.

Anlaşılmaz bir kitap muallimsiz olsa manasız bir kağıttan ibaret kalır.

Allah bizi neden yarattı? Ben niçin varım?

Zaman hızla akıp geçse de insanın ömründe asla eskimeyen anılar vardır. Çocukluğumda sobanın üstüne koyduğum portakal kabuklarının kokusu, akşam ezanından sonra da oynayabilmek için babamı ikna etme çabalarım, mahalle maçlarındaki çekişmeler ve daha nice anı hiç eskimedi bende. Bunlardan birisi de çocukluğumun bir parçası olan, pazar günleri elinde boya paletleriyle ekranlara çıkan, belki de tüm dünyaya resim yapmayı sevdiren Bob Amca'ydı. Tuvalin önünde o kıvırcık saçları, içten gülüşü ve: "Evet şimdi şuraya da bir ağaç çizip gölgesini denize yansıtalım." cümlesiyle, Ressam Bob hala gözümün önünde. Aynı Ressam Bob gibi bizde iz bırakan, alanında kendini öne çıkarmış ne çok insan var değil mi? Peki bu insanlar neden kendilerini öne çıkarmak, tanınmak istediler? Çünkü ellerinde kıymet biçilemez bir hazine vardı. Kimine göre bu hazine yaptığı resimler, kimine göre söylediği şarkı, kimine göre fethettiği topraklar, kimine göre ise yazdığı yazılardı ve böyle hazineye sahip kim varsa hepsi bilinmek istedi.

Kendinizden düşünsenize, sizin de hiç sahip olduğunuz bir hazineyi öne çıkarmak istediğiniz olmuyor mu? Mesela çok güzel bir yemek yapsanız onu hemen birilerine ikram etmek istersiniz. Yahut da çok hoş bir kıyafet alsanız hemen üzerinize giymek, onu başkalarına da göstermek istersiniz. Bu herkes için böyledir.

O zaman şunda hepimiz hemfikir olmalıyız, kimde bir güzellik, kusursuzluk, kıymet biçilemez bir hazine varsa o bilinmek, bunu kendinde görmek ve başkalarına da göstermek ister. İşte bu sırdan dolayı Allah da bilinmek istedi ve kudsi hadisinde bunu: "Ben gizli bir hazineydim, bilinmek istedim." diye buyurdu.

Biz ne kendimizin ne yerin ne göğün ne tüm kâinatın ne de tüm yaratılmışların birer hazine olduğunun farkında olmadığımızdan: "Allah beni neden yarattı, ben ne için varım?" diye düşünür olduk. Böyle bir soruyla aklımızın karışmasının bir sebebi; Allah'ın sahip olduğu hazinelerin büyüklüğünün farkında olmamamızsa diğer bir sebebi de Allah'ı başka isimleriyle birlikte düşünmememiz, düşünememememiz. Mesela Allah'ın, her şeyin hakkını verir manasında Hak ismi, her şeyi belli faydalar ve oranlar içinde yaratır manasında ise Hakîm ismi vardır. Biz Allah'ı tanımada bu isimlerin hepsini beraber düşünmezsek yanılırız.

Mesela ben buraya çay demleyip getirsem sonra desem ki: "Bu çayı kimse içmeyecek." Bu söylediğim söz yaptığım işin hakkı olmaz. Bir gün çok güzel bir kamera alsak ama hiç video çekmesek kameranın hakkı olmayacağı gibi çok güzel bir koltuk takımı alsak ama hiç üstüne oturmasak bu da o koltuk takımının hakkı olmaz. İşte biz biraz önce dedik ki Allah'ın her şeyin hakkını tam karşılığıyla verir manasında Hak ismi var. Madem bu ismi var ve bu isminin yanında bir de kusursuz mükemmelliği ve sonsuz güzelliği var. Ve madem kâinatın yaratılışının en temel gayesi de Allah'ın esma boyalarının bütün kâinatı boyaması ve şuurlu varlıklar olarak bizlerin o esma boyalarını okuyup sanatkarı tanımamız ise o halde hem Allah'ın sonsuz güzelliği ve kusursuzluğu olacak hem de bunları hiç kimseye göstermeyecek öyle mi?

Sizce böyle bir şey Hak ve Hakîm ismine aykırı olur mu, olmaz mı? Olur değil mi? Öyleyse Allah'ın bu özelliklerinin hakkını vermesi lazım. Onun için Allah sonsuz güzelliğini ve sonsuz kusursuzluğunu sergiledi. Buna sergi yeri olarak kâinatı yaratıp kâinata uygun bir de muhatap yaratmasa, hikmete ve hakka aykırı olacağından muhatap olarak da bizleri yarattı.

Allah'ın bu güzellikleri göstermeye ihtiyacı mı vardı? Göstermese olmaz mıydı?

Şimdi size hayatınızın çizgisini değiştirecek bir cümle söyleyeceğim: "Allah'ın güzelliğini göstermesi ihtiyaç değil, iktizadır."

Ne demek istiyorum? Güneş her gün doğar, bizi aydınlatır ve ısıtır öyle değil mi? Peki güneşin bizi aydınlatmaya ve ısıtmaya ihtiyacı mı var ki bunu yapar? Elbette hayır. Güneşin güneş olmasının gereği; aydınlatması ve ısıtmasıdır. Yani güneş olmak iktiza eder ki, Mehmet'i aydınlatsın ve Mehmet'i ısıtsın.

Başka bir örnek verelim; mesela cömert insan ikram etmek ister. Peki ikram etmek onun ihtiyacı mıdır? Hayır, aksine ikram ettiği kişinin ihtiyacıdır. İkram etmek ise cömert olmanın gereğidir. Aynı şekilde Rahîm olan şefkat etmek ister. Allah'ın bize şefkat etmesi ise onun ihtiyacı olduğu için değildir. Madem Rahim'dir, bize şefkat ve merhamet etmek o ismin gerekliliğidir. Velhasıl Allah'ın isimlerinin bizde tecelli etmesi, güzelliklerini, kemalini bizde göstermesi ve bunun karşılığında bizden kulluk beklemesi ihtiyaç değil, iktizadır. Demek ki Allah'ın güzelliğini göstermesi onun ihtiyacı değil gerekliliğidir.

Son zamanlarda trend olan bir sorunun daha cevabını açıklığa kavuşturarak konumuza devam edelim. "Allah kâinatı yarattı, güzelliklerini gösterdi sonra bırakıp gitti mi?"

Size televizyon izleyebilmemiz için neler lazım diye bir soru yöneltsek ne derdiniz? Ortalama bizimle aynı cevapları verirdiniz. Televizyonun çalışıyor olması, kumandanın sağlam, kumanda pilinin dolu, gözlerimizin görüyor, elektriklerin yanıyor olması ila ahir... birçok şey sayılabilir. Peki bunlardan birisinin olmadığını varsaysak. Mesela elektrik olmasa yahut da gözleriniz görmese televizyon izleyebilir miydiniz? Elbette izleyemezdiniz. Televizyon izleyebilmeniz için gerekli şartların daimî bir şekilde devam ediyor olması gerekir. Birinin devamlılığındaki sorun izlemenize engeldir. Kâinata baktığımızda; her sabah güneşin doğması, günlük doğan ve ölen insanlarla dengenin sağlanması, kışın ölen ağaçların her bahar yeniden hayat bulması, vücudumuzdaki organların devamlı uyum içerisinde çalışması ve onların ihtiyaçlarının sürekli karşılanması gibi birçok daimî faaliyetler görürüz. Bir anne evden gitse evin daimî düzeni bozulurken Allah kâinatı bırakıp gitse gözümüzün önünde bozulmadan intizamla devam eden bunca faaliyet hiç devam edebilir miydi? Elbette edemezdi. Demek süregelen bu düzen bize daimî bir düzenleyicinin yani Allah'ın varlığını kati ispat ediyor ve bu iddiayı da çürütüyor.

İstisnasız her insanın aklına bir defa da olsa gelen bir soru var: "Ben ruhlar aleminde verdiğim sözü hatırlamıyorum, gerçekten böyle bir söz verdik mi?"

Bizlere deniliyor ki ruhlar aleminde size bir teklif geldi. "İnsan olur musun?" Siz de bu teklifi kabul ettiniz. "Evet ya Rab, insan olurum."

"Peki insan olunca kulluk vazifeni yapacak mısın?"

"Evet ya Rab tam yapacağım."

Ortada böyle bir iddia var ama bizler de dahil kimse böyle bir söz verdiğini hatırlamıyor. Bu hatırlamama sonucunda insanın aklında doğal olarak şöyle bir soru oluşuyor: "Ben böyle bir söz verdiğimi hatırlamıyorum o zaman bunun cezasını neden çekeyim?"

Allah, Ahzâb suresi 72. ayette şöyle buyuruyor: "Biz emaneti göklere, yerküreye ve dağlara teklif ettik, ama onlar bunu yüklenmek istemediler, ondan korktular ve onu insan yüklendi. Kuşkusuz insan çok zalim, çok bilgisizdir."

Burada "teklif" ve "kabul etti" kelimelerini unutmamamız gerekiyor zira bu iki kelime sorumuzun cevabını anlayabilmemiz için ehemmiyetli.

Dilerseniz bizim böyle bir söz verip vermediğimizi nasıl anlayacağımızı yine bir örnekle izah edelim. Bugün baş misafirimiz çamaşır makinesi olsun. Çamaşır makinesi proje halindeyken Ar-Ge'de çalışma yapıyorlar ve diyorlar ki: "Ortada kirli çamaşırlar var ve bu çamaşırları yıkamak için bir makine lazım." O esnada çamaşır makinesi ortaya çıkıyor ve diyor ki: "Ben bu çamaşırları yıkamaya söz veriyorum."

İşte bu söz verildikten sonra artık o makineden kirli çamaşırları yıkama vazifesi bekleniyor. Projede bu vazifeye anlaşıyorlar. Anlaştıktan sonra çamaşır makinesine bir ceset giydiriyorlar yani imalata başlıyorlar ve ondan sonra seri üretime geçiyorlar. Tüm bunları çamaşır makinesinin proje safhasında ortada duran kirli çamaşırları yıkamaya söz vermesine binaen yapıyorlar. Bugün neredeyse hepimizin evinde çamaşır makinesi var ve bütün makineler içerisinde çamaşır yıkamak için onun söz verdiği fıtratından yani içerisindeki cihazattan belli.

Şimdi gelelim çamaşır makinesinin bizim "kalu bela"da verdiğimiz söz ile ilişkisine.

Kur'an-ı Kerim'in cisimleşmiş hali kâinattır ve kâinat bir kitaptır. Bize bugün ilim diye okutulan fenlerden her bir fen bu kâinat kitabından yazılmıştır. Sizinle bir gün dağlara gitsek ve orada koyun sürüsüyle yanında bir çoban görsek, etrafı izlerken yerde bir kitap bulsak alıp onların peşinden koşsak: "Bu kitabı düşürmüşsünüz." diye bulduğumuz kitabı koyuna mı teklif ederiz, çobana mı? Çobana teklif ederiz çünkü koyunda bu kitabı okuyabilecek bir cihazat mevcut değildir.

Şimdi biz az önce kâinata kitaptır dedik ve her kitap bir muhatap için yazılmıştır. Bu kâinat kitabını yeryüzünde herkese teklif edelim mi? Acaba kim okuyabilecek bu teklifi? Mesela siz şöyle diyen bir kuş gördünüz mü? "Ya geçen dallara kondum, şelaleyi izledim mest oldum." Yok değil mi? Ya da şöyle diyen bir ceylan: "Ya Urfa'nın dağlarında sektim de o dağlar ne kadar cesametli, heybetli dağlar." Göremezsiniz imkânı yok. Çünkü onlarda kâinat kitabını okuyabilecek cihazat yok. Teklif kabiliyetli olana verilir. Bende bir işin kabiliyeti olması demek, ben o işi kabul ettim demektir. Ortadaki kirli çamaşırı yıkamayı çamaşır makinesinin kabul etmesi demek, çamaşır makinesinin kirli çamaşır yıkamaya kabiliyeti var ama buzdolabının, televizyonun kabiliyeti yok demektir.

Askere kazma vermek demek: "Kaz!" emri, kalem vermek demek: "Yaz!" emri olduğu gibi Allah'ın sana kalp vermesi: "Sev!" emridir. Akıl vermesi: "Düşün!" emridir. Sadece sana akıl vermesi ise: "Sen bu kâinat kitabını okuyabilecek cihazata sahip tek askersin ve düşünmek zorundasın!" emridir. Deseniz ki: "Ben geçmişte verdiğim sözü hatırlamıyorum." İnanın hatırlamak zorunda değilsiniz. Çünkü sizdeki kabiliyetler Allah'a karşı verdiğiniz sözün evraklarıdır. Allah daha ruhlar alemindeyken bizden sözümüzü aldı. Bizim kâinat kitabını okuyarak O'na kulluk edeceğimiz kabiliyetlerimizden belli olduğundan bu sözümüze güvenerek bizi yarattı ve dünyaya getirdi.

Allah neden peygamber göndermiş? Bizim peygambere ihtiyacımız mı var?

"Karıncayı emirsiz, arıyı yâsupsuz bırakmayan kudret-i ezeliye, elbette beşerî nebîsiz bırakmaz." (Risale-i Nur)

Allah kâinatı işletirken bazı kanunlar koymuş ve bu kanunlar küçük dairede nasıl işliyorsa büyük dairede de aynıyla işlemiş. Mesela suyun kaldırma kanunu bir bardak su için de aynı şekilde geçerli koca okyanus için de. Allah ilk insandan bu yana kendini tanıttırmak ve emirlerini bildirmek için peygamberler göndermiş ve bu da Allah'ın başka bir ilahi kanunudur. Zira Risale-i Nur'da geçen: "Karıncayı emirsiz, arıyı yâsupsuz bırakmayan..." ifadesi de bunu tasdiklemektedir. Peki soruyorum size küçücük bir karıncayı bile emirsiz bırakmayan Allah, kâinatın yaratılış amacı olan insanı rehbersiz bırakır mı hiç? Elbette bırakmaz.

"Hiçbir millet yoktur ki, kendi içinde (onları Allah'ın azabıyla) korkutan bir (peygamber) gelip geçmiş olmasın." (Fatır, 35/24) Bir insan ne kadar zeki, kabiliyetli, temiz, ince anlayışlı, ilim ve irfan sahibi olursa olsun bir peygambere ihtiyacı vardır. Çünkü akıl insanın yaratılış gayesini tek başına kavramaktan acizdir. İnsan sadece aklını kullanarak varlıkları tanır, vazifelerini bilir fakat onların yaratılma amaçlarını tesbih ve ibadetlerini anlayamaz. Aklıyla bir yaratıcının varlığını bulsa bile bu yaratıcının Allah olduğunu öyle kolay bulamaz. Bir yaratıcıya inanabilir ama bu yaratıcının kim olduğu konusunda hataya düşebilir. Buna delil olarak vahye mazhar olmuş peygambere ulaşamayan veya ulaştığı halde inkâr eden insanların ateşe, puta, ineğe tapmaları örnek gösterilebilir. İşte peygamberlere bu cihette çok ihtiyaç vardır ve Allah, kullarının yüzünü ilah zannettikleri o sapkın inanışlardan çevirmek, doğru yolu göstermek için peygamberler göndermiştir. Bu peygamberin gönderilmesindeki birçok sebepten yalnızca bir tanesidir.

Gelelim diğer bir sebebe. Allah, kâinatı birbirinden harika sanat eserleri ve envaı çeşit nimetlerle donatmış. İnsanı yarattığı her şeyden üstün tutmuş ve yarattığı her şeyi insanın hizmetine vermiş. Bunca nimetin karşılığında ise insandan şükretmesini istemiş. Peki eğer Allah, peygamberleri ile bizlere nasıl şükredeceğimizi öğretmeseydi bizler bunu nereden, kimden ve nasıl öğrenecektik? Basit bir matematik dersinin sorularının nasıl çözüleceğini öğrenmek için bile öğretmene ihtiyaç duyan bizler, bunca nimete nasıl şükredeceğimizi öğrenmek için bir rehbere bir öğreticiye ihtiyacımız yok desek bu çok saçma olmaz mı? Bugün birisi gelse ve bize: "Allah'a nasıl şükredersiniz?" dese hepimizin vereceği cevap: "Allah'ım sana şükürler olsun." olur. Halbuki bu söz bile peygamber sözüdür ve biz yaratıcının isminin Allah olduğunu bile onlardan öğrenmişizdir. Bizler değil onca nimete şükrü nasıl eda edeceğimizi, O'nun (cc) ismini, dünyaya neden geldiğimizi, vazifemizin ne olduğunu, buradan sonra nereye gideceğimizi öğrenmek için de peygambere muhtacız. Çünkü anlaşılmaz bir kitap muallimsiz olsa manasız bir kâğıttan ibaret kalır.

Son bir örnek daha verip konumuzu tamamlayalım. Şimdi sizinle bir otomobil ürettiğimizi varsayalım. Son derece lüks otomobilimizin içinde her türlü cihazat takılı. Bizler bu otomobili ürettikten sonra hangi şartlar altında kullanılacağını, en fazla kaç km hızla gittiğini, hangi cihazların ne için takıldığını, kapıyı hangi düğmenin bagajı hangi düğmenin açtığını anlatan tanıtıcı bir kullanım kılavuzu hazırlamasak ve onu test edecek birisini göndermesek olur mu? Olmaz değil mi? Aynı şekilde Allah, insan otomobilini yaratsa, onu birbirinden kıymetli cihazatla donatsa ama taktığı cihazatı nasıl kullanacağını gösteren bir kitapçık ve o kitapçığı öğretecek bir peygamber göndermese olur mu? Bu da olmaz. Zira peygamberler olmasa bizler bugün yaptığımız vazifelerin hiçbirini bilemez ve yapamazdık. Abdest nasıl alınır? Namaz kaç rekât kılınır? Oruç ne kadar süre tutulur? Kurban ne zaman kesilir? Hangi hayvanlar kurban olur hangileri olmaz? Hacca kimler gidebilir? Evlilik kader midir? Allah bizden neden namaz kılmamızı istiyor, bizim namazımıza ihtiyacı mı var? Bunun gibi birçok meseleyi bilemez ve uygulayamazdık. İşte tüm bu soruların cevaplarını bizler kendi kendimize bulamayacağımız için Allah bilmediklerimizi bize bildirecek peygamberler gönderdi. Çünkü insan, şu dünyada şiddetli ve dehşetli dalgalara maruz kalan bir gemi gibiydi ve onu bu müthiş dalgaların tehlikesinden kurtarıp güvenli bir sahile çıkaracak kişiler de peygamberlerdi.

HZ. MUHAMMED'İN (sav) VARLIĞI GEREKLİ MİYDİ?

Kâinatta gördüğünüz her ince ayrıntı ve sanat yahut da insanın ürettiği her şey; bir muhatabı olduğuna kesin delildir. Bu kaide her şey için geçerlidir. Bileğinizdeki saatin hem kırmızısı hem mavisi varsa maviyi alan "kırmızıya ne gerek var" diyemez. Demek kırmızıya muhatap var ki onu da üretmişler. Alacağınız normal bir araba direksiyonunun fiyatı ile üzerinde beyaz dikişleri olan bir araba direksiyonunun fiyatı arasında 3000 ₺ fark olsa siz: "Bu ne saçmalık böyle bir beyaz dikiş için 3000 ₺ fark verilir mi?" diyemezsiniz. Demek ki onun da ona göre bir muhatabı var. Burada sizden ricamız vereceğimiz örneklere teorik bakış açısı ile bakmanız. O şekilde bakmalısınız ki "ne gerek var" zihniyetinden kurtulup işin hakikatini anlayabilesiniz.

Konumuza Risale-i Nur'da geçen bir cümle ile devam edelim.

"Madem kâinatta hüsn-ü san'at, bilmüşahede vardır ve kat'îdir. Elbette, risalet-i Ahmediye (asm), şuhud derecesinde bir kat'iyetle sübutu lâzım gelir.[1]"

1 Sözler; 18. Söz, Üçüncü Nokta.

Dilerseniz cümlenin ne anlatmak istediğini bir örnek üzerinden izah edelim.

Başrolümüzde çiçekçiye çiçek aranjmanı yaptırmak için giden bir damat olsun.

> İnsan kalbi öyle birisine muhtaç ki, O'nun[cc] hiçbir şeye muhtaç olmaması lazım.

Damat, öncelikle çiçekçinin kendisine sunduğu yüz on yedi çeşit çiçek içerisinden istediklerini seçti. Yoğunluğu kırmızı güllerden oluşan aranjmanın aralarına birkaç beyaz lale, birkaç mor şebboy ve çok güzel kokan yeşil ökse otlarından ekletti.

Çiçekçi bu kadar çok çeşit çiçeği dükkânda bulunduruyorsa demek ki çiçeklerin çeşidini, rengini birkaç lalenin fazla oluşunu önemseyen bir muhatap var. Çiçekçi damada çiçeği saksıda mı, sepette mi, vazoda mı, fanusta mı yoksa elde mi götüreceğini sordu ve damat elde götüreceğim deyince o zaman da çiçeği saracağı kâğıt çeşitlerini ve o kâğıdı bağlayacağı kurdele renk ve seçeneklerini sundu. Damat bir raf dolusu kâğıt ve kurdele seçeneği arasından mat sarı kâğıt ile ona yakışan renkte bir kurdele seçti. Çiçekçi aranjmanın kendisini biraz daha göstermesi için üzerine biraz sim ekledi ve damat tam çiçeği alıp gidecekken: "Dilerseniz biraz da koku sıkayım, içeri girdiğinizde güzel bir rayiha olur." dedi ve damada bir oda dolusu koku seçeneği sundu. Bütün bunlardan bizler yine anladık ki çiçekçinin bu kadar kâğıt çeşidi, kurdele rengi ve bir oda dolusu koku seçeneği sunması her birinin bir muhatabı olduğuna delildir.

Bizler sizinle şu an yalnızca bir aranjman konuştuk. Henüz yeryüzündeki çiçek sayısını, bitki sayısını konuşmadık. Bitkilerdeki yaprak sayısını, çeşidini de konuşmadık.

Velhasıl bir aranjman yani hüsn-ü san'at bu kadar muhtelif şekilde varsa ve kat'iyse, elbette buna muhatap da şuhud derecede kat'i olmak zorundadır. Az önce oluşturduğumuz aranjmanda çiçekçinin tüm detayları üretmesi o detayları anlayan muhatapların varlığına delildir. Otomobil bayi arabayı, tekstil firması gömleği, ayakkabı fabrikası ayakkabıyı üretmişse bir muhatabı vardır.

O halde bu kâinat yaratıldıysa bunun da bir muhatabı vardır. Peki sen misin o muhatap? Kâinattaki bütün güzel sanatların hepsini sen anlayabilir misin? Elbette anlayamazsın. Sen de anlayamazsın ben de. O zaman boşuna mı yaratıldı tüm bu sanat eserleri? Elbette hayır! Kâinattaki bütün güzelliklerin hikmetlerini zahiri ve batını en ince detaylarına kadar anlayacak bir muhatap olmak zorundadır. Madem kâinatta hüsn-ü san'at, bilmüşahede vardır ve kat'îdir, bütün bu hüsn-ü san'atın tamamını en ince ayrıntısına kadar anlayabilecek muhatap olan Muhammed Mustafa (sav) olması da şuhud derece kat'idir. Bu yüzden nübüvvet mesleği şarttır ve ona en yakışan, en kıymetli olan Muhammed Mustafa'dır (sav).

NEDEN BAŞKASI DEĞİL DE HZ. MUHAMMED (sav) PEYGAMBER OLDU?

Siz 33 yaşında olsanız ve babanız 33 yıl boyunca bir sürü insanla görüşse, elindeki malları satsa, para biriktirse, gecelerce uykusuz kalsa sizin bu durumu görmeme, anlamama ihtimaliniz olabilir mi? Anlamamanız imkânsız çünkü sürekli onun yanında ve yakınındasınız. Aynı şekilde Efendimiz (sav) 40 yıl boyunca "ben peygamber olacağım, ben peygamber olmalıyım" diye bir peygamberlik planı yapsaydı, yemeğe tuz ile başlamasından suyu kaç yudumda içip, nasıl uyuduğuna kadar en ince ayrıntılarla sürekli gözleri Peygamber'in (sav) üzerinde olan sahabeler bu planı mutlaka hissederler ve anlarlardı. Madem böyle bir şey hissedip anlamadılar, madem Resulullah'a (sav) 40 yıl sonra peygamberlik ihsan oldu, bu ancak bir kuvve-i kudsiyedir. Yani Cenab-ı Allah'ın emri ile; "işte o gün geldi, peygamberliğini ilan etme vakti" denilmiştir. Zira insan Efendimiz'in (sav) yaşadığı döneme doğru yolculuk edip o dönemde yaşayan insanların özelliklerini biraz idrak etse, aklı da kalbi de "Muhammed'in (sav) hak peygamber olduğunu, öyle bir toplulukta böylesine olumlu değişimleri peygamberden başka hiç kimsenin asla yapamayacağını" söyleyecektir.

Şimdi sizinle orada yaşayan insanların üç tane özelliğini ele alalım.

1) Kasavet-i kalp ve merhametsizlik

Birazdan anlatacaklarımı elbette çocuğu olanlar daha iyi anlayacaktır ama bunu anlamak için illa ki evlat sahibi olmaya gerek yok. Biraz insaflı kalp biraz da vicdan yeterli olacaktır. Şu an bir çifte, çocuğunuz olacak denilse sevinçten havalara uçar, hemen mutlu haberi sevdikleri ile paylaşır daha o minik yavru dünyaya gelmeden kıyafetlerini, mamalarını, bezlerini, yatağını, odası dahil tüm ihtiyaçlarını dokuz ay boyunca tamam ederler. Herkes daha o dünyaya gelmeden onun sevgisinden ne yapacağını şaşırır. Yahut çocuk hastalansa anne babası üzüntüden kahrolur, ona hiç kıyamaz. Hatta öyle ki anne merhametinden "sana gelen bana gelsin yavrum" diye dualar eder. Baba, evladı dünyaları da istese önüne serer.

Cahiliye asrındaysa doğum esnasında kadını yerleşim yerinin dışına çıkarıyor, yanına da bir çukur kazıyorlar. Doğan çocuk erkek doğarsa ne âlâ, kız doğarsa canlı canlı o çukura atıp üzerini toprakla kapatıyorlar. Bazen kız çocuğunu alıp eve götürüyorlar, çocuk 7 yaşına geldiğinde baba, anne ile arasındaki o parolayı söylüyor. "Haydi süsle dayısına götüreceğim." Anne 7 yaşına gelmiş evladını gözyaşları ve acılar içerisinde süslüyor ve babasına veriyor. Babası önceden kazdığı çukurun yanına kız çocuğunu götürüyor. Çocukta haliyle merak var. "Babacığım orada ne var?" diye eğilerek çukurun içine baktığı an, babası kızını itiyor ve canlı canlı gömüyor.

İşin daha da ilginç yanı, oğlu olan babaya tebrike gelen insanlar, kızını canlı canlı gömen babaya da hayırlı olsun diye tebrike geliyorlar. Aynı insanlar, savaşta kendilerine esir düşenleri de ya satıyorlar ya da işimize yaramıyor diye yakıyorlar.[2] Şimdi soruyorum size bu hallerden daha beter kalp katılığı örneği var mı?

Bir kişi Allah'tan başka kimseye ihtiyacı olmadığına inanırsa, Allah da onu başkasına muhtaç etmez.

2) Asabiyetlerinde fevkalade inatçı olmaları

Bunu zihninizde kötü manada milliyetçilik, kavimcilik olarak kodlayabilirsiniz. O dönem insanlarında öyle bir kavimcilik var ki akıllara zarar. Mesela içlerinden bir tanesi ölürken "şu kavimden 100 kişiyi öldürün" diye vasiyet etse geride kalanlar artık o yüz kişiyi öldürmek zorundalar. Yahut ölmeden evvel dese ki; "benim vasiyetim filan kavmi temizlemeniz" geride kalanların hepsi o kavmi temizlemek zorunda. Allah bu insanların kavmiyetçiliğini Bakara suresi 170. ayette şu şekilde anlatıyor: "Onlara deseniz ki, Allah'ın indirdiğine tâbi olun. Onlar der ki; biz ancak atalarımızı üzerinde bulduğumuz şeye inanırız."

3) Mutaassıp olmaları

İnanç ve geleneklerine körü körüne bağlı olan cahiliye döneminin bu insanlarının öyle adetleri var ki... Bir yakınları öldüğünde mezarının başına deve bağlıyorlar, tâ ki "deve de açlıktan ölsün ve ahiret gününde ona binek olsun." Bölgeye yağmur inmeyip kuraklık olduğunda bir ineğin kuyruğuna çaput bağlayıp yakıyorlar, tâ ki "inek tamamen yanana kadar koşsun da yağmur getirsin.[3]"

---

2 İbn Hişam; Sire, I, 434, Darimi; Mukaddime, 1. Cahiliyye döneminde kızların diri diri gömülmesi üzerine detaylı bilgi için Tdv İslam Ansiklopedisi 29. Cild 491-492.

3 Cahiliyye döneminin tüm adetleri için bkz: İbn Hişam; Sire, I, 335-336, ibn Sad; Tabakat, VIII,198-199, Taberi; Cami'ul Beyan, IV, 93-94; VI, 177.

İşte Efendimiz (sav) böyle katı kalpli, taassup sahibi, milliyetçi kavimlerin insanlarını 1.400 yıl sonranın dahi alim sayacağı şahsiyetler yapmıştır. O Zât-ı Nuranî (asm) kısa bir zamanda, o kavimlerin kötü ahlaklarını kaldırarak iyi ve güzel ahlakla değiştirmiştir. Kabe'yi çıplak tavaf eden, yolda yürürken karnım ağrıdı deyip def'i hacet yapan bir topluluğu Hz. Osman gibi haya sahibi etmiştir. Bir gün Hz. Osman evde ibriğini kaybediyor ve hanımı kendisine ikinci bir ibrik getiriyor. Hz. Osman gözleri yaşlı ağlamaya başlayınca hanımı soruyor: "Ey Osman ne oldu neden ağlıyorsun?" Hz. Osman: "Beni mahrem olarak gören bir ibrikti, şimdi iki oldu ona ağlıyorum." diyor. Bu kadar ahlaksız bir kavmi, Hz. Osman gibi haya abidesine dönüştüren bir beşerin kullandığı cümlelerin vahiyden başka bir şey olma ihtimali var mı?

Zeyd bin Harise köleyken, Efendimiz'den (sav) sonra kumandan oluyor. Selman-ı Farisi çobanken İran'a vali oluyor. Ayetlerin bizlere ne demek istediğini, bu güzide millet 1.400 yıldır, İbn-i Ömer, İbn-i Abbas, İbn-i Mesutlardan, sahabelerden öğreniyor. Böyle bir bedeviyet asrında bizlere dahi muallim olacak insanları aşağıların aşağısından yükseklerin yükseğine çıkarmayı bir vahiy olmadan bir beşer kelamının yapması mümkün müdür? Madem mümkün değildir o halde bunlar vahiydir. Madem bu konuşulan kelamlar vahiydir o halde Muhammed (sav) bir peygamberdir. Madem O (sav) bir peygamberdir o halde Allah vardır ve birdir.

HÜRRİYETİ KELAMA SERBESTİ VERMEK (KONUŞMA ÖZGÜRLÜĞÜ)

Avrupa'da kayıtlara geçen bir vaka; adamın biri eve geldiğinde karısı kendisinden boşanmak istediğini söylüyor, bunun üzerine cinnet geçiren adam, önce karısını, sonra beş yaşındaki çocuğunu bıçaklayarak daha sonra da iki yaşındaki oğlunu boğarak öldürüyor. Kendisine neden böyle bir şey yaptığı sorulduğunda ise: "Çocuklarım annesiz kalmasın diye yaptım." diyor. Cahiliye asrının insanını andıracak bu vakada tek fark, bu adam aklı başına geldiğinde artık nefes alamayacak hale gelir ve kendisine zarar vermesi çok muhtemeldir. Ama cahiliye asrının insanı böyle değil. Onlar, kızlarını diri diri toprağa gömdükten sonra kalplerinde zerre üzüntü hissetmeyecek kadar kalpleri katılaşmış insanlar. İşte Efendimiz (asm) 1.400 yıl önce böyle bir toplumdan insanlığın hala ulaşamadığı bir medeniyet ve insan ruhunun erişebileceği en üst insani ahlaki değerlere sahip bir toplum inşa etmiştir. Böyle bir toplumu hiçbir zaman hiçbir insanın yetişemeyeceği yıldızlar seviyesine çıkarmıştır.

Bugün insanlığa umut diye anlatılan hikayelerde, kitaplarda, ütopyalarda bahsedilen güzellikler, gerçek hayatta küçük bir köyde bile sağlanamamıştır. İnsanlığın dün de bugün de yarın da mutluluk, huzur, saygı, adalet gibi aklınıza gelebilecek bütün manevi güzel değerleri kazanmasının tek yolu; Allah Resulü Muhammed Mustafa'nın (asm) rehberliği ve kişinin kendine Kur'an'ı kılavuz, öncü almasıdır. Başka ikinci bir yol asla yoktur. Kur'an'ın beyanı, karşısındakini aciz bıraktığı için mucizedir. "Buyurun yapabiliyorsanız karşılığını getirin." diye defaatle meydan okumasına rağmen kimse karşılığını getirememiş ve bundan aciz kalınmıştır.

Şimdi biz de bunu az önce konuştuğumuz medeniyet tasavvuru için söylüyoruz. Buyurun istediğiniz kitapları yazın, bütün feylesoflarınızı yan yana getirin ve rica ediyoruz toplumun huzurunu sağlayın. Sağlayamayacaksınız. Bir yerde amaç toplumu değiştirmekse, bir toplum tehditlerle, korkularla, hilelerle ancak cüzi ve geçici bir süre için değiştirilebilir. Tesirin cüzi olması yüzeysellliğindendir. Bugün toplumu değiştirirken kişinin dem ve damarlarına dokunmayıp sathi kalsalar sadece "şunu ye, bunu giy" deseler ve beyanları ruha tesir etmese geçici olur. Zira kalıcı olmak istiyorlarsa dem ve damarlara işlemek, nefse, ruha hitap etmek zorunda. Görmenizi nasıl, işitmenizi nerede kullanacağınızı, nereye gideceğinizi size anlatmak zorunda ki yüzeysellikten çıksın derin bir hal alabilsin. Siz o derinliği yakalarsanız ancak o zaman kalıcı bir şekilde değişebilirsiniz.

Kur'an ve Allah Resulü (asm) ile hayatları değişen insanlara baktığımızda o dem ve damarlara girildiğinden, eski garip hayatları gitmiş yerine nurlanmış kaliteli hayatları gelmiştir. Ve bu kesinlikle baskı ve zulümle başarılmış bir iş değildir. Çünkü baskılar, zulümler insanın düşünmesini veya yorum yapmasını az bir zaman kapatabilir bu asla sonsuza kadar sürmez. Bugün sosyologlar, psikologlar neden insanları anlatabildikleri gibi değiştiremiyorlar? Çünkü hissiyatın inceliklerine nüfuz edemiyorlar. Bizim his odacıklarımız ve içerisinde çok derin manalar barındıran manevi organlarımız var. Birisinin hitabı; bizim o his odacıklarımıza girmezse, ruhumuzda mayalanmazsa, bizi bu dünyayı ve ahireti; en itidal, en yararlı ve en huzurlu bir şekilde nasıl kullanacağımız konusunda tatmin etmez de sathi kalırsa, bizi "şu şekilde konuş, bu şekilde yürü, şu şekilde yap daha hikmetli olur" diye ikna etmesinin imkânı yoktur.

Toplumu değiştirmek için ütopik teorilerden ziyade en temel manada hissiyatın inceliklerine dantela örer gibi nüfuz etmek lazımdır. Hissiyatın en inceliklerini bu asırda heyecana mı getirmek istiyorlar? O halde iyi bilinmeli ki Allah Resulü'nün beyanı olmadan bunu asla yapamayacaklar. Zira doğru yol göstererek kalplerin derinliklerine kadar nüfuz etmek, hissiyatın en incelerini heyecana getirmek, kabiliyetlerin açığa çıkmasına yol açmak, üstün ahlakı yerleştirip alçak huyları yok etmek, hürriyet-i kelama serbesti vermek Allah Resulü'nün (asm) harikulade mucizelerindendir.

Hürriyet-i kelama serbesti vermek konuşma özgürlüğünün hiçbir sınır olmadan devam ettirilmesi demektir. Bize gel Ceziretü'l Arap'a gidelim denildiğinde zihnimizde bedevi bir toplum canlanıyor ama Allah Resulü'nün yaptığı o muazzam inkişaflar, kalbimizin darlığından ve katılığından dolayı zihnimizde canlanmakta çoğu zaman zorlanıyor. Bakın size diyorum ki; Allah Resulü (asm) zamanındaki insan haklarına saygı, değer ve medeniyetin kemâle erme seviyesi tarihin hiçbir devrinde O'nun (asm) dönemindeki gibi olmamıştır ve bunun en büyük örneği konuşma özgürlüğüdür. Bugün psikoloji ve sosyolojide insanlığın elde edebileceği en ileri seviye özgürlük belirleyicisi olarak konuşma özgürlüğü ele alınmıştır. Bir insanın medeniyetten elde edebileceği en büyük özgürlük seviyesi hürriyet-i kelama serbestî vermektir. Bugün dünyanın hiçbir yerinde Allah Resulü zamanındaki o yüksek medeniyet, o konuşma özgürlüğünün emsali mevcut değildir. Düşünün ki; Allah Resulü aleme gelmiş bir peygamber, aynı zamanda bir devlet başkanı ve ordu komutanı. Böyle rütbeli bir zatın Medine'de yanına Cüleybib isminde gencecik bir sahabe geliyor ve: "Ya Resulullah ben zina etmek istiyorum." diyor.[4] Koskoca bir peygamber ve devlet başkanına karşı bu nasıl bir konuşma özgürlüğüdür bana emsalini gösterebilir misiniz? Bu sahabenin hayatında en saygı duyduğu insan Allah Resulü (asm) ama en samimi bir dost gibi konuşma özgürlüğünü elde etmiş.

Başka bir örnek daha verelim. Hz. Ömer özellikle düşmana karşı olan celalinden dolayı ekseriyetle celalli yapısıyla bilinir. Bir gün Hz. Ömer'in hilafet zamanı, bir savaştan dönülüyor. Savaştan dönülünce Hz. Ömer Beytülmale gelmeden önce ganimet taksimi yapıyor. Taksim yapıldıktan sonra hutbe irad etmeye çıkıyor ve diyor ki: "Ey sahabe bugün size şunları şunları anlatacağım." O sırada sahabenin birisi ayağa kalkıyor ve: "Sen bunları anlatmadan önce üzerindeki o cübbenin hesabını ver. Aynı ganimet malı bizlere de düştü ama bir tam cübbe etmedi, yarım kaldı. Sen nasıl oldu da bu tam cübbeyi elde edebildin?" Hz. Ömer bu durum karşısında oğlu Abdullah'ın konuşmasını istiyor. Sözü alan Abdullah bin Ömer: "Bana düşen kumaş hissemi babama verdim ki devlet başkanı yeni bir cübbe giyinebilsin.[5]"

Şimdi söyleyin bana bu kadar konuşma özgürlüğünü tarihte duyduğunuz bir örnek daha var mı? Efendimiz (sav) o kadar katı bir toplumdan o insanları, bugüne kadar hiçbir medeniyetin yakalayamadığı ve yakalayamayacağı bir seviyeye çıkarıyor, yıldızlar haline getiriyor ve medeniyetin aklının getirilebileceği en son nokta olan hürriyet-i kelama serbestî o dönemde zirvede. İnsanlara bu kadar özgürlük tanıyan ikinci bir örnek daha var mı? Tarih yazmamış. Göz görmemiş. Kafanızda insanların onları kötülemek için anlattığı

---

4 Ahmed ibn-i Hambel; V, 256-257.

5 İsmail Mutlu, Dört Halife Devri; Mutlu Yayıncılık, İstanbul, 1993.

tasavvurların hepsini silin, insanlık daha bu kadar kemal noktayı tarih boyunca görmemiştir. Zira hürriyet-i kelama serbesti vermek cümlesi başlı başına peygamberliğin ispatıdır.

İnsan kusurların şahidi olur da, tövbelerin şahidi olmaz. Kınamamalı.

Evladını gömüp üzülmeyen insanlara medeniyetin görüp görebileceği en ileri seviyeyi yakalatan kişinin yaptığı bu tavra mucize denir. Hadi bugün kim gelirse gelsin buyursun yapsın bu medeniyeti sağlayabilecek mi, imkânsız sağlayamayacaktır. Madem öyle insanlık bunu yapmaktan acizse Efendimiz'in (asm) bu yaptığı mucizeden başka bir şey değildir. Evet, Asr-ı Saadet'ten evvelki zamanlarda kalp katılığı ve merhametsizlik öyle bir hadde ulaşmıştı ki, kocaya vermekten âr ederek kızlarını diri diri toprağa gömerlerdi! Asr-ı Saadet'te İslâmiyet'in doğurduğu merhamet, şefkat, insaniyet sayesinde, evvelce kızlarını gömerlerken üzülmeyenler, İslâmiyet dairesine girip bir rehber önderliğinde, "kendi cihazatım ne için bu dünyada halk olunmuş" manasına erdikten sonra karıncaya bile ayak basmaz oldular ve bu hassasiyet sadece o dönem yaşanan bir hassasiyet değil. Bugün gördüğünüz bütün güzelliklerin annesi o dönemdir ve o dönem doğmuştur.

Kanuni Sultan Süleyman zamanında, Kanuni'nin merkez otağını kuracakları vakit bir bakıyorlar otağın direğini kuracakları yerde karınca yuvası var. Bu hal karşısında Kanuni o dönemin kadısı Ebu Suud Efendi'ye bir pusula yazdırıyor ve diyor ki: "Dırahta ger ziyan etse karınca ziyanı var mıdır anı kırınca?" (Yani ürünlere zarar veren karıncaları öldürmekte şer'an zarar var mıdır?) Suud Efendi'den cevap geliyor: "Yarın Hakk'ın divanına varınca

Süleyman'dan hakkın alır karınca.[6]" Bu okuduklarımız hikaye değil yaşanmışlığın ta kendisi.

Bir gün Hz. Ömer gezerken bir sahabenin kapısını aralık görüyor ve içeri bakıyor ki sahabe içerde içki içiyor. Sahabeyi öyle gören Hz. Ömer içeri giriyor: "İçki haram diye ayet geldi bilmiyor musun?" diyor. Sahabe korkarak: "Ey Ömer Allah Resulü mahreme böyle girmeyi de yasaklamadı mı?" diye karşılık veriyor. Hz. Ömer durum karşısında hatasını anlıyor, çok üzülüyor, iki gün boyunca kendisini mescide kapatıyor ve dua ediyor. İki gün sonra o sahabe geliyor: "Ey Ömer vallahi ben bir daha bu mel'un, bu meret şeyi içmeyeceğim." diyor. Hz. Ömer de ona sarılıyor ve: "Vallahi senin böyle olduğunu hiç kimseye söylemedim.[7]" diyor.

Bu nasıl bir hassasiyet nasıl bir incelik? Hani insanlar bir devrimci arıyor ya, kalplerde böylesine inkılap yapan bir devrimci tarihte gördünüz mü? Acaba böyle ruhi, kalbi, vicdani bir inkılap hiçbir kanunla uygulanabilir mi? Bu ince ve derin manaları kalbimize yerleştirdikten sonra şuna da dikkat etmemiz gerekir ki en büyük bir insan, fedakarlık, kardeşlik, sevgi hissi, özgürlük duygusu gibi herkeste bulunan hislerden bir, iki veya üç hissi ikaz etmeyle başarılı olur. Sizce de evvelki zamanların cehalet, mutsuzluk, sıkıntı, zulüm zulmetleri altında gizli kalan binlerce yüce duyguları, Ceziretü'l-Arab memleketinde, bedevi ve dağınık bir kavim içinde inkişaf ettirmek harikulade değil mi? Fedakarlık, kardeşlik, sevgi ve muhabbet gibi hisler toplumun birliğini sağlayacak özel hislerdir. Eğer bendeki kardeşlik hissi harakete geçirilmezse ben kardeş olamam. Muhabbet hissi uyandırılmazsa insanları sevemem. Birbirimizi Allah için sevebilmemiz adına bizim böyle bir manaya ihtiyacı-

6 Akgündüz, Ahmet, Diyanet İslâm Ansiklopedisi, "Ebüssuûd Efendi" maddesi, 10 cilt, İst. 1994.

7 İbnü'l-Cevzî, Sıfatü's-Safve, II, 203-204.

mız var. Arap yarımadası insanlığın zirvelere çıktığı yerdir. Eğer o dönem İslamiyet, sapkın da olsa belli başlı kanun ve yasaları olan Roma İmparatorluğu'nda çıksaydı bugün insanlar derdi ki; "orada zaten belli başlı kanunlar vardı. İslamiyet o kanunların üzerine binip terakki etti" ama İslamiyet'in doğduğu yere bir baksanıza...

Allah Resulü insanları hiçbir kanunun tatbik edilemediği bir yerde bu hale getiriyor. Bomboş bir sayfaya istediği resmi çizebilmek gibi adeta. Şunu da ekleyelim ki tüm bunlara rağmen inanmamakta direnen varsa Ceziretü'l-Arab'a gitsin, en büyük feylesoflardan yüz taneyi de seçsin, beraber götürsün. Onlar da orada ahlakın ve maneviyatın açığa çıkması, gelişmesi hususunda çalışsınlar. Peygamber Efendimiz'in (sav) o vahşetler zamanında o vahşi bedevilere verdiği cilâyı, götürdüğü feylesoflar, şu medeniyet ve yükselmeler devrinde yüzde bir nispetinde verebilecekler mi baksın. Zira asla ama asla veremeyeceklerdir çünkü Efendimiz'in (asm) yaptıkları İlahi, kesin, değişmez bir cilâdır ve O'nun (asm) en büyük mucizelerinden biridir.

FİLOZOFLARIN HZ. MUHAMMED (sav) HAKKINDA HAYRET VEREN SÖZLERİ

Bir sürü hakikat var; Kur'an, Tevrat, İncil, Zebur. Bunca hakikatin içinde hangisi mantıklı nasıl bileceğiz?

Kimileri İncil'i, Zebur'u, Tevrat'ı ilk indikleri hakikat ile kaldı, değişmedi sanıyor ve akıllarınca böyle bir yanılgıya düşüp: "Bir sürü doğru var, bunca doğrunun arasında gerçek doğruyu nasıl bulacağız?" diyorlar. Şöyle bir gerçek var ki, Ferrari'ye binen insan tutup da Murat 131 nasıldır diye merak etmez. Kur'an'ın kıyas kabul etmez lezzetini tadan, cazibeli hakikatine kendini kaptıran bir insan da başka hakikatleri aramaz, gerek de yoktur.

Mesela Allah size kader cihetinde hakiki manada bir anne verdi. Hiç dediniz mi; "başka anneleri de bir deneseydim" diye. Demediniz, demezsiniz de. Zira insan o organik bağı kurduktan ve anladıktan sonra başka hakikatleri aramaya ihtiyaç duymaz. Yazık ki dünyalık her meselede son derece kurnaz olan bu insanlar, mevzu İslami meselelere geldiğinde bu yanılgıya düştüklerini öne sürerler.

Seyahat ederken yolda bir yerde dursanız ve seyyar satıcıdan aldığınız yemeğin ücretini ödemek için bankadan yeni çektiğiniz 200 ₺'yi uzatsanız, o adam paranın sahte olup olmadığını anlamak için bir önünü çevirir bakar, bir arkasını çevirir bakar, bir güneşe tutar, bunda bile yanılgıya düşmemek için zekâsını kullanır.

Bir çocuğa sevmediği çikolatayı alsak ve sevdiği çikolatanın ambalajında versek yemez. Küçücük çocuk bile buna kanmaz, onun doğru olmadığını bilir. Yahut İslam'da yanılgıya düşen aynı insanları seçim zamanı oy kullanırken görsek hiçbiri "biz de bilmiyoruz ama bu şekilde oy kullandık" demez. Etrafımız dünya politikasını dünya başkanlarından daha iyi bilen kandırılması imkânsız insanlarla dolu. Bu insanlar oy kullanırken "dünyanın geleceği benim oyuma bağlı" diyor ama iş hakikate, kabrin ötesine, uhrevi işlere gelince "herkes kendince bir doğru söylüyor, hangisi doğru nereden bileceğiz, biz bu doğruyu nasıl seçeceğiz" diyor. Ama insan şu boyutu hiç düşünmüyor. Demek ki Allah senin araştırıp o doğrular içerisindeki en doğruyu bulmanı istiyor.

Bizler Allah'ın iradesine kendimizi teslim etmekten aciz kullarız. Kur'an-ı Azimüşşan: "O'nun (cc) ilmi dışında bir yaprak bile düşmez." (En'âm 6/59) diyorsa demek ki Allah şu anki şartları, yaşadığımız imtihanları biliyor ve böyle olmasını murat ediyor. Bizler bunu anladığımız zaman içimizde çok soruya cevap verebiliriz.

Bugün bir kapı çalsa ve kapının önünde bir kadın elinde bir bebekle: "Ben betülüm, temizim, bütün iffetsizliklerden uzağım. Gözüme göz, elime el değmedi ama Allah bana bu çocuğu nasip etti." dese kaçımız inanır? Çok zor değil mi? Ama bakın Hz. Meryem ve Hz. İsa'nın vakası tam da böyle bir vaka. Cibril'in üflemesi ile Hz. Meryem annemizden Hz. İsa dünyaya geliyor, demek ki o zamanın imtihanı da buymuş.

Bir de şöyle düşünelim. Hepimizi bir köyde, köyün nüfusunun da 15 bin olduğunu varsayalım. Köyde on tane aile var ve herkes birbirini tanıyor. Sizin tam 40 yıl boyunca tanıdığınız birisi bir gün çıkıp: "Herkes beni dinlesin. Ben son peygamberim ve bu da bana gelen hak kitap." dese inanabilir misiniz? Çok zor değil mi bu duruma inanmak? Ama Allah Azze ve Celle diyor ki: "Mekke'de Haşimoğullarından ben peygamberim diye çıkan O (sav) zata inanırsanız cennet ehli olacaksınız, yok inanmazsanız küfür üzere öleceksiniz."

Allah buraya böyle bir ayraç koymuş, orada o ayıracı koyan Allah, bugün burada da senin doğruyu bulman için bütün ayraçları koymuş. Senin "benim kafam karışıyor, doğru hangisi bulamıyorum" diye bir seçeneğin yok. İşte bunun adına imtihan diyoruz. İnsan imtihanın bu ince ince örgü ve dantelalarını anlayıp yakalarsa der ki: "Gerçekten cennet ucuz değilmiş cehennem dahi lüzumsuz değilmiş."

İçinde bulunduğumuz zamanın imtihanı ve zorluğu inanın az önce bahsettiğim vakalardan hiç farklı değil. Bizler bugün bunca karışıklık ve bulanıklık içerisinde Resulullah'ın (sav) mesajlarını çekip almak ve o mesajı çekerken de şuna dikkat etmek zorundayız; "Allah aklı sadece iyi ve kötüyü ayırt edelim diye vermemiş. İyiyle daha iyiyi, kötüyle de daha kötüyü ayıralım diye de vermiş." Nasıl güneş yeşil bir domatese vursa kızartır, mis gibi yapar ama aynı güneş leşe vursa bu sefer de kokutur, berbat bir hale getirir. İşte bu imtihanlar da bizim üzerimize vuran güneş gibi. Olgunlaşmaya müsaitsek, kızartacak, lezzetli bir hale getirecek ama çürümeye müsaitsek, leş gibi kokutacak. O yüzden imtihanın farkına varıp, seçmek zorunda olduğumuzu anlamamız lazım.

Peki insan bunca karışıklık içerisinde Efendimiz'in (asm) hak peygamberliğini anlamak zorunda mıdır anlamasa olmaz mı?

Kur'an'ın beyanına göre insan seçmek zorunda olduğu meselelerin içerisinden peygamberin mesajını seçip; "evet Efendimiz (asm) hak peygamberdir, ben de ona tâbi olmalıyım" demezse bunun akıbeti ahirette sonsuz bir cehennemdir. İşte bunun için Allah Resulü'nün (asm) hak peygamber olduğunu anlamak zorundayız. İyi ama bunu nasıl anlayacağız?

Dilerseniz konuya birkaç soru ile giriş yapalım.

Peygamber olmasa olmaz mıydı?

Ben Allah'a inanıyorum ama din ve peygambere inanmıyorum, Allah peygambersiz kendisini tanıtamaz mıydı?

Allah, kulları ile dilediği gibi konuşur, aracıya ne gerek var?

Matematik öğrenmek için öğretmeni, ilaç kullanmak için eczacıyı, ticaret yapmak için bankacıyı aracı yapan insanlar, konu dine gelince aracıya ihtiyaç duymuyor. "Bana aklım yeter, ben aklımla doğruyu bulabilirim bir aracının bana iletmesine gerek yok" diyor. Sözde Allah'ı yücelterek: "Allah'ın aracıya ihtiyacı mı var?" diyor. Aracının Allah'ın ihtiyacı olduğu için değil derin hikmetler için gönderildiğini aklı gözlerine indiği için idrak edemiyor.

Acaba peygamberlik şart mıydı yoksa bu insanlar haklı mı? Yoksa; "Allah varsa peygamber vardır hatta peygamber varsa Allah vardır." iddiasında bulunan bizler mi haklıyız. Bunu anlamak için Üstad Bediüzzaman Said Nursi hazretlerinin yazmış olduğu delili hep birlikte okuyacağız ve tahkiki imanın şartı neymiş beraber anlayacağız.

Bugün konuyu sizinle basamak basamak inceleyeceğiz. Mesela ben bir gün size direkt buji ya da şanzıman getirsem, "bu ne işimize yarayacak" dersiniz, arabanın bütün şablonunu görmediğiniz için parçaları size saçma gelir. Önce bütünü göreceğiz, bütün şablonu gördükten sonra parçalar bize manalı gelecek. Yalnız şablonu görmek için basamakları kaçırmamamız lazım çünkü birinci basamağa çıkmadan ikinciye geçemeyeceğiz. İlk basamağımız kâinat, önce kâinata bakacağız. "İyi de kâinatla peygamberliğin ispatı arasında nasıl bir ilişki var?" diye meraklandıysanız hadi beraber bakalım nasıl bir bağlantı var.

Şu kâinatın Sahip ve Mutasarrıfı, elbette bilerek yapıyor ve hikmetle tasarruf ediyor...

Allah'ın bilerek iş yapmasının delili, hikmetle iş yapmasıdır. Mesela burnumuzu ele alalım. Acaba yerine hikmetli mi takılmış? Burnumuzu yerinden çıkarsak ne olur? Yemek yerkenki üçlü kombinasyonumuz bozulur. Zira hepimiz yemek yerken önce gözümüzle bakarız görüntüsü hoş gelirse ağzımıza yaklaştırırız. Tam o esnada burnumuzla bir ön analiz yaparız ki, bayat mı değil mi onu anlarız. Ondan sonra da ağzımıza alırız. Burnumuz bize bir ürünün bayat mı, bozuk mu, taze mi olduğunu anlatan en önemli vazifedardır. Peki o burun oraya kazara mı takılmış? Çıkarıp bakalım mı? Çıkardık burnumuzu size soruyorum nereye takalım? Koltuk altımıza taksak olur mu? Sıkıntı olur, çoğu zaman başkasına sarıldığımızda bile tahammül edemiyoruz. O zaman ensemize takalım orada nasıl olur sizce? Ya da buldum arka cebimize koyalım. Yok hiçbir şekilde olmuyor, nereye taksak sıkıntı çıkıyor amacına hizmet etmiyor.

Burnun hikmetli yaratıldığını yüzümüzde en doğru yerde olmasından anlarız. Ders anlatmak için kürsüye çıktığımda baksam ki birisi kürsüye çay koymuş. Bu çayın oraya bilerek koyulduğu nereden belli? Çünkü kasıt var, irade var, hikmet var. Belli ki ben ders anlatırken bir arkadaş boğazım kurumasın diye onu oraya bilerek koymuş. Mesela evimizin salonunda lambalar tavanda asılı. Peki neden yerde değil? Çünkü amacına orada hizmet edebiliyor. Kısacası bir şey amacına hizmet ediyor ve hikmetle iş görüyorsa bu onun bilerek yapıldığının ispatıdır. Kâinata baktığımızda her şey amacına hizmet ediyor ve hikmetle yapılmış. O zaman bilerek takılmış.

Kemal odur ki, dost değil düşman bile tasdik etsin.

Madem yapan bilir, elbette bilen konuşur.

Kolumuzdaki saati en iyi yapan bilir ve bu saat bozulsa yapanın konuşmaya hakkı vardır. Çünkü yapan bilir ve elbette bilen konuşur. Bütün kâinat lisanı mahsusuyla konuşur. Sular akarak, bülbüller öterek... O halde bizler dahil bütün kâinat konuşuyorsa kâinatı konuşturanın konuşmama ihtimali yoktur. Zira bizler konuşmayı bildiğimiz için konuşan cihazlar üretebiliriz. Görmeyi bilmeyen birisi kameranın görüntü sistemini üretemez. Madem Allah bütün kâinatı biliyor ve hikmetle tasarruf ettiriyor ve madem yapan bilir elbette bilen konuşur o halde Allah konuşuyor.

Madem konuşacak; elbette zîşuur ve zîfikir ve konuşmasını bilenlerle konuşacak.

Bir gün yaylaya gitsek baksak ki bir tane çoban koyun sürüsüyle geziyor. O esnada su içelim diye çeşmeye eğildik. O da ne? Yerde bir kitap duruyor. Bizler kitabın kimden düştüğünü öğrenmek için koyunlara mı sorarız yoksa çobana mı? Elbette çobana sorarız çünkü koyun bizim muhatabımız değil. Zira şuurlu birisi ancak şuurlu birisiyle konuşur. Madem Allah konuşacak o halde ona muhatap olabilecek anlayan şuurlu biriyle konuşacak.

Madem zîfikirle konuşacak; elbette zîşuurun içinde en cemiyetli ve şuur-u küllî olan insan nev'iyle konuşacaktır.

Allah Azze ve Celle bu kadar çeşit içinde neden bizle konuşuyor, diğerleri ile konuşsa olmaz mıydı?

Bizler hastalandığımız için Allah'ın Şafi ismini, acıktığımız için Allah'ın Rezzak ismini biliriz ve bu şekilde terakki ederiz. Ama onlarda böyle bir hal olmadığından Allah'ın esmalarını anlamazlar. Onların şeytanı olmadığından onlarda terakkiyat yoktur. Buna binaen şeytan bizimle uğraştığından, Allah'ın birçok esması bize açıldığından ve Allah'ın sanatını en çok biz okuyabildiğimizden dolayı diğer zîşuur mevcudat içerisinde Allah en çok bizimle konuşacak ve konuştuğu bu insan zümresine şuur-u külli denilecektir. Yoksa hayvanlarda da bir şuur var ama onlardaki cüzi. Koyun o şuurla ota, arı peteğine gider ama şuur-u külli insanda olduğundan Allah insanla konuşur.

Madem insan nev'iyle konuşacak; elbette insanlar içinde kàbil-i hitap ve mükemmel insan olanlarla konuşacak.

Kabil-i hitap "muhatap" demektir. Cumhurbaşkanı Mersin'e gelse vali ile konuşur. Çünkü onun dediklerini anlayacak muhatap odur. Öğretmen sınıfın ahvalini biriyle konuşacak olsa, sınıf başkanı ile konuşur. Çünkü sınıfı temsil eden odur. Cumhurbaşkanlığı makamı varsa onun muhatabı olan valilik makamı olmak zorundadır. Öğretmenlik makamı varsa onun dilinden anlayacak öğrencilik makamı olmak zorundadır.

Kâinatı yaratan Allah Azze ve Celle de kâinat dairesinin reisi ve tüm insanlığın temsilcisi olan Efendimiz (asm) ile konuşur. Demek ki Allah Azze ve Celle'nin Uluhiyet makamı varsa onun dediklerini en ciddi manada bitamamiye okuyup anlayabilecek peygamberlik makamı olmak zorundadır.

Rububiyet - Ubudiyet

İnsanın kulluğu Allah'ın terbiye ediciliği ile ortaya çıkar. İki tane daire vardır. Bunlardan birisi rububiyet diğeri ubudiyet dairesidir. Rubûbiyet dairesi elindeki güzel sanatların sergisini açar, onları boyayarak o sergide teşhir eder. Onun müşterisi de ubudiyet dairesidir. Gelir, o sergiden nimetleri alır; sanat eserlerini okur. Bu iki daire birbirini gerektirmektedir. Yani rububiyet varsa ubudiyet kesin vardır, ubudiyet varsa rububiyet kesin vardır. Bizler baharatı, kıvamı her şeyi yerli yerinde et yediğimiz zaman; "üff be aşçı eti nasıl terbiye etmiş" deriz. Peki soruyorum size o etin terbiye oluşuna şaşırılır da bir damla sudan yüz elli tonluk balinanın terbiye edilişine şaşırılmaz mı? İşte ubudiyete bu terbiyeyi, rububiyet dairesine vererek müşteri olunur.

Bir tane yumurta alınıyor tavus kuşunun altına konuluyor, bir yumurtadan 4000 renge sahip bir tavus kuşu çıkıyor. O yumurtayı bu şekilde kim terbiye ediyor? İşte onu terbiye eden rububiyet dairesi, o terbiyeyi okuyup hayret eden ise ubudiyet dairesidir. Demek ki rububiyet dairesi terbiye edecek ubudiyet dairesi de bu terbiyeyi okuyacak. Zira böyle derin sanatlar varsa ve rububiyet dairesi sergide bu kadar sanatları açmışsa bunu en ince ayrıntısına kadar okuyacak bir muhatap olmak zorunda. Önce muhatap olur, ondan sonra kitap yazılır. Önce muhatap gelir, ondan sonra et terbiye edilir. Yani önce Alemlerin Sultanı vardı, ondan sonra Allah muhatap olalım diye kâinatı yarattı.

Rububiyet dairesi, sanatını ve terbiye ettiklerini sergiliyor. Ubudiyet dairesi, o sanattaki sergilenenleri okuyor ama bu sergilenenlerin tamamını okumaya kabil birisi olmak zorunda. İşte o zat ubudiyet dairesinin tamamını temsil etmek için var olan Efendimiz Muhammed Mustafa'dır (sav).

Üstad Bediüzzaman Said Nursi hazretleri: "Evet, şöyle müzeyyen bir kâinatın öyle mukaddes bir Sâniine böyle bir Resul-i Ekrem, ışık şemse lüzumu derecesinde elzemdir. Çünkü nasıl güneş ziya vermeksizin mümkün değildir. Öyle de, Ulûhiyet de peygamberleri göndermekle kendini göstermeksizin mümkün değildir." diyor. Güneş var ama ışığı yoktur diyebilir miyiz? Bizler güneşin var olduğunu ışığından anlarız. Aynı şekilde Allah Azze ve Celle'nin olduğunu da peygamberlik delilinden anlarız. Işık güneşe ne kadar lazım ve elzemse Efendimiz de (asm) Allah'ın varlık deliline o kadar lazım ve elzemdir.

Bu hakikati gözünle gördükten sonra, rububiyet ve ubudiyet dairelerinin reisleri arasında en büyük bir münasebetin bulunmamasına aklınca imkân var mıdır?

Bir matematik öğretmeninin amacı, öğrencilerine matematik bilgisini aktarmaktır. Peki sizce matematik öğretmeninin en sevdiği öğrenci kimdir? Türevi, integrali, limiti, diferansiyel denklemi anlamış öğrencidir. Çünkü onları anlayan, hepsini anlamış demektir.

Demek ki öğretmen en çok, anlattıklarının hepsini anlayan, maksadına en çok hizmet edeni sever.

Allah Azze ve Celle'nin kâinatı yaratmaktaki gayesine en çok hizmet eden, Efendimiz Muhammed Mustafa Aleyhisselam'dır. Peki o olmasa kâinatın olmasının anlamı var mıdır? Matematik öğretmeni diferansiyel denklemlerle ilgili kitap yazsa ama hiçbir öğrenci anlamasa nasıl olur? Anlaşılmaz bir kitap, muallimsiz olsa onu anlayan ve açıklayan biri olmasa boş bir kitaptan ibaret kalır. Aynen öyle de Efendimiz Aleyhisselam olmasaydı kâinat kitabı da manasız kalacaktı.

Madem en mükemmel ve istidadı en yüksek ve ahlâkı ulvî ve nev-i beşere muktedâ olacak olanlarla konuşacaktır.[8]

İnsanlığın içinde en kemal şahsiyetin Allah Resulü (asm) olduğu nereden belli?

Kemal odur ki, dost değil düşman bile tasdik etsin. Dost dostun kusurunu görmez ama düşman, birini tasdik ediyorsa o kişide mutlaka kemal vardır. Efendimiz'e (asm) Muhammed'ül-Emin lakabını veren düşmanlarıdır. Hicretten önce onu öldürmeye gelen düşmanlarının her birinin emaneti Efendimiz'dedir (sav). Nice düşmanı onun yüzüne baktığında "bu yüzde yalan olmaz" demiş ve orada iman etmişlerdir. Dostları dışında Efendimiz'i (asm) kimler tasdik etmiş birkaç örnek verelim.

"Tarihteki Yüz Büyük İnsan" adlı kitabıyla bütün dünyada yankılar uyandıran, Amerikalı bilim adamı Profesör Michael Hard, kitabının ilk yayınlandığı tarihten on yıl sonra Kahire'de katıldığı bir

8 Risale-i Nur Külliyatı 19. Mektup, Birinci Nükteli İşaret.

ödül töreninde: "Kitabınızın yayınlanmasının üzerinden neredeyse on yıl geçti. "Tarihteki Yüz Büyük İnsan" kitabınızda birinci sırayı Hz. Muhammed'e ayırmıştınız hala bu görüşte ısrarlı mısınız?" sorusuna şu cevabı vermiş: "Bu ünlülerin ilk listesi. Bu sayı 200, 300'e bile çıkarılsa, Hz. Muhammed'in listenin başındaki yeri sabittir."

Amerikalı Prof. Bosworth Smith şöyle demiştir: "Şöyle bir göz atmakla, Hz. Muhammed'in, bütün vasıflarını ve kahramanlıklarını görmek mümkündür. Bunlardan bazıları Peygamberliğinin ilk günlerinde ve bazıları da Peygamberliğinden sonra olmuştur. Eşsiz mucizelerini gördüğüm zaman, onu rütbe bakımından, insanların en büyüğü ve en yücesi olarak mütalaa ediyorum. Hatta insanlık onun bir benzerini görmemiş ve görmeyecektir de.[9]"

Almanya'nın güçlü bir imparatorluğa dönüşmesinde önemli rol oynayan ve ilk şansölyesi Prens Bismarck şöyle diyor: "Muhtelif devirlerde, beşeriyeti idare etmek için Allah tarafından geldiği iddia olunan bütün indirilmiş semavi kitapları tam ve etrafıyla tetkik ettimse de tahrif olundukları için, hiçbirisinde aradığım hikmeti tam isabet ettiremedim. Bu kanunlar, değil bir cemiyet, bir hane halkının saadetini bile temin edecek mahiyetten pek uzaktır. Lakin Muhammedilerin (asm) Kur'an'ı, bu kayıttan azadedir. Ben Kur'an'ı her cihetten tetkik ettim, her kelimesinde büyük hikmetler gördüm. Muhammedilerin düşmanları bu kitabın Muhammed'in zatının eseri olduğunu iddia ediyorlarsa da en mükemmel bir dimağdan böyle bir harikanın meydana geleceğini iddia etmek, hakikatlere göz kapayarak kin ve garaza alet olmak manasını ifade eder ki bu da ilim ve hikmetle izah edilemez. Ben şunu iddia ediyorum ki, Muhammed, mümtaz bir kuvvettir. İlahi kudretin böyle ikinci bir vücudu imkân sahasına getirmesi ihtimalden uzaktır. Seninle

9 En Etkin 100, Michael H. Hart, Sabah kitapları, 1995. Detaylar için bkz; https://www.resulullah.org/en-etkin-100-michael-h-hart

aynı asırda yaşamadığımdan dolayı müteessirim Ey Muhammed! Beşeriyet senin gibi mümtaz bir kudreti bir defa görmüş, bundan sonra göremeyecektir. Ben, heybetli huzurunda kemal-i hürmetle eğilirim."

İrlandalı dramatist, sosyalist, düşünür ve 20. yüzyılın önde gelen tiyatro yazarlarından George Bernard Shaw şöyle diyor: "İnsanlığın sorunlarının üst üste yığılarak neredeyse çözülmez hal aldığı günümüzde, Hz. Muhammed'e her zamankinden daha fazla muhtacız. Eğer o aramızda olsaydı, bütün bunları oturup bir fincan kahve içme rahatlığıyla çözerdi. Ben bu hayret uyandırıcı insanın hayatını inceledim. Benim görüşüme göre onu insanlığın kurtarıcısı olarak tanımamız lazımdır. İnsan büyüklüğü hangi ölçüyle ölçülürse ölçülsün acaba O'ndan (sav) daha büyük bir insan bulunur mu?"

Meşhur İngiliz düşünür Thomas Carlyle şöyle diyor: "Kral ve vezirler gibi azamet ve debdebe perdeleri ile gizlenmiş değildi. Kendi hırkasını kendi yamalar, kendi ayakkabısını kendi tamir ederdi. Harbe gider, ashabıyla istişare eder, emirlerini onlarla beraber verirdi. Nasıl bir insan olduğunu her yönüyle kavminin bilmesi için böyle yaptı. Ona artık siz ne isterseniz öyle deyiniz dünyada taç ve ihtişam sahibi hiçbir imparatora yamalı bir hırka içindeki bir insan kadar hürmet ve itaat edilmemiştir. 23 yıllık dünya imtihanı gerçek bir kahraman için lüzumlu bütün unsurları taşımaktadır. İnsanlar her şeyden daha fazla Muhammed'e kulak vermelidir. Diğer bütün sözler onun karşısında boş sözlerdir. Laf-ı güzaftır."

Fransız tarihçisi Alphonse Marie Louis de La Martine şöyle diyor: "Şayet gayenin büyüklüğü vasıtaların küçüklüğü ve neticenin azameti, insan dehasının üç ölçüsü ise modern tarihin en büyük şahsiyetlerini bile Hz. Muhammed'le kıyaslamaya kim cesaret edebilir? O şahsiyetlerin en meşhurları ancak maddi kuvvetler kurdular. Halbuki Hz. Muhammed (asm) maddi kuvveti olmaksızın orduları, hukuk sistemleri, imparatorlukları, kavimleri, hanedanları ve dünyanın üçte biri üzerindeki milyonlarca insanı harekete geçirdi. İnsan büyüklüğü hangi ölçüyle ölçülürse ölçülsün acaba ondan daha büyük bir insan bulunur mu?"

Alman şair ve yazar Johann Wolfgang von Goethe şöyle diyor: "Hiç kimse Hz. Muhammed'in (sav) prensiplerinden daha ileri bir adım atamaz. Avrupa'ya nasip olan bütün başarılara rağmen bizim bütün kanunlarımız İslam medeniyetine bakarak çok eksiktir. Biz Avrupa milletleri büyük medeni imkânlarımıza rağmen Hz. Muhammed'in (sav), son basamağına varmış olduğu merdivenin daha ilk basamağındayız."

Mahatma Gandi şöyle diyor: "Milyonlarca insanın kalbine tartışmasız hâkim olmuş birisinin, hayatını öğrenmek istiyordum. Okuyunca kesin olarak inandım ki, o yıllarda İslam'ın bir yer kazanmasında kılıcın bir rolü yoktu. Peygamberin tam olarak kendini geri planda bırakması, sözüne sadakati, vicdanı, onu takip edenlere ve dostlarına özverisi, yiğitliği, korkusuzluğu, üstlendiği görevde Allah'a tam güvenmesi kesin ve yalındı. Bu özelliklerle bir zorluğun üstesinden gelmek için ille de kılıç taşımak gerekmiyordu. Peygamberlerin hayatını anlatan kitabın ikinci cildini bitirdiğimde bu muazzam hayata dair daha fazla okunacak bir şey olmayışından dolayı son derece üzgündüm."

Allah neden Efendimiz'i (asm) kabil-i hitap almış, neden Allah varsa peygamberlik olmak zorunda, neden peygamberlik varsa Allah olmak zorunda daha iyi anladık mı? Allah Resulü'nün (sav) peygamberliğinin delilleri su götürmez bir gerçektir. Güneş söner ama bu hakikat sönmez. Köre de sağıra da inkârcıya da inanmıyorum diyene de herkese kesin bir delil. Herkes tasdiklemiş.

MEKKE'NİN ŞEYTANI NADR BİN HARİS

Şeytan, ortaya konulan kötü eylemin fikir babası demektir. Kur'an bu tarz insanları: "Onlar aynen şeytana benzerler." (Haşr, 59/16) diye tarif eder. Bu satırlarda size lakabı Kureyş'in Şeytanı olan Nadr bin Haris'ten bahsedeceğiz. Eminim ki şeytan bile onu izleyip çok noktalarda ondan ders almıştır çünkü Nadr o kadar lanet bir insandır. Efendimiz'in (sav) peygamberliğini baz alırsak 15 yıl boyunca O'nunla (sav) uğraşmış meşhur bir müşrik olan Nadr bin Haris, Kureyş'in müşrikleri içerisinde oldukça saygındır ve hürmet sahibidir. Bunun en büyük sebebi ise, toplumda birkaç saygın işi aynı anda yapmasıdır. O dönem Sasanilerin elinde olan Hire bölgesine elçi olarak gönderilen Nadr'ın mesleği doktorluktur. Kureyşliler tarafından entelektüel bir kişilik olarak algılanan Nadr makamının yanında aynı zamanda çok meşhur da bir şairdir. Zaten onu Mekke'de müşrikler tarafından gözde yapan da her şeyden ziyade bu şairlik vasfıdır.

Bu noktada bizdeki bir kavram yanılgısını düzeltmemiz gerekecek. Şairlik o dönemin en önemli özelliklerinden biri çünkü insanlar; tarihini, kültürünü ağızdan ağıza naklettiklerinden dolayı bu şifahi nakiller onlar için çok ehemmiyetli. Şiir bugün bizim değerlendirdiğimiz gibi bir şey değildi. O dönem, ata binerken attan inerken bile şiirler okunurdu. Zihninizde tam şekil alması için o dönemin şairine bu dönemin medya patronu desek mübalağa etmiş olmayız.

Şu dönemde mesnetsiz iddiaların dolaştığı bu sahalarda bir insanı iğfal etmek, onun hakkında 'kötü zan'a sebebiyet vermek, iftiralar atmak çok kolay. İşte o dönemde de bu olayları Nadr bin Haris gibi adamlar yapıyordu. Bu tarz insanların en belirgin özelliği, bir toplumda konuşurken, bir mecliste sohbet ederken yahut Twitter, İnstagram gibi milyonlarca insanın bulunduğu bir sosyal mecrada yazarken, konuşurken insanların beynini bulandırıp onları yanlış bilgilerle harekete geçirmektir. Kendi haksızlıklarını hak göstermek ve hak yolda samimiyetle koşturanlara karşı, o topluluğu doldurmak, onları organize ederek galeyana getirmektir.

Böyle insanlar, yapmadıkları şeyle övünmekten hoşlandıkları gibi kendileri yapmadıkları halde yapanları eleştirip sinsice planladıkları algı operasyonu ile onları tenkit yağmuruna tutmaktan da hoşlanırlar. Başkalarını yalan yanlış yererek kendilerini ön plana çıkarırlar. İslam toplumu içinde uydurma haberler yayarlar ve gelişmeleri her daim kendi lehlerine tutarlar. Menfaatlerine göre şekil alan bu münafıkların başında gelen Nadr bin Haris de bu vasıfların hepsine sahiptir. Ayetin de beyan ettiği gibi tabiatı gereği Allah'a ve peygamberine muhalefet üzeredir. (Mücadele, 58/20)

Allah Resulü'ne haseti zirve noktada olan Nadr, Efendimiz'i (sav) tıpkı bir gölge gibi takip eder ve O'nun (sav) ihya ettiği kalpleri öldürmeye çalışırdı. O dönem Bizans ve İran topraklarına gider ve orada şiir, hikâye, musiki öğrenip, dansçı kadınlar satın alıp gelirdi. Efendimiz (asm) imanı Mekke'de tebliğ ederek insanların ahiretini kurtarmaya çalışırdı. Nadır ise Resullah'ın (sav) birilerinin yanından ayrıldığını görür görmez hemen onların yanına giderek önce akıllarını karıştırırdı. Devamında Hire'den satın aldığı iki dansçı kadını adamın yanına gönderir: "Bu adamla öyle bir ilgilenin, dans edin, yeyin, için ki onun aklını başından alın ve işin sonunda ne yapıp edip onu Muhammed'e (asm) düşman edin." diye kadınları tembihlerdi. Zira Nadr'ın tek işi buydu; Efendimiz'i (asm) sabote etmek.

Başka bir sabote yöntemi ise öğrendiği musikileri Kur'an ayetlerine alternatif olarak kullanmaya çalışmasıydı. "Ey insanlar beni de dinleyin. Benim sözlerim Muhammed'in (asm) sözlerinden daha güzel, daha cazibeli değil mi söylesenize? Sizin iman ettiğiniz O (sav) peygamber sürekli Ad ve Semud kavminden bahsediyor, gelin ben de size İsfandiyar ve Rüstem'in hikayelerini anlatayım." diye insanları bu yönde ikna etmeye çalışırdı.

Kendince Kur'an'daki kıssalara alternatifler oluşturabileceğini düşünüyor ve buna inanarak mücadele ediyordu. Bir gün Resulullah (asm) ebu Uhayha Said bin As isminde birisine tebliğde bulunuyordu. Tebliğden sonra ebu Uhayha etrafındakilere: "Vallahi o semadan konuşuyor." diye anlatmaya başladı. Bunu gören Nadr hemen ebu Uhayha'nın yanına gitti ve: "O bizim ilahlarımıza laf söylüyor. Atalarımızın dedelerimizin cehennemde yanacaklarını söyleyip bizim gibi kendisine tâbi olmayanları da şiddetli bir azapla tehdit edip duruyor. Vallahi zaten bir elçi gelecek olsa herkesten evvel ona ben tâbi olurum ve ondan bile daha ciddi, hamiyetli çalışır onun yoluna revan olurum." diyor. Konuşmanın sonunda ebu Uhayha'nın fikri tekrar değişiyor ve Mekke müşrikleriyle el ele verip sürekli Efendimiz (asm) aleyhine çalışan adamlardan birisi haline geliyor.[10] Bir gün Allah Resulü (asm) ahireti, haşri, öldükten sonra dirilişi anlatırken Nadr bin Haris yerden bir kemik alıyor

---

10 İbn İshak, İbn Hişam, Sîre, 1/321, 2/367. Beyhaki, Delâilü'n-Nübüvve, 2/202. M. Asım Köksal, İslam Tarihi, Köksal Yayıncılık 1/324-327.

ve kemiği ufalayarak: "Bu kurumuş kemikleri mi diriltecek senin ilahın?" diyor ve ardından Yasin suresinden ayet iniyor.

"Kendi yaratılışlarını unutup bize örnek getirmeye kalkışıyor: 'Şu çürümüş kemiklere kim can verecekmiş.' diyor. De ki: 'Onları ilk başta yaratmış olan diriltecek. O yaratmanın her türlüsünü bilir.'" (Yasin suresi, 78/79)[11]

Halid bin Velid'in babası olan Velid bin Muğire ilk ayetler indiği anda onların vahiy olduğunu anlıyor ama köşeye geçip kendince iç muhasebe, pazarlık yapıyor ve: "Acaba bu ayetlere inandığımı söylesem ticaret yollarıma mani olur mu? Param eksilir mi? Evimi taşımak zorunda kalır mıyım? Dostlarım, sülalem, Kureyş bana ne der?" diye düşünüyor. Bilmediği bir şey vardı; "hesap yapan hasbiliğini kaybeder" bir insan hesaba başladığında yitirdiği ilk şey hasbiliği yani ihlası, samimiyeti olur. Velid bin Muğire'nin bu davranışından sonra Müddessir suresinden ayetler iniyor: "Yarattığım o şahsı (cezalandırmak üzere) tek başına bana bırak! Kendisine geniş bir servet ve gözü önünde duran oğullar verdiğim; önüne nimetleri serdikçe serdiğim, arkasından daha fazla vermemi bekleyen kişiyi! Hayır, umduğu gibi olmayacak! Çünkü o, ayetlerimize karşı -inatla-direnmektedir. Ben de onu sarp bir yokuşa süreceğim! O, düşündü, taşındı, ölçtü biçti. Kahrolası, ne biçim ölçtü biçti. Sonra kahrolası ne biçim ölçtü biçti! Sonra baktı. Sonra kaşlarını çattı, suratını astı. En sonunda sırtını dönüp gitti ve kibrine yenildi. "Bu, olsa olsa eskilerden nakledilmiş bir sihirdir. Bu, insan sözünden başka bir şey değildir, dedi." Ben onu sekara (cehenneme) sokacağım. Sen bilir misin sekar nedir? Bitirir ama yok olmaya da bırakmaz; insanları kavurur. Orada on dokuz görevli vardır.[12]"

---

11 İbnu Kesir, Tefsir, VI, 593. Riyad, 1997.

12 Müddessir Suresi, ayet 11-30; 15-Taberî, XXIX, 96; Şevkâni, V, 376.

Velid bin Muğire bu hesabı yaptıktan sonra Kureyşli müşriklerin toplandığı yer olan Darü'n Nedve'ye gidiyor. Zaten kendi içinde inanmama kararı aldığı yetmiyormuş gibi bir de diyor ki: "Muhammed'e (asm) taarruzda bulunalım, yoksa o bizim işlerimize ket vuracak." Darü'n Nedve'de Kureyşlileri topluyor ve Efendimiz'i (asm) engellemek için projeler üretmeye başlıyor. İlk fikir Velid bin Muğire'den: "Gelin ona şair diyelim." Nadr bin Haris bu fikir karşısında gülüyor. "O halde büyücü diyelim." Nadr bin Haris köşede gülmeye devam ediyor. "Buldum Mecnun diyelim." Nadr bin Haris bu fikre de gülünce Velid bin Muğire dönüyor ve: "Niye gülüyorsun?" diye soruyor. Nadr bin Haris söz alıyor: "Ona şair diyelim diyorsunuz ama onun şiir yazdığını kim görmüş? Mecnun, cinlenmiş diyelim diyorsunuz lakin onun böyle bir tavrına şahit olan var mı? Büyücü diyelim diyorsunuz ama onun büyü yaptığına dair de bir şahidimiz yok." diyor. Bunun üzerine Velid bin Muğire: "Peki o zaman sen söyle ey Nadr ne diyelim?" deyince Nadr: "Onun için anlattığı ayetlerle anne babalar ile evlatlarının arasını açıyor deyin." diyor. Nadr yaşanan hadiseleri her yönüyle kendi şerrine alet etmekte oldukça mahir bir müşrik olduğundan onun bu fikri Darü'n Nedve'de onay görüyor ve o saatten sonra bu fikir Mekke'de yayılmaya başlanıyor.

"Muhammed (asm) anlattığı ayetlerle anne babalar ile evlatlarının arasını açıyor.[13]" Öyle sinsi bir düşünce ki olağan bir şey aleyhe kullanılarak İslam'a yeni girecek kişilerin kalbine korku salınmaya çalışılıyor. O dönemde İslam'la şereflenen evlatlar, iman etmemiş anne babaları ile zaten imtihan yaşıyorlar. Kâinatın Efendisi'nin (sav) Uhud Savaşı'nda: "At, ey Sa'd! Anam babam sana feda olsun.[14]" dediği dayısı Sa'd bin ebi Vakkas, iman ettiği için annesi Hamne ile

13 Diyanet Tefsiri, Kur'an Yolu: V/420.

14 Buhâri, Fedâili Ashâbi'n – Nebî, 15.

imtihana tâbi oluyor. Ailesi Sa'd'ın Müslüman olduğunu duyunca önce gençlik hevesidir, geçer gider diye düşünüp bir müddet ses çıkarmıyor. Ama Sa'd iman yolunda gayretler göstermeye başlayınca önce söz ile uyarıyor. Baktılar ki Sa'd geri dönmüyor, bu sefer annesi onu iman yolundan alıkoymak için türlü türlü yollara başvuruyor. Sa'd belirli zamanlar annesine İslam'ın mesajlarını, anne babaya verdiği değeri anlatmaya çalışsa da annesi bir türlü atalarının dininden vazgeçmiyor. Her daim İslam'ın mesajlarına karşı büyük bir inat ve öfke ile karşı duruyor. Annesi baktı ki Sa'd yoluna baş koyduğu bu dinden yüz çevirmiyor, Sa'd'ı çok hassas olduğu bir noktadan vurmaya çalışıyor ve: "Eğer sen bu dinden vazgeçmezsen ben hiçbir şey yemeyeceğim, içmeyeceğim ve burada kapının eşiğinde oturup duracağım. Açlıktan ölüp gitsem bile ağzıma bir lokma almayacak ve bu halde öleceğim. Sen de insanların içinde anne katili diye anılacak ve bu işin vicdan azabı ile karşı karşıya kalacaksın." diyor. Sa'd ne kadar yalvarsa yakarsa da annesini o halden vazgeçiremiyor ve en sonunda annesinin karşısına dikilip: "Vallahi anneciğim! Seni ne kadar sevdiğimi sen benden daha iyi bilirsin. Ama unutma ki seni ne kadar çok seviyorsam bu sevginin on katı hatta daha fazlası kadar Allah ve Resulünü seviyorum. Eğer birini diğerine feda edeceksem, iyi bil ki feda edeceğim sen olursun, Allah ve Resûlü değil. Yeminle söylüyorum ki, yüz canın olsa ve her gün bir tanesi gözümün önünde çıksa ben yine de hak dinimden dönmeyeceğim." diyor. Anne Hamne üç gün boyunca yemiyor, içmiyor, açlıktan takati kesiliyor, rengi soluyor ve konuşamamaya başlıyor. Bakıyor ki her şeye rağmen oğlu kararlı vazgeçmiyor, bu sefer de onu başka şekillerde caydırma yollarına başvuruyor. İbn Esîr'in bize naklettiğine göre o günlerde anne Hamne, komşularının da yardımı ile Sa'd'ı evinin bir odasına kilitliyor ve: "Ya girdiğin o yeni dini terk edersin ya da açlıktan bu odada ölüp gidersin." diye tehditler savuruyor. Bu tehditlere rağmen, Sa'd b. ebi Vakkas (ra) iman yolunda her daim sarsılmadan duruyor ve en nihayetinde kazanan o oluyor.[15]

İlahi adalet diye bir terazi var. Asla şaşmaz. Kimsenin hakkı kimsede kalmaz. Gönlü kırılan sabretsin.

Zengin ve soylu ailenin nazenin evladı Musab bin Umeyr de bu imtihanlardan nasibini annesi ile alanlardan. Bir gün Osman bin Talha'nın kendisine Musab'ın namaz kıldığı haberini getirmesi üzerine anne Hunâs: "Nasıl olur da Mekke'nin asil ve soylu genci Muhammed'e (sav) tâbi olur; Bilal gibi kölelerle aynı dinde bulunur." diye deliye dönüyor. Başta sözlü uyarılar devamında tehditlerle Musab'ı atalarının dinine dönmeye ikna etmeye çalışsa da bakıyor Musab boyun eğmiyor bu sefer de dil ile söylediği tehditleri uygulamaya döküyor.

Önce onu eve hapsedip İslam'ı inkâr etmesini istiyor, Musab boyun eğmiyor. Bu sefer aç bırakıyor "inkâr et" diyor, Musab yine boyun eğmiyor. Daha dün oğlunun tek bir kılına dünyaları değişmeyen anne, bu sefer de işkencelere başlıyor ve oğlunu kırbaçlıyor. Günlerce süren ikna çabaları, tehdit ve işkenceler en az iki üç yıl çeşitli dönemlerde devam ediyor. Annesi bakıyor ki, oğlunu bunlarla da vazgeçiremiyor bu sefer de başka bir yol deniyor ve Musab'ı karşısına alıp: "Ya Muhammed'in (sav) dini ya benim servetim, ikisinden birini seç." diyor. Bakıyor ki, oğlunun gözünde ne dünya sevgisi, ne gelecek kaygısı var ne de mahrum kaldıklarından mahzun olmuş bir hal. Onun tek derdi, davası.

Bu sefer bir evlat için daha zorlu bir imtihana başvurarak: "Ey Musab! Eğer bu dini bırakıp atalarının dinine dönmezsen, Lât'ın,

15 İbn Hacer, İsâbe, 2/31; Halebi, İnsanü'l-Uyun, 1/280.

Uzzâ'nın ve Menât'ın üzerine yemin olsun ki ağzıma bir tek lokma almayacak, bir damla su içmeyeceğim. Açlıktan ölüp gitsem de bu halden vazgeçmeyeceğim." diyor. Bu sözler üzerine Musab annesinin karşısına geçiyor: "Ey anneciğim! Seni ne kadar sevdiğimi sen çok iyi biliyorsun. Sana zarar gelmesinin bana ne kadar ağır geleceğini de biliyorsun. Ama anneciğim, unutma ki ben Rabbimi ve peygamber olarak iman ettiğim elçiyi senden daha çok seviyorum. Onların sevgisi yüreğimi kaplamışken, sen açlıktan ölsen bile ben, dinimden ve davamdan vazgeçmeyeceğim.[16]" diyor.

Kureyş'in şeytanı Nadr'ın hain planı burada da işe yaramıyor. O yüce gönüller buldukları güneşten asla vazgeçmiyor. Peki insanları sürekli ifsat etmeye çalışan bu yılan dilli adamın akıbeti ne oluyor? 13 yıl Mekke'de Efendimiz'e (sav) çektirmediği kalmayan Nadr bin Haris, Allah Resulü'nün (asm) Medine'ye hicretinden sonra 2 yıl da orada hain planlarını uygulamaya devam ediyor. Hicretin 2. yılında Bedir Gazvesi gerçekleşiyor. Bu gazveye kimileri hususi mesuliyetlerinden-Hz. Osman'ın eşinin hastalığı gibi- kimileri de yaşlarının ufak olmasından katılamıyor. Hatta içlerinden hamiyetli bir çocuk kılıcı omzuna astığında kılıç yere sürtüyor. Efendimiz (sav), yaşı küçük olanları ve mazereti olanları gönderiyor. 313 kişi ve 2 binekle Bedir'e doğru yola çıkıyor. Düşman saflarında 200'ü binekli 950 kişi var. Sayısal çokluğun Allah'ın katında bir değeri olmadığı, Allah'ın yardım ettiğine kimsenin galip gelemeyeceği bir kez daha anlaşılan bu gazvede Müslümanlar galip geliyor ve içlerinde Nadr bin Haris'in de olduğu 70 kişi esir düşüyor. Efendimiz (sav) ashabı ile esirleri ne yapalım diye istişare ederken o esnada Nadr bin Haris ile göz göze geliyor ve Nadr orada başına gelecek felaketi anlıyor. Nadr bunun üzerine bir kaçış yolu bulmaya çalışıyor ve akrabası olan

16 İbn Sa'd, et-Tabakâtü'l-Kübrâ, Beyrut 1960, III, 116; Yusuf Kandehlevî, Hayatü's-Sahabe.

Musab bin Umeyr'e: "Ey Musab biz akraba değil miyiz? Vallahi sen Mekke'de esir düşseydin ben seni yar etmezdim." diyerek sığınmak istiyor. Hz. Musab : "Hayır hayır! İslam bağı geldi asabiyet bağının önüne geçti. Senin bu dine verdiğin zararı kimse vermemiştir. Şimdi hüküm Efendimindir (sav)." diyor ve Allah Resulü (asm) diğer esirlere dokunmasa bile Nadr bin Haris'in yılan dilinden kurtulmak için onu Hz. Ali'ye teslim edip boynunu vurduruyor.

Bizler burada Efendimiz'in (asm) stratejilerini iyi anlamak ve hangi tür insana nasıl muamelede bulunmuş iyi analiz etmek zorundayız. Öncelikle şunu kendimize bir müjde olarak alabiliriz; Nadr gibilerin akıbeti hep aynı olacak. İki cihanda da bu değişmeyecek. Çünkü İslamiyet güneş gibidir üflemekle sönmez, gündüz gibidir göz yummakla gece olmaz. Gözünü kapayan yalnız kendine gece yapar...

Bu hadiselere bu kitapta yer verdik çünkü burada maksadımız Nadr'ı değil Nadr gibi insanların sıfatlarını anlatmak. Zira: "Nâ ehil olur muârız-ı ehil / Her Ahmed'e bulunur bir ebu Cehil." sırrınca eğer siz Ahmed olmaya gönüllü iseniz buyurun ebu Cehil gibiler de meydanda Nadr bin Haris gibiler de. Çünkü yolun kaderi bu. Sizler doğru yolda gittikçe insanların ahiretine taarruz eden, onları planlarıyla sabote edip mahvetmeye çalışan böyle insanlar sürekli karşınıza çıkacaktır.

Bizler bu meseleleri okurken zannediyoruz ki o günler geride kaldı. Bu yanılgı bizim kıt aklımızdan, basiretsiz, bulanmış bakış açımızdan kaynaklanıyor. İnsan dikkatli baktığında Bedir'in de Uhud'un da Hayber'in fethinin de müşriklerin ve kafirlerin sinsi planlarının da münafıkların çıngırak sesli oyunlarının da bugün aynıyla hiçbir farkı olmaksızın devam ettiğini görüyor.

Bizler burada Mekke döneminin Nadr bin Haris'ini anlattık lakin sanmayın ki bugün Nadrlar yok. Zira insan bu meseleleri hakkıyla bilse, bir gün açtığı videoda birbirlerine tebessüm edip methiyeler dizenlerin o kahkahalarının ardında Nadr bin Haris'in sinsi gülüşlerini yakalayabilir. Başkalarını tenkit ederek kendilerini öne çıkarmak isteyen, sosyal medyada yan yana gelerek fotoğraf çektirmiş bir grubun içinde Nadr bin Harisleri görebilir.

Okuduğumuz kitaplarda, incelediğimiz dergilerde, Twitter köşelerinde hala aynı şekilde yerlerini alıyor bu insanlar. Maalesef bizim algımız, dikkatimiz, tefekkürümüz, farkındalığımız oralarda olmadığından bunu hissedemiyoruz. Nadr bin Haris gibi adamlar farklı farklı şekillerde artarak devam ediyor. Kimisi meşrepçe ayrılarak kimisi bizden gibi gözüküp bizimle aynı secdeye baş koyarak ortalığı karıştırmaya çalışıyor. Günümüzde de zehirden başka hiçbir şey saçmayan bu insanların hem sayıları hem de bulundukları mecralar çok fazla. Şunu belirteyim ki ben burada "sosyal medya kötüdür kullanmayalım" demiyorum, iyi mi kötü mü olduğu kullanımına göre belli olur. Mesela bana bir bıçak verseniz ve ben o bıçakla size et kesip yemek yapsam sevaba girerim. Aynı bıçakla annenizi doğrasam günaha girerim. Burada suç bıçakta diyemeyiz. Yahut bana ateş verseniz ve ben o ateşle size mangal yakıp semaverde çay demlesem sevaba girerim ama aynı ateşle sizin evinizi, arabanızı yaksam günaha girerim. Burada da suç ateşte diyemeyiz. Aynen bunlar gibi sosyal medyaya da bu nazarla bakarsak onun hem hayır yönünü hem de şer yönünü görebiliriz.

Üzücü olan şu ki sosyal medyalardan dijital platformlara kadar neredeyse hepsinin %99'u şerli insanların ellerinde... Zaten maksimum %1 belki doğru düzgün işler yapmaya çalışan birileri varken sosyal mecralarda, algılar, hedefler, gözler yine hep o %1'lik kesimin üzerinde. Neden mi? Nedeni yok işte! Yılan niye soktu, akrep niye ısırdı diyemiyor insan. Çünkü onların tabiatı bu ve onlara benzeyen insanların da meşrebi öyle. Bu süreçte yaralanan ise yine İslam.

Nadr bin Haris gibiler; mizansız, ölçüsüz surette insanlara saldırdığında, o insanlar bir yara alıyorsa, İslamiyet yüz yara alıyor. İşte bu da işin en üzücü kısmı. Aldanmamak adına önemlidir Nadr bin Haris gibileri bilmek. Ancak Nadr'ı bilmek o kimdir, nerede yaşamıştır, nerelidir bunları bilmekle olacak bir şey değildir. Onun sıfatlarını bilerek o sıfatlara karşı strateji geliştirmek, ihtiyatlı davranmak ve tüm tedbirleri aldıktan sonra tevekkül edip Allah'a sığınmakla olacak bir şeydir. Zaten böyle insanların şerrinden Allah'a sığınmaktan başka çare yoktur.

"Bu işte varmak yok,
Yolun sonu yol çıkar.
Dost kalır yanındaki,
Olursa senden çıkar.
Kalırsın karanlıkta sırtın yaralarla,
Ümitsizliğe kapılma heybenden yıldız çıkar."

MEDİNE MÜNAFIĞI ABDULLAH BİN ÜBEY İBNİ SELÜL

İhlas, emredildiği için yapmak, yapılan işte sırf Allah'ın rızasını düşünmek, ona göre hareket etmek ve yalnızca Allah için ibadet etmek demektir. Bizler ihlasta "kabre tek gireceğim, bir doğru varsa bunu ben tek yapacağım" şuurunu yakalamak zorundayız. Zira başkalarından yardım beklediğimiz an ilk bizim ihlasımız zarar görür çünkü ihlasta teklik vardır. Allah ile bağ, Allah ile irtibat vardır. Evet insan bir durum hakkında başkası ile istişare edilebilir ama istişare etmek başka bir şeydir sancağı ele alıp sonuna kadar taşıma bambaşka bir şeydir. İhlasta bu elde edilmesi zorunlu bir payedir. Çünkü insan gün gelir yalnız kalabilir, gün gelir yarı yolda kalabilir. Allah bizleri "yanında kalabalıklar olduğunda şımaracak mı, yalnız kaldığında sebat edip dayanacak mı" diye deneyecektir. Bu denemelerin esasında, temeldeki ihlas akidemize dayanan noktaları Allah'ın bize gösterme arzusu vardır. Zira köşede oturup bir ney sesiyle tefekkür etme kısmı ihlâsın tek gerçekliği değildir.

İhlas, kader planındaki alternatifleri de Allah ile bağ kurarak gerçekleştirebilmektir. Bizler siyer-i Nebi ve sahabe hayatlarına baktığımızda da hep bunu görürüz. Lakin şunu da belirtmeliyim ki ihlas yalnızca hayır cephesinde değil bazen şer cephesinde de netice verir.

❋

"Çünkü samimî bir ihlâs, şerde dahi olsa neticesiz kalmaz."

❋

İslam'ın kaderine baktığımızda bin dört yüz yıl içerisindeki olayların birçoğunun günümüzde misliyle yaşanmaya devam ettiğini görürüz. Yani bugün de Uhud yaşanıyor, bugün de Ayneyn Tepesi devam ediyor, bugün de Mekkeli müşrikler zorbalıklarını sürdürüyor, bugün de Kâinatın Efendisi'nin (asm) mesajı aynı dirilikte gönüllere ulaşmaya, Muhammedî gönülleri açmaya devam ediyor. Bu hal tüyler ürpertse de bugün de Medine münafıkları her zamanki gibi durmadan ve yılmadan Müslümanların gücünü kırmak için gayret ediyor. Müslümanlarda olmayan sebat ve gayret, birçok münafıkta görünüyor. Aldanışların yönü çok fazla ve şeytan bizim zaaflarımızı bizden çok daha iyi biliyor. Hayallerimizde geziyor, tahayyüllerimizde dolaşıyor, düşüncelerimize el uzatıyor.

Şeytanın fiili olarak icraatı yoktur. Hayal dünyamızda yeri var bazen yıllardır hazırladığı planını, yüz binlerce insana aynı gün aynı saatte lümme-i şeytaniyesinden girerek dilediği gibi uygulayabiliyor. Yüz binlerce insana aynı cümleyi söylettirebiliyor. Tabi bu yine işin iyi kısmı çünkü en azından kafir cephesinin rengi belli. Bir de bu işin münafık cephesi var. Koyun kıyafeti giyiyor ama kurt çıkıyor, tatlı dilli görünüyor ama yılan zehri akıtıyor. Sırtındaki yükü alıyormuş gibi duruyor ama içinden akrebin zehri çıkıyor.

İnsanlar İslam'ın tek düşmanını ebu Cehil zannediyor ama ebu Cehil, İslam'a 15 yıl çektirmiş ve sonra ölmüş gitmiş. Ondan sonra İslam zahmet çekmekten ve mücadele etmekten yine geri durmamış. Bu sefer de Nadr bin Hârisler, Ümeyye b. Halefler, ebu Süfyanlar çektirmiş. Kafirlerin çektirdikleri Müslümanların ancak kuvvetini arttırır ama öyle bir zümre var ki Müslümanları kurt gibi içten içe yiyip bütün kuvvetlerini dağıtmaya matuftur onlar: Münafıklar... Çünkü ebu Cehil bizimle aynı mescide giremez aynı secdeye baş koyamaz ama bir münafık bizimle aynı mescide girip, aynı secdeye baş koyup, tatlı Müslümanvâri cümleleriyle: "Ya biz bu işi İslam için yapıyoruz?" zanları ve aldatmacalarıyla bizim bütün gücümüzü alıp manevi kuvvetimizi kırabilir.

Ben kendi iç dünyamda, İslam'a karşı düşmanlıkta hiçbir zaman kafirlerin hal, hareket ve tavırlarından bir endişe duymadım. Benim gözümde bugün Kudüs bizim elimizde değilse, kafirler yüzünden değil. Bugün milyarlarca Müslüman alemi bir olamıyorsa yine kafirlerin yüzünden değil. Çünkü onların yaptığı her şey ancak ve ancak bizim kuvvetimizi arttırır. O zaman bizi içerde bu kadar parça pinçik eden kim? Orta Doğu'ya bir baksanıza mezhep mezhep savaşlar var. Bizim bir olup küfür cephesiyle mücadele etmemiz gerekirken, bizi büyük resimde mezhep mezhep savaştırıyorlar.

Resmi biraz daha küçülttüğümüzde mesela memleketimizi baz aldığımızda meslek ve meşrep olarak savaştırıyorlar. Resmi daha da küçültüp daha dar baktığımızda takkenin renginden, namazda parmağın kalkmasından problem çıkartanlar var. Gemi batarken bazı meseleler konuşulmaz derler. Bizim takıldığımız nokta; "sen neden bize benzemiyorsun, madem bize benzemiyorsun o zaman sen hainsin" gibi meseleler. Bunlar birbirimizi en çok yıpratacak ve üzecek söylemlerdir. Ve tahkik ettiğim kadarıyla bizi bu hale getirip içimizdeki gücü kaybettirerek manevi kuvvetimizi kıranlar Medine münafığı ibni Selül gibi münafık ahlaklı insanlar.

Allah Resulü (sav) takribi beş yüz sahabe ile Medine'ye hicret ettiğinde Medine'de Evs ve Hazreç kabilesinden iman etmiş bin Ensar, altı bin müşrik, dört bin de Yahudi bulunuyordu. Efendimiz (sav) Medine'ye yerleştikten sonra ortaya herkesin hukukunu, insanca yaşayabilmesinin koşullarını sağlayan elli iki maddelik inanılmaz bir yasa tasarısı koydu. Bu yasalar herkesi memnun eder yapıda ve adaletli bir şekilde hazırlanmıştı ki kimse itiraz edemedi. Bundan sonra Medine'de gün geçtikçe İslamiyet daha yaygın bir hale geldi ve Medine gruplar halinde Müslüman olmaya başladı. Ama bunun öncesinde Medine'de alınan başka bir karar daha vardı. Efendimiz'in (sav) Medine'ye hicretinden önce senelerce çatışıp kavgalar eden Evs ve Hazreç kabileleri aralarında anlaşma yapmışlardı: "Evs ve Hazreç kabileleri birer yıl arayla Medine'de krallık yapacak.[17]"

Allah Resulü'nün (sav) Medine'ye geldiği yıl yönetme sırası Hazreç kabilesinden Abdullah bin Übey ibni Selül'de idi. Hatta Medineliler ibni Selül'ün başına giydirecekleri hükümdarlık tacını bile sipariş etmişlerdi ama Übey ibni Selül'ün hükümdar olma hayalleri Efendimiz'in (sav) hicreti ile suya düştü. Çünkü Evs ve Hazreçlilerin hemen hemen hepsi Müslüman olduğu için Efendimiz'in (sav) etrafında toplandı. Bunun için de ibni Selül krallık yapamadı ve Efendimiz'e (sav) düşman olmasının bir sebebi de bu oldu.

Yaşadığı bu durum ibni Selül'ün fazlasıyla ağırına gitse de çevresinde fazla kimse kalmayınca o da istemeye istemeye kendisini Müslüman olmuş gibi göstermeye başladı. Uzun yıllar münafıkların reisliğini yapan bu lanet adamın etrafında birçok avanesi de vardı ve bu münafıkların tek derdi, İslam'ı küçük düşürmek, Müslümanların moralini bozmak, Efendimiz'i (sav) sıkıntıya sokmaktı.[18] İbni Selül, Allah Resulü (asm) Medine'ye girer girmez iman etmiyor. Çünkü ibni Selül gibi münafık ahlaklılar; omurga değiştireceğinde, birine biat edeceğinde, yön ve yol değiştireceğinde ancak güç gördükten sonra tüm bunları yaparlar. Müslümanların ilk güç gösterisi Bedir

17 Sahih-i Müslim, 5/182-183; Muhammed Hamidullah; Muhtasar Hadis Tarihi.
18 Tefsir-i Taberî, 4/73.

Gazvesi'nde gerçekleşiyor. İbni Selül hicretin ikinci yılında Bedir Gazvesi'nden sonra üç yüz on üç Müslüman'ın dokuz yüz elli müşrike galebe ettiğini görüyor. Bu olaydan sonra güya iman ediyor. Fakat biz biliyoruz ki Ammar gibi, Ammar'ın annesi Sümeyye, babası Yasir gibi asıl iman edenler doğru haberi aldıktan sonra hiçbir hesap kitap yapamadan, hiçbir noktada endişe etmeden, bütün işkencelere rağmen asla imanlarından dönmüyorlar. Münafıklar ise nerede güç görseler oraya yön değiştiriyorlar. Aralarındaki ince fark bu...

O dönem ebu Kays isminde Hanif dini üzerine bir sürü şiiri olan bir şair vardı. Ebu Kays imana girmeye çok müsait bir kişiydi ve bir zaman İslam'a meyletmiş tam Resulullah'ın (sav) yanına gidecekken yolda ibni Selül'e denk gelmişti. Tabi ibni Selül onu gittiği yoldan vazgeçirmeden peşini bırakır mı? İmkânı yok. Ebu Kays, ibni Selül'ün: "Ya ebu Kays iyi iş. Demek sen Hazreç bana bir şey yapar diye korkuyorsun, korkundan da iman edeceksin ha, güzel iş." demesi üzerine gittiği yoldan dönmüş ve imanla buluşamadan yoldan dönen ebu Kays, bir yıl sonra da ölmüştür.

Resulullah (sav) için kâinatta manasız hiçbir şey yok. O (sav) bütün mahlukata meleklerin nezaret ettiğini bildiğinden dolayı onlarla konuştuğu çok hadise var. Bir yerde yağmur yağarken cübbesini tutuyor, bir yerde inleyen bir kütük var hutbe irad edeceği zaman o kütükle konuşuyor. Uhud'da bunlardan birisi. Zira Efendimiz (sav) Uhud için: "Uhud bizi sever, biz Uhud'u." buyuruyor. O dağ tek parça, yekpare olduğundan Uhud ismi verilmiş. Çünkü Uhud "Ehad" kelime kökünden birlik manasına geliyor.

Bizler şu an yine Uhud'u yaşıyoruz ama şunu hiç düşünmüyoruz: "Acaba bizim buradaki rolümüz ne?" Zira bizim bu kısmı anlamamız çok elzem. Biz Kur'an'dan gelen mesajları hayatımıza geçirmezsek korkarım ki yukarıda bahsettiğimiz adamlardan bir farkımız kalmayabilir. Biz ayetleri: "Bunlar ne güzel mektuplar." diyerek koynumuza alıp yatarsak içindeki mesajları hayatımıza nakşetmeye çalışmazsak, Kur'an'a bundan büyük saygısızlık olamaz. Allah'ın memnun olmadığını bildiğimiz çok mesele var. O yüzden bu okuduğun Uhud senin Uhud'un. "Ben Uhud'da neredeyim? Nerede yer alıyorum?" diye burada da sormayacaksan, bence bu dersi bilip vebal altına girmenin hiçbir manası yok. Zira ebu'd-Derda diyor ki: "Bilmeden yapmayanlara yazıklar olsun, bilip de yapmayanlara yedi kez yazıklar olsun."

Bizlerin Uhud'da anlaması gereken ince bir sır daha var: "Galibiyetin veremediği dersleri zahirde bir mağlubiyet verebilir." Uhud'da sayısız mağlubiyet olmuş ve bundan sayısız ders çıkarılmış. İnsan fıtratını iyi tanımalı. Özellikle de canını acıtan şeyleri iyi okursa hiçbir kitaptan alamayacağı dersleri çıkarabilir. Bir insan acısını doğru kullanırsa hayatında göremeyeceği bir üstadı, tanıyamayacağı bir mürşid-i kamili elde etmiş olur. O acının etkisinde kalırsa psikoza girer, bunalımlardan bunalımlara sürüklenir ama acıyı doğru kullandığı anda: "Burada bana verilmek istenen bir ders var, zira burası cennet değil, cennetin kazanılacağı yer. Bu kazanımlar bu acılar neticesinde olacaktır. Ben bu acıyla bana yol gösterecek mürşid-i kamili elde edeceğim inşallah." der ve: "Her mürşide el verme ki yolunu sarpa sardırır / Mürşid-i kâmil olanın gayet yolu asan imiş." sırrına mazhar olur. Bedir'de inen ayet sayısı on dörtken, Uhud'da inen ayet sayısı yetmiştir. Çünkü Allah insana acı üzerinden inanılmaz bir terbiye şekli gösterir. Bu terbiyelerin bize öğretmeye çalıştığı şeylerin en başında da: "Başınıza ne gelirse gelsin, zahirde ne görünürse görünsün, endişelenmeyin, tasalanmayın zira inanıyorsanız üstünsünüz." mesajı gelir. Bu inanma birebir Allah'la bağ kurmayla olacak bir iştir. "Etraftakiler böyle yapıyor, ben de böyle yapayım." Bubir inanma şekli değildir. "Ne olursa olsun ben böyle yapayım." İşte bu inanışın baş kaldırmasıdır, inanışın kendini göstermesidir.

Musab bin Umeyr Allah Resul'üne (sav) çok benzemektedir ve Uhud'da Musab'ın şehadeti ile herkes Resulullah'ı (asm) öldü zannetmiştir. İyi ama kader Uhud'da başta Efendimiz (sav) öldü gibi neden göstermiştir? Çünkü kuvve-i maneviyemiz ne olacak görmek istemiştir. Peki bizim manevi kuvvetimiz ne durumda?

Zira Uhud bize birazdan istişareyi öğretecek, çünkü Allah Resulü (sav) gazveye çıkarken sahabe efendilerimizle istişare edecek. Uhud bize itaati öğretecek ve biz Ayneyn Okçular Tepesi'nde buna birazdan şahit olacağız. Uhud bize mağlubiyetin ahlakını gösterecek çünkü Efendimiz (asm) durmayacak Hamrau'l-Esed'e doğru devam edecek. Uhud bize sevginin ispat istediğini gösterecek. Zira "bu eylemleri neden yapmıyorsunuz" demek, Allah'ı ne kadar seviyorsunuz demenin başka bir versiyonu aslında.

Uhud bize telafi ahlakını gösterecek. "Hata edebiliriz, problem yaşayabiliriz, bazen mağlup gibi gözükebiliriz ama hepsinin bir telafisi var." Uhud bize: "Hiçbirimiz Hamza'nın katili değiliz ama İslam'da Hamza'nın katiline bile yer var. O kadar geniş gönüller var." bunu öğretecek. Peki neydi Uhud'un sebepleri? Ne oldu da Uhud'a çıkma ihtiyacı hissettiler?

- Mekkeliler Bedir Gazvesi'nde yenilmenin olumsuzluklarını bir türlü üstünden atamadı. Mekke'deki insanlar müşrik de olsalar, taptıkları putlara karşı inançlarını: "Acaba Muhammed (asm) doğru mu söylüyor, acaba Müslümanlar mı hak?" diye sorgulamaya başladılar ve Kureyş'in büyükleri bundan çok rahatsız oldu. Çünkü kendi kabilelerini ellerinde tutamayacak hale geldiler.

- Bedir'den kalma her evde bir acı vardı ve bu acılar müşrikler tarafından Uhud'u doğurmuştu.

• Bütün kervanlar Medine yolundan geçiyordu ve müşrikler o kervanların güvenliğinden endişe ediyordu.

• Mekke'nin ve Kureyş'in bütün itibarı yerle yeksan olmuştu ve bu itibarı artık tekrar toparlama ihtiyacı hissediyorlardı.

Birine karşı sabrını kaybetmeye başladığında, Allah'ın sana karşı her zaman nasıl sabırlı olduğunu düşün.

Ebu Cehil, Ümeyye b. Halef gibiler Bedir'de öldürülünce ebu Süfyan Kureyş'in siyasi lideri haline geldi. Artık istişareler, kararlar onun üzerinden dönüyordu. Ebu Süfyan, Uhud için Mekke etrafındaki kabilelerden de yardımla üç bin kişilik bir ordu topladı. Allah Resulü (sav) Medine'de bir istihbarat ağı oluşturdu. Mekke'de, Medine'de ne oluyorsa her şeyden haberi vardı.

Efendimiz (sav) Uhud'un haberini alınca sahabeyi istişare için topladı: "Böyle böyle müşrikler hazırlanıyor, söyleyin ne yapalım?" diye sordu. Sahabeden Enes bin Nadr gibi heyecanlı gençler: "Bedir'de birçok sahabe dostumuz o meydan muharebesine katıldı, biz katılamadık. Şimdi gidelim de bu meydan muharebesinde müşrikleri kılıçtan geçirelim." diye bir hamiyet ve heyecanla fikirlerini sundular. Efendimiz (asm) Medine'de kalmayı ve savunma stratejisi geliştirmeyi önerirken, ibni Selül de O'nu (sav) destekledi ve: "Evet Medine'de kalalım." dedi. Sonrasında Efendimiz (sav) sahabe-i kiramın istişarelerini dinleyecek hatta odasına, hücre-i saadete gidip hem dua edecek hem zırhını giyip çıkacak ve sahabeden bazı gençler: "Biz o cümleleri heyecanla söyledik ama şimdi senin kararına uymak istiyoruz ya Resulullah." deyince Efendimiz (asm): "Hayır, bir peygamber cihat için giydiği zırhı asla çıkarmaz, istişare kararı neyse ona uyuyoruz.[19]" diyecekti.

Bin kişi Uhud'a doğru yola çıkacak ve yolun bir yerinde ibni Selül: "Yahu zaten Medine'de kalalım diye Muhammed (sav) kendisi dememiş miydi? Bunu zaten o söylemedi mi? Ben de onunla aynı fikirdeyim?" deyip, yola çıkan bin kişiden üç yüz kişiyi kandıracak ve geri döndürecekti. İbni Selül'ün buradaki amacı; "kuvvetli çıkılan yolda, yolun yarısından dönüp moralleri bozmak ve müminlerin kuvve-i maneviyelerine zarar vermekti" o yüzden başta gitmem demedi. Münafıkların bir özelliği de iman yolunda gidenleri yoldan çevirmek olduğu gibi göze çarpan diğer bir özellikleri de en kritik zamanda Müslümanları terk etmeleridir.

İbni Selül'ün bu ihanetinden ve üç yüz kişiyi kandırıp geri döndürmesinden sonra Âl-i İmran suresinin 121-122. ayetleri nazil oluyor. "Hani sen sabah erkenden ailenden ayrılmıştın, savaşmak için müminleri mevzilere yerleştiriyordun. Allah her şeyi hakkıyla işitendir, bilendir. O zaman sizden iki bölük, Allah onların velisi olduğu halde bozulup çekilmeye yüz tutmuştu; müminler yalnız Allah'a güvensinler."

Allah Resulü (sav) Uhud'a çıkmadan önce cuma günü cihatla ilgili bir hutbe ihraz ediyor ve daha sonra hücre-i saadetine geçiyor. Orada bir rüya görüyor. Rüyada zırhı çatlıyor, bir sığır ve bir koyun boğazlanıyor. Uyanınca eşi: "Ne oldu?" diye soruyor, Efendimiz (sav): "Bir rüya gördüm, zırhım çatladı." diyor. Anlıyor ki Medine bir yarılmaya uğrayacak ve zeval görecek. "Bir sığır boğazlanıyor." diyor ve anlıyor ki ehl-i beytinden birisi şehit olacak, Hz. Hamza. "Bir koyun boğazlanıyor." diyor ve yine anlıyor ki ashabından gözde birisi Uhud'da şehit olacak, Musab bin Ümeyr.

---

19 İbn hişam; Sîre, 3/38; İbn Sad, Tabakât, 2/38.

Efendimiz (sav) Uhud'a düşmandan önce gidiyor. Bizim Okçular Tepesi diye bildiğimiz Ayneyn Tepesi'ne okçu olarak elli kişiyi yerleştiriyor. Allah Resulü (sav) Okçular Tepesi'nin işin kaderini belirleyeceğini çok iyi biliyor. Savaşın başları Bedir gibi geçiyor. Sahabe geleni püskürtüyor ve muazzam bir üstünlük elde ediliyor. Daha sonra ganimetlerle ilgili bir telaş oluyor. Ama o telaşın sebebi hikmetini bizler yanlış biliyoruz ve yanlış bildiğimizden yanlış değerlendirebiliyoruz Hafizanallah.

Hani: "Okçular Tepesi'ndeki kırk kişi ganimet için aşağı indi." diyoruz ya, orada anlamamız gereken bir mesele var. Âl-i İmran suresinde Uhud'la ilgili ayetler inerken faiz ayeti de iniyor. Sahabe efendilerimizin Okçular Tepesi'ni terk etmelerinin sebebi hikmeti ise, kırk sahabe efendimiz cihada katılabilmek için o dönem Yahudilerden faizli para alıyor. Aldıkları faizli paralarla kendilerine savaş teçhizatı ve zırh alıyorlar. Ayneyn Tepesi'nden: "Ben ganimetlerden payımı alayım ki, aldığım borcu kapatabileyim." düşüncesiyle iniyorlar yani buradaki temel mesele borcu kapama düşüncesi, mal mülk hırsından dolayı değil. Zaten sahabelerde Resulullah'ın (sav) sözüne bir itaatsizlik düşünülemez.

Efendimiz (sav) Okçular Tepesi'nin çok ehemmiyetli olduğunu bildiğinden oraya yerleştirdiği sahabelere: "Bizi yırtıcı kuşların parçaladığını bile görseniz, asla burayı terk etmeyin." diyor ama Uhud, Bedir'deki gibi başta bir galibiyetle başladığından ve bir ganimet olayı ortada olduğundan sahabelerden kırkı oradan iniyor. Onlar inince müşriklerden bir tanesi: "Ya Halid görmüyor musun? Tepeyi boşalttılar." diye bağırıyor. Halid bin Velid o zaman müşrikler tarafında ve İkrime'yle birlikte atlı birliklerin başını tutuyor. Tepe boşalınca gelip Müslümanları iki taraftan sıkıştırıyor.

Ayneyn Tepesi'ni bırakan kırk sahabeden biri ikisi hariç hepsi şehit oluyor ve burada da Uhud'un ikinci bölümü başlıyor. Müslümanlar orada yorucu bir cihada tutuşuyorlar ve tam o esnada müşriklerin üç bin kişilik ordusunun içerisinde kişi kişi öldürecekleri insanlar belirlenmiş özel suikastçılar var, onlar devreye giriyor. Hz. Hamza'yı şehit etmesi için tutulan suikastçı, Vahşi b. Harb. Onu iki kişi tutuyor. Birisi, ebu Süfyan'ın hanımı Hind, diğeri ise Utbe b. Rebia'nın kızı. Hind, Vahşi'ye: "Elimde, bileğimde, boynumdaki mücevherleri görüyor musun? Eğer Hamza'nın ciğerini söküp bana getirirsen bu mücevherlerimin hepsi senindir." diyor. O dönem Vahşi b. Harb'in efendisi Cübeyr b. Mutim. O da Bedir'de akrabalarını kaybediyor o yüzden Müslümanlara karşı çok dolu. O da aynı şekilde Hz. Vahşi'ye vaadlerde bulunuyor ve: "Eğer Hamza'yı öldürürsen benden de sana hürriyet var, seni azat edeceğim." diyor. Vahşi b. Harb geldiği kabile geleneğinden kaynaklı olarak muazzam bir mızrakçı. Hatta öyle ki Mekke'de sahibi onu yer yer dövüştürüyor ve üzerinden iddialar oynatıyor.

Vahşi savaş meydanında, Hz. Hamza'yı gözüne kestiriyor ve arkasından mızrağı vurarak onu orada şehit ediyor. Bununla da kalmıyor, o dönemin Mekke cahiliye adetlerinden dolayı onun ciğerini söküyor. O da yetmiyor, Hind gelip Hz. Hamza'nın belli başlı organlarını kesip parçalıyor.[20] Resulullah (sav), Hz. Hamza için Uhud'a keşif ekibi gönderiyor. Her yeri arıyorlar, en son Hz. Ali, Hz. Hamza'yı o halde görünce Efendimiz'e (sav): "Ya Resulullah (sav) bakmasan olmaz mı?" diyor. Allah Resulü (sav), Hz. Hamza'yı o halde görünce dayanamıyor, ağlamaya başlıyor. Medine'ye dönülünce herkes şehitlerine sahip çıkıp, onlar için üzülüp, dualar ediyor ve o esnada Efendimiz (asm) çok mahzun bir hale bürünüp: "Görmüyor musun ya Ebubekir, Hamza'mın ağlayanı bile yok." diyor. Bu söylediği cümleyi Saad b. Muaz duyuyor. Hemen Medine'ye gidip: "Ey Ensar size ne oldu ki Resulullah (sav) bu kadar üzgün

20 İbn Sad, Tabakât, 3: 13-14; İbn Hişam, Sîre, 3: 101-102.

dururken, siz kendi şehitlerinizle ilgilenirsiniz. Duymadınız mı böyle dediğini?" diyor ve bunu duyan herkes kendi şehitlerini bırakıp, Resulullah'ın (sav) etrafında O (sav) daha çok üzülmesin diye Hz. Hamza için gözyaşları döküyor.

Musab b. Ümeyr genç, güzel, kâinatın efendisine en çok benzeyen sahabemiz. O gün ibni Kamia ve yanında birkaç adamdan oluşan bir suikast çetesi sadece Resulullah (asm) için odaklanmışlar ve Musab bin Umeyr'i de ona benzetmişler. Efendimiz (sav) ona savaştan önce hırkasını da verdiği için Musab tam Resulullah'a (sav) benzer bir halde. Musab, Bedir'de olduğu gibi yine sancaktar ve sancak onun elinde dalgalanıyor. İbni Kamia ona suikast girişiminde bulunup önce bir kolunu kesiyor, Musab sancağı bırakmıyor öteki eline alıyor. Sonra ibni Kamia o kolu da kesiyor. Musab sancağı gene bırakmıyor hemen iki bacağının arasına alıyor ve kafasını eğiyor. Musab bin Umeyr en son kafasına da kılıç darbesini yiyince kafası iyice toprağa yakın bir şekilde düşüyor. Sancağı ondan Hz. Ali alıyor.

Musab bin Umeyr'in kafası yere gelecek şekilde şehit olmasında birkaç hikmet söylenir. Birisi: "Sancağı kaybettiği için mahzundu, o yüzden yüzünü havaya kaldırmadı aşağı eğdi." şeklindedir. Bir diğeri: "Madem beni Efendimiz'e (sav) benzetip şehit etmeye çalışıyorlar. O zaman kafamı kaldırmayayım da ben olduğumu anlamasınlar, Efendim (sav) sağ olsun. Zira haşa O (sav) benden önce şehit olup gitse, ahirette beni sorguya çekseler, Efendim (sav) şehit olmuşken ben hala nasıl hayattayım bunu açıklayamam." şeklindedir.

İbni Kamia, Musab bin Umeyr şehit olunca onu Efendimiz'e (sav) benzettiğinden: "Muhammed öldü, Muhammed öldü kazandık!" diye her yerde haykırıp bağırmaya başlıyor. Bunu duyunca maalesef savaştaki bir kısım insanlar, manevi kuvvetleri kırıldığı için Medine'ye dönmeyi hatta böyle dönerlerse ebu Süfyan ve ibni

Selül'ün konuşup anlaşabileceğini düşünüyorlar. Enes bin Nadır gibi hamiyetli kahraman bir sahabe efendimiz ise: "Ne yapıyorsunuz ne duruyorsunuz? Şahadet veya zafer için gelmediniz mi? Ya şehit olmak buradaysa?" diyerek paramparça olana kadar savaşıyor. "Ya Resulullah (sav) gidip Bedir gibi savaşalım." diyen genç sahabe Enes bin Nadır, Uhud'da şehit oluyor.

Savaş esnasında küfür ordusundan atılan taşlardan biri Allah Resulü'nün (sav) sağ alt çenesindeki mübarek dişlerinden birini şehit ediyor. Bir diğer taş ise alt dudağını yaralıyor. Abdullah ibni Kamia ismindeki kafirin kılıç darbesiyle elmacık kemiği yaralanan Efendimiz'in (sav) darbenin şiddetinden miğferi parçalanıyor ve miğferin iki halkası mübarek yüzüne batıyor.[21] Müşriklerin, "Muhammed (sav) öldü" diye kopardığı yaygaraya inanmak istemeyen müminlerden bazıları bir yandan savaşmaya devam ederken bir yandan da Resulullah'ı(sav) aramaya başlıyor. O esnada Hz. Ebubekir ve Hz. Ömer, Allah Resulü'nün (sav) ölmediğini görüyorlar ve O'nu (sav) da alıp biraz yüksekçe bir yere çekiliyorlar. Onun ölmediğini gören Kab bin Malik sevinçten: "Hayır Resulullah (sav) ölmedi yaşıyor!" diye tam bağıracakken, Efendimiz (sav) bir hikmete binaen onu: "Dur ne yapıyorsun?" diye susturuyor. Çünkü henüz az kişiler ve Müslümanlar toplanmamış, düşman oraya üşüşebilir.

Burada da Uhud'un üçüncü aşaması başlıyor. Resulullah'ın (sav) birkaç sahabe ile çekildiği mağaranın önüne ebu Süfyan geliyor ve: "Ey Muhammed, Ey Ömer, Ey Ebubekir yaşıyorsanız ses verin!" diye bağırmaya başlıyor. Efendimiz (asm) sahabelerine konuşmamalarını söylüyor. Daha sonra ebu Süfyan: "Üçü de ölmüş demek ki, yaşasın Hubel!" diye bağırmasına devam edince, Efendimiz (sav), Hz. Ömer'e: "Ey Ömer ne susuyorsun?" diyor. Hz. Ömer: "Ya Resulullah (sav) susmamı sen emrettin ya." deyince, Allah Resulü:

21 Buhârî, 5/35; Müslim, 3/1416; İbn Hişâm, sire, 3/84; Zâdü'l-Meâd, 2/234.

"Orada bizim savaş stratejisi gereği ihtiyatımız söz konusuydu şimdi konu başka bir noktaya geldi ve o, putu Hubel'e dua ediyor, sen burada susamazsın." diyor. Hz. Ömer, Efendimiz'den (sav) müsaadeyi alınca: "Sana da lanet olsun, Hubel'e de lanet olsun. Biz hepimiz sağız, yaşıyoruz. Vallahi sen zelilsin, Müslümanlar da izzetlidir." diye karşılık veriyor.

Ebu Süfyan korkuyor, çekiniyor ve: "Nasıl zelil olalım? Sizden bu kadar insan öldü gitti. Bizden bu kadar insan öldü gitti." diyor. Hz. Ömer susmuyor: "Bizden ölenlerle sizden ölenler aynı değildir. Bizden ölenler şehit olanlar cennettedir, sizden ölenler zelildir cehennemin dibindedir. Nasıl aynı olur ölülerimiz?[22]" deyince ebu Süfyan'ın korkusu artıyor, geri çekiliyor.

"Gelecek yıl aynı yerde aynı şekilde görüşelim." deyip dağılmalar, ayrılmalar başlıyor ve bir ayet nüzul oluyor. "Yoksa Allah içinizden cihat edenleri ortaya çıkarmadan ve sabredenleri belirlemeden cennete gireceğinizi mi zannettiniz?" (Âl-i İmran suresi, 142. ayet). Bu ayetin iniş sebebi ise şuna bağlanıyor. Musab bin Umeyr'in şehadeti üzerine Resulullah (sav) öldü zannıyla bir kısım Müslümanlar: "Acaba ibni Selül'ü, ebu Süfyan'la anlaşması için göndersek mi?" diye düşünmeye başlıyor. Peki böyle bir durumda münafıkla anlaşma olur mu hiç? Elbette olmaz.

Burada benim aklıma merhum Şeyh Şamil'in bir sözü geliyor. Ruslarla cihadında, kuvvetini kırmak için sürekli Şeyh Şamil'e anlaşma teklifleri gelmeye başlıyor. Bir müddet sonra Şeyh Şamil öyle bir noktaya geliyor ve sinirleniyor ki: "Bu saatten sonra kim Ruslarla anlaşalım derse, o da Rus'tur. Anlaşma falan yok." diyor. Peki Uhud'da mümine anlaşma yoksa ne var? Sabretmek var, doğru bildiği yolda yalnız kalmak var ama asla anlaşma yok. İyi ama neden

22 İbn Hişâm, Sire 3/88; Zâdü'l Meâd, 2/235.

burada anlaşma yok da ileride Hudeybiye gibi birçok anlaşmalar yapılıyor? Çünkü buradaki konu strateji konusu değil, buradaki konu inancın üzerine devam edecek misin, sabit kalacak mısın bunun konusu.

Bu meselenin de günümüze bakan yönünü konuşalım biraz. Bu vakıadan da anladığımız üzere şu an etrafımızda şahit olduğumuz olaylarda münafıklarla veyahut münafık ahlaklılarla ancak ve ancak "dünyama zeval gelmesin, rahatım bozulmasın, aman bu kişiyle de aram iyi olsun ilerde lazım olur" diyenler anlaşır. Yoksa: "Vallahi benim yürüdüğüm yol, Allah'a dayanıyor ve O'na dayandıkça doğrudur. Başıma ne gelse o da doğrudur, ben ona da razıyım." deyip Allah'ın rızasını kazanmaya namzet olanlar anlaşmaz.

Birisinin gelecekteki imanı için bir stratejide bulunmak başka bir şeydir, korku ve havf damarından dolayı Müslümanlara olmadık eziyetleri, pislikleri, stratejileri yapan insanlarla anlaşma yapmak, aynı karede görünme mücadelesine girmek çok başka bir şeydir. Bu ancak "dünya rahatım bozulmasın" havf damarına yakalananlar içindir. Yoksa inandığı yolda sebat edenler için böyle bir konjonktürde böyle bir anlaşma yapmak söz konusu değildir. Mekke'de bir dönem Müslümanlar çok sıkıntılar çekince Habbab bin Eret, Efendimiz'e (asm): "Ya Resulullah (sav) çok çekiyoruz, çok sıkıntıdayız, nasıl edeceğiz?" diye şikâyete geliyor. Efendimiz (asm) ise ona: "Sizden öncekiler 'Lâ İlâhe İllallâh' dediği için demir taraklarla etleri kemiklerinden ayrılırdı ama yine de bu yoldan dönmezlerdi. Biz de sabredeceğiz." diye cevap veriyor.

Resulullah (sav) burada bize yolun kaderini öğretiyor. Zira yolun kaderini anlayalım ki baştan razı olalım, sonradan bu yoldan dönersek kime benzeyeceğimizi de bilelim.

Mağaradayken Efendimiz'i (asm) ebu Ubeyde bin Cerrah ziyarete geliyor ve O'nun (sav) miğferinin mübarek yüzünde parçalanmış olduğunu görünce canı çok acıyor. "Ya Resulullah (sav) müsaade et bunları ben çıkarayım deyip bir strateji geliştiriyor. Dişlerini Efendimiz'in (sav) iki yanağına saplanmış o halkalara tam geçirip bir anda çekiyor ki canı çok yanmasın. Ebu Ubeyde bin Cerrah dişlerini bir anda çektiği için ön dişlerinin nerdeyse tamamı şehit oluyor. Efendimiz'in (sav) canı yanmasın diye ön dişlerini orda feda ediyor.

Birisi: "O'nun (sav) canı yanmasın, benim canım yansın." diyor, bir diğeri ise ne O'nu (sav), ne ahireti, ne Kur'an'ı, ne risaleti, ne sahabeyi düşünüyor. En iyi Müslüman gibi gözüküyor ama olayın altı derinlemesine kazılınca menfaatten, dünya rahatından başka hiçbir şey çıkmıyor. Bedir'de müşriklerden yetmiş ölü var. Uhud'da da sahabelerden yetmiş beş şehit var. Bu sayısal durum için bir ince yorum sunuluyor. Ama öncesinde şu kısmı söylememiz gerek. Bediüzzaman Hazretleri Risale-i Nur eserlerinde; tâ Hudeybiye'den sonra iman edecek olan Halid b. Velid, Amr b. As gibi sahabeler için diyor ki: "Allah gelecekteki sahabesini geçmişte de mağlup ettirmedi." Bu yüzden Halid b. Velid hiçbir cihadda yenilmemiş bir sahabedir.

Bir şerh şöyle anlatıyor: "Hem Bedir'de hem Uhud'da hem devamında sürekli galibiyetler olsaydı müşrikler bunun altında o kadar çok ezilecekti ki kendilerinde iman edecek bir gücü, bir mücadeleyi asla bulamayacaklardı. Ama sanki Bedir ve Uhud yetmişe-yetmiş rakamları gibi, bir şeyler dengelendi ki Amr bin As, Halid bin Velid gibi kılıç ile asla iman ettirilemeyecek iki sahabenin Hudeybiye'den sonra gönlüne girilip iman etmelerine vesile olundu." Mesele çok ince, değil mi?

Bizim şu kısımları iyi anlamamız gerekiyor: Münafık dediğimiz menfaati için yaşar. Menfaat, övülme, mevki makam, paye alma varsa münafık vardır. Riskli işlere asla girmezler. Medine'den Mekke'ye umre için yola çıkılmıştır. Bu sefer sürecinde Hudeybiye Antlaşması da yapılacaktır ve ibni Selül de oradadır. Sefer esnasında Hz. Osman, Mekke'ye önden gidip dönmeyince Efendimiz (asm): "Eyvah Osman'a bir şey mi yaptılar?" diye, sahabelerden tek tek biat alıp: "Haydi Osman'ın intikamı için savaşa gidilecektir." deyince münafık kesim orada biata gelmemiştir. Zira ibnü Selül gibi münafıklar Uhud'da bir risk gördüler ve bu risk ile sadece geri çekilmekle kalmadılar. Oradan da Efendimiz'e (sav) sıkıntı vermek için karşı tarafla anlaşma sağlayarak menfaat sağlamaya çalıştılar. Çünkü onlarda mesele sadece korkup geri çekilmek değildir. Sinsice dalkavuk bir şekilde, aslan payı nerdeyse, oraya yanaşma ahlakı vardır onlarda.

Özellikle Müstalikoğulları Gazvesi'nde çok bulunmuşlardır. Çünkü orada binlerce deveden, büyük miktarda altından oluşan inanılmaz bir ganimet vardır. Nerede ganimet varsa münafık oradadır. Efendimiz (asm) strateji olarak hicri beşten sonra ibni Selül'ü, Tebük Gazvesi hariç nereye gitse yanında götürmüştür. Çünkü bıraksa fitne ve strateji ile insanları iğfal edecek, buna müsaade etmek istemediği için de her daim yanında bulundurmuş. Peki neden Efendimiz (asm) bu tarz insanlar için bu şekilde bir strateji belirlemiş de onları öldürmemiş? Çünkü münafıklar kendilerini topluma öyle farklı lanse ediyorlar ki, attıkları her adımı, "bu İslam için en hayırlı adım" diye gösteriyorlar.

Bahsettikleri her meselede ayetle hadisle konuşuyorlar. Dışardan gelenlerle ibni Selül'ün ilgilenmesini anlatan rivayetlerde: "Orada bulunsanız ve ibni Selül'ün dışardan gelenlere tebliğini dinleseniz onu tam bir Peygamber aşığı zannedersiniz." diye geçiyor. Öyle sinsice hareket ediyorlar. Dışardan Müslümanlığın serkârı, göz nuru, baş tacı gibi gözüküyorlar. Böyle göründükleri için de Allah

Resulü (asm) öyle birini öldürse, işin aslını bilen Müslümanlar hariç, dışardan gelenler diyecekler ki: "Haşa Muhammed (asm) kendi adamlarını öldürmeye başlamış." Efendimiz (asm), ben buna asla müsaade etmem, diyor.

Zira Benî Mustalik Gazası'nda Abdullah bin Übey, Resulullah (sav) ve Müslümanları kastederek hakaretvari konuşunca bu duruma Hz. Ömer dayanamıyor ve: "Ya Resulullah (sav) müsaade buyur da ibni Übey'in boynunu vurayım." diyor. Resulullah (sav): "Hayır! Olmaz ya Ömer! İşin iç yüzünü bilmeyen halk: 'Muhammed ashabını öldürüyor.' diye konuşmaya başladıkları zaman hal nice olur?" buyuruyor.

Efendimiz (asm) strateji olarak, herkesin yerinde değişiklikler yapıyor ve insanların haşa en garip gördüğü Zeyd bin Harise gibi bir köleyi bir gazvede komutan yapıp yaşı küçük olmasına rağmen: "Ona biat edeceksiniz." diyor. Kimin Medine'de mal varlığı artıyorsa onu ya gazveye, ya seriyyeye kesin gönderiyor. Çünkü biliyor ki; dünya malı artanın korkusu, endişeleri, planları, dünyaya bağı, tutkusu, tul-i emeli artar. İşte bu sebepten Efendimiz (asm) çok fazla görev değişikliği yapıyor.

Resulullah (asm) cehalet cephesine merhamet ile davranıyor. Yani bizim başımıza gelen vukuatlarda da cahilce davrananlara merhamet gerekiyor. Küfür cephesine stratejiyle davranıyor, Nadr b. Hâris buna güzel bir örnektir. Nifak cephesine ihtiyat ile davranıyor zira ibni Selül'ü her cihatta yanında götürmesi bir ihtiyattır. İbni Selül'ün münafık olduğu özellikle Uhud'dan sonra tescilleniyor. Kendi kavmi Hazreç onun münafık olduğunu anlıyor ve onu dışlamaya başlıyor. Oğlu Abdullah daha evvelinden anlıyor ve o da dışlamaya başlıyor. O dışlamaya başladıktan sonra Hz. Ömer, Resulullah'ın (sav) ona ibni Selül'ü neden öldürtmediğini daha iyi anlıyor ve: "Resulullah (sav) ne buyursa altından bir hikmet, bir doğruluk çıkıyor." diyor.

İbni Selül Uhud'dan döndüklerinde şehit olan sahabeler için bile: "Ben demedim mi onlara Medine'de kalın diye. Bak beni dinleselerdi şehit olmazlardı." diyor ve ortalığı karıştırmaya çalışıyor. Efendimiz'in (sav) hutbeleri sonrasında ibni Selül ortaya çıkar övgü dolu sözler söylerdi. Uhud'dan sonra da Efendimiz (asm) tam hutbe verecekken ibni Selül gene hutbeye atlıyor. Bu sefer sahabeler onun gerçek yüzünü gördüğü için, içlerinden iki tanesi daha sözlerine başlamadan onu yakalayıp yaka paça mescitten dışarı atıyorlar. Çünkü hutbeye çıksa yine methiyeler dizecek, halkın sevgisini alacak ve onları birebirde kulislerde zehirlemeye devam edecek.

Aynı ibni Selül, İfk Vakıası'nda da ortalığı karıştıranların başında geliyor. İfk Vakıası'nda cihat dönüşü Aişe validemiz gerdanlığını kaybediyor. Onu aramak için gidiyor ve döndüğünde bir bakıyor kervan gitmiş. Allah Resulü (asm) o dönem Saffan ismindeki sahabeyi uyku hastalığından ötürü ona göre bir vazifeyle görevlendiriyor ve: "Ya Saffan biz ne zaman cihada gitsek sen istediğin kadar uyu, uyandığında da artçı olarak arkamızda bir şey unutmuş muyuz kontrol ederek gel, ondan sonra kervana dön." diyor. Efendimiz (asm) sahabesindeki zafiyeti, kabiliyet olarak kullanıyor, insan tanıması ve fıtrata göre vazife vermesi akıl alır gibi değil. Yalnız burada şunu söylemek gerekiyor. Saffan'daki durum, bir uyku düşkünlüğü değil, uyku hastalığıdır ve kabilesindeki birçok kişide de bu hastalık vardır. Zira insan ikisinin ayrımını da iyi yapmalıdır.

Saffan uyanıp arkada kalan bir şey var mı diye kontrol ederken, orada Aişe validemizi görüyor ve deveyi yanaştırıp kendisi oradan uzaklaşıyor ki Aişe validemiz deveye rahat binsin. Aişe validemiz deveye biniyor, sonra Saffan gelip onu kervana götürüyor. Tam kervana yetiştikleri sırada ibni Selül arkasına dönüp bakıyor ve

Saffan ile Aişe validemiz için: "Aa hayret, bir kadınla bir erkek.[23]" diyor ve fitneyi ortaya atıyor.

Hendek Harbi'nin en kritik anında bu münafıklar: "Bize izin ver, evlerimize gidelim. Çünkü, evlerimiz müdafaasızdır." diyerek Peygamberimiz'e (sav) müracaât ediyor. O sırada Sa'd bin Muaz, Efendimiz'in (asm) huzuruna gelerek: "Yâ Resûlallah! Bunlara izin verme! Vallahi biz ne zaman bir musibete uğrasak, sıkışık bir durumla karşı karşıya kalsak onlar, hep böyle yaparlar?" diyor. Bu ifadelerden de anlaşılacağı gibi, münafıklar en kritik anlarda Resûlullah'ı ve Müslümanları zor durumda bırakmak için her daim İslâm ordusunu terk etme yoluna gidiyor. İfk Vakıası, Hudeybiye derken birçok vakada ortalığı karıştıranların başında bu isim geliyor.

Münafıklar, Tebük Seferi'nde de aynı şeyi yapıyorlar. Sefer için hazırlıklar yapıldığı sırada, onlardan biri: "Bu sıcakta sakın cihada çıkmayın.[24]" diyerek Müslümanların morallerini bozmaya çalıştığı gibi Peygamber Efendimiz'e de (sav) müracaat ederek sefere katılmamak için izin istiyorlar. Allah Resulü onların seksen kadarına izin veriyor. Kur'ân-ı Kerim onların bu durumlarından Tevbe suresinde: "Resûlullah'a karşı gelerek seferden geri kalanlar, evlerinde oturdukları için sevindiler. Allah yolunda mallarıyla ve canlarıyla cihad etmek, onların hoşlarına gitmedi de: 'Bu sıcakta cihâda çıkmayın.' dediler. Sen: 'Cehennem ateşi daha sıcaktır.' de. Keşke anlayabilselerdi! Bırak biraz gülsünler; sonra çok ağlayacaklar. Bu onların kendi kazandıklarının cezâsıdır." der.

Aynı seferde Abdullah bin Übey, münafıklar ve Yahudi müttefikleriyle birlikte İslâm ordusuna katılıp Seniyyetü'l Veda Tepesi'ne kadar gelip orada karargâh kurduğu halde, sonradan İslâm ordusuy-

23 Taberî, 18:89.
24 İbn Hişam Sîre, 4:160.

la gitmekten vazgeçiyor ve beraberindekilerle Medine'ye dönüyor. Kendisine tâbi olan münafıklar ve Yahudi müttefikleriyle döndüğü yetmiyormuş gibi, müminlerin de cihad aşkını aklınca gevşetmek için: "Muhammed güç durumda, şiddetli sıcaklarda ve çok uzak diyarlarda Beni Asfarlarla (Bizanslılar) savaşacak! Herhalde O (asm), Beni Asfarlarla çarpışmayı oyuncak sanıyor! Vallahi, O'nun (asm) ashabını, bir sabah, ikişer ikişer iplere bağlanmış olarak görür gibiyim!" diyor ve yine müminlerin kuvve-i maneviyelerini kırmaya çalışıyor. Bir münafık birçok ayetin sebeb-i nüzulü oluyor.

İbni Selül hastalanıyor, Efendimiz (sav) onu ziyarete gidiyor ve: "Ey ibni Selül bu Yahudi sevdası seni helak edecek." diyor. İbni Selül hasta yatarken Resulullah'tan (sav) hırkasını istiyor. Zamanında Efendimiz'in (asm) amcası Hz. Abbas Bedir'de esir düştüğünde ibni Selül ona hırkasını verdiği için ona karşılık olarak Efendimiz de (sav) ibni Selül'e hırkasını veriyor. İbni Selül vefat ediyor. Resulullah (sav) onun cenaze namazını kıldıracak oluyor. Hz. Ömer: "Ya Resulullah neden böyle yapıyorsun?" deyince Efendimiz (asm): "Ya Ömer ben muhayyer yani özgür iradede bırakıldım." diyor. Bunun üzerine Tevbe suresi 84. ayet nazil oluyor: "Onlardan ölen hiçbirine asla namaz kılma ve kabrinin başında durma. Çünkü onlar Allah'ı ve Resulünü inkâr ettiler ve fasık olarak öldüler."

Münafıklar Kur'an'da şu özelliklerle zikrediliyor.

1) Müslümanları aldatır. Bir insanın birisini aldatması için önce ondan gibi görünmesi şarttır. Münafıklar da o kadar tatlı dillidir ki, her yere girer çıkar, her yeri iğfal eder. Yaptıklarını Müslümanlık adına yaptıklarını söylerler ve Müslümanları birbirlerine düşürüp kuvve-i maneviyelerini kırarak, küçük meselelerle onları oyalayıp esas meseleleri onlara düşündürmezler. Senin bir hatanı alıp başka zaman başka mekânlarda olan hatalarınla birleştirirler ve belki senin tövbe ettiğin o hatanı Twitterlara, Facebooklara, Youtubelara

verirler. Müslümanları birbirlerine düşürüp akıllarını karıştırma gayretine girerler. İşte bu şekilde Müslümanları aldatırlar ve bunları yapanlar Müslümanlardan olmayacaklardır.

2) Kalplerinde hastalık vardır. Yani bir münafığın oynadığı oyunlar hata ve kusur değildir, itikadi hastalık ve problemdir. Birisi bir yerde içki içse, kumara düşse, dönse bu yaptıklarından tövbe etse, inşallah bu hatadır kusurdur. Allah dilerse affeder. Ama kalpteki hastalık öyle bir şey değil. Kalp, sinsilikle, planlı programlı bir şekilde bozulur. Ve bu bozuklukta olanlar Müslümanlar aleyhinde bozgunculuk yaparak onların aralarını bozarlar.

3) Müslümanlar ile alay ederler. Bu münafıklık özelliğidir. Şimdi bu özellik maalesef ahlaken devam ettiriliyor. "Hayırdır namaza gidiyorsun hacı mı oldun? Ya daha dün içiyordun sen şimdi ne oldu?" Üç kuruşluk adamlara işi düşse mevki makamından ötürü iki büklüm duran insanlar, Allah yolunda koşturmaya çalışan bir Müslümanla alay etmeye çalışıyor. İşte bunlar hata değil kalbî birer hastalıktır ama kim gibilerin kalbî hastalığı?

4) Allah yolunda mücadeleden kaçarlar. Bir gün bir şeylere yeni başlamış ve Allah yolunda mücadele eden bir kalabalık tanıdım. Bidayetinde, henüz imtihana tâbi tutulmadıkları, her birisi kendince daha denenmediği için bir hisle, bir heyecanla, bir dolulukla hareket etmeye çalışıyorlardı. Daha sonra Allah onlara, birbirlerinden ayırılabilecekleri imtihana tâbi tutacak bir musibet verdi. Zira Risale-i Nur'da şöyle geçer: "Siz şiddetli imtihanlara girecek ve defalarca inceden inceye mihenge vurulup, ciddi tecrübe edileceksiniz." Böylelikle ham mıyız has mıyız? Altın mıyız bakır mıyız? Elmas mıyız kömür müyüz açığa çıkacak. Zira elmasla kömürün karbon sayıları birbirleriyle aynıdır ama yedikleri ateş ve basınç aynı değildir. Birisi siyah elmas namıyla kömür kalır sobada yanar, diğeri hakiki elmas olarak gözlerde pırıl pırıl parlar.

Bu fark imtihanla ortaya çıkar. Bir dönem öyle bir grup tanıdım. Allah, onlara mallarına korku verebilecek çevreden iftira ile bir imtihan verdi. Onlardan birkaçının: "Birileri bir şey der aman malıma, mülküme, makamıma bir şey olur." korkusundan hemen geriye döndüklerine şahit oldum. Mal korkuları o kadar çok arttı ki, yıllarca hayırda göstermedikleri dirayeti, sebatı, mücadeleyi bir ay içinde şerde gösterdiler ve mallarına zarar gelmesin diye etrafta aramadık adam bırakmadılar. Bulundukları meclisten "ben kötü biriyim" deyip ayrılmayacaklarından dolayı, herkese o grubu kötülemeye başladılar. Mallarına, isimlerine zarar gelmesin diye korkuyla hareketler ettiler ama bu korku insanı ne eder, hangi hallere sokar onu da sizin keskin basiretinize bırakıyorum.

5) Korkaktırlar.

6) İftira atar ve propaganda yaparlar. Ama bunu: "Şimdi iftira atıyorum iyi dinleyin." diyerek yapmazlar. "Bu iş İslam içindir. Bunlar İslam'a zarar veriyor." diye yaparlar ve kendilerini "biz İslam'ı elinde tutan tek topluluğuz" diye gösterirler. Siz de rast gelmişsinizdir illa ki var; haşa cennet, cehennem kendilerininmiş gibi ortasına otururlar ve: "Bu cennetlik, bu cehennemlik, bu ehl-i sünnet, bu değil." diye herkese bir pay biçerler. O payı biçenler inşallah bir gün kendi akıbetlerini de düşünebilirler. Bu insanlar İslam'ın en temelinin isimlerle değil sıfatlarla uğraşmak olduğunu bir türlü anlayamadılar. Korkarlar, geri dururlar, iftira atarlar, propaganda yaparlar. Bunu yaparken de ibni Selül gibi: "İslam için, ümmet için mücadele." derler; maalesef insanları daima kandırırlar, iğfal ederler. Onları İslam için bir mücadeleye sürüklediklerini zannederler. Günümüz çağında sosyal medyayla, Twitter ile, lanetli gruplar kurarak, Müslümanları birbirine düşürerek teberrüc ederler. Hatta bu asır öyle bir hale geldi ki, birisinin kafasını karıştırıp iftira atmak için artık şunlar yapılır oldu: "Kardeşim sen bu anlattıklarımı her

yerde anlat, senin bunları anlatman cihattır. Senin bu yaptığın şeyler sevaptır. Herkese anlat ki insanlar gerçeği, hakikati görsün, umum içinde işlenmiş bir günah umuma anlatılır." gibi cümlelerle insanlar teberrüce sürükleniyorlar. Maalesef safdil kardeşlerimiz de "burada bu adamlar neye hizmet ediyor" diye düşünemiyorlar, ibni Selül'ün de namaz kılıp, sarık sarıp, camiye umreye gittiğini unutuyorlar. Zira insan diğer insanlara bu şekilde zarar vereceğine kendi köşesinde ölse daha iyi hiç değilse ümmete zarar vermemiş olur. Böylelerinin yapacağı en büyük hizmet, hizmet etmemektir ama bilseler ah ah...

7) Casusluk yaparlar. Casusluk İslam'da lanetlenmiş bir şeydir. Yine aynı şekilde bir yerleri iğfal etmeye çalışırlarken: "Şu adam bunu dedi, bu adam bunu dedi." diye o adamın ne olduğunu bilmeden mahremi ortaya çıkarırlar.

Yolun kaderinde var bu. Eskiden de varmış şimdi de var. Nasıl lanetlenmiş olduğunu, kimlerin ahlakı olduğunu inşallah umum olarak biliriz, tez bir şekilde hatalardan döneriz. Tekrar İslam'ın güzel günlerini her birimiz aynı gönülde yaşarız diye ümit ediyoruz.

Münafıkların ahlaki özellikleri hadislerde ise şöyle geçiyor.

1) Vefa göstermezler. Zira: "Vefa imandandır.[25]" Yine günümüzde de yaşadığımız olaylardan örnek olarak görüyoruz. Bazen bakıyoruz bir insanın bir yere karşı düşmanca yazılar yazdığını görüyoruz ve o insan güzel şeyleri öğrendiği o yerleri kötülemeye başlamış. Formatını, okuduğu hakikati oradan öğrenmiş, oradakilerle çorba içmiş, yıllarca aynı ekmeği bölüşmüş. Hayret verici bir durum. Bir insan aynı tastan çorba içtiği insanlara karşı nasıl bu hale gelir? Onca yaşanan şeyin hiç mi hatırı yok! Vefa bu kadar

25 Ahmed İbn-i Hanbel, Müsned IV, 325.

basit bir şey mi? Vefa, kişinin kendisine yapılan iyiliği unutmaması demek değil mi? İnsan düşününce bunlara cevap bulamıyor.

2) Emanete hıyanet ederler. Bir gün bir kardeşe muhafaza etmesi için altı tane çorap vermiştim. Bir hafta sonra o altı çorabın birini onun ayağında, birini başkasının ayağında gördüm. İçimden geçirdim ki: "Keşke emanete bu şekilde davranmasaydı." Burada mesele çorap mı? Asla olamaz. Biz daha fazla şeyleri paylaştık. Mesele çorapların meblağı mı? Asla. Biz aramızda tek cüzdan iki insan olduk her zaman ama mesele başka bir şey; biz komünist değiliz ki birinden izin almadan mal bölüşelim. İslam'da bir mal başkasına aitse bizim dostluğumuz çok iyidir diye kafama göre alamam ben onu. Daha sonra çorap emanetine özen gösterilmeyen yaranın büyüyüp büyüyüp, hizmet emanetine de özen gösterilmez hale dönüştüğünü gördüm ve üzüldüm.

3) Namaz onlara ağır gelir. Münafıklara özellikle tek başına yapacağı işler ağır gelir. Camide üzülüp dua eder, tek kalınca etmez. Yanında birileri varken ekranda çıkan görüntüye hassasiyet gösterir, yalnız kaldığında İnstagram'daki görüntülere hassasiyet göstermez. Çünkü yaptıklarını riya için, insanlar sevsin diye yapar, Allah sevsin diye değil.

4) Onlara Allah'ı anmak zor gelir.

5) Yaptıklarını riya için yaparlar. Mesela yıllarca bir yere iyi yorum yapan birini görüyorum: "Benim imanımı siz kurtardınız, siz bana vesile oldunuz." diyor. Aynı insanın bir ay sonra aynı yere: "Allah size lanet etsin." diye yazdığını görüyorum. Olayın biraz altını kazınca birilerinin alkışlayarak onu oraya düşman ettiğini görüyorum. Demek riyayı, alkışı seviyorlar. Hemen buna kanabiliyorlar. Omurga olmayınca öyle oluyor maalesef.

Şimdi gelelim bu satırlardaki esas meseleye. İfk Vakıası'ndan sonra bir sahabenin dua etmesi sonucunda Münâfikun suresi iniyor ve Resulullah'a (asm) münafıkların listesi geliyor. Efendimiz (sav) münafıkların listesini yalnızca Huzeyfetü'l Yemâni ile paylaşıyor. Bunun üzerine Hz. Ömer onun peşini bırakmıyor: "Ya Huzeyfetü'l Yemâni, Allah aşkına söyle ben bu listede var mıyım?" diye sürekli soruyor. Aradan vakit geçiyor. Huzeyfetü'l Yemâni, Hz. Ömer'e: "Ya Ömer vallahi yoksun." diyor.[26]

Hz. Ömer gibi bir zat, dinimizin dörtte biri, Hulefâ-i Râşidin doğru yol üzere olan halifelerden birisi, bize bu işin bayraktarlığını en güzel ve en kemal noktada hayatı ile gösteren insanlardan bir zat, Çar-ı Yâr-ı Güzin efendilerimizden bir tanesi: "Allah aşkına söyle ben münafık mıyım?" diyor. Bizimse bu konuda hiç endişemiz yok. "Benim bu tavırlarım, bu ahlakım beni nereye sürükleyecek?" diye düşünmüyoruz bile. Akıbetimizden endişe etmiyor, cennet garantilenmiş gibi bir hayat yaşıyoruz.

Hz. Ömer gibi bir zat kendisine bu soruyu soruyor ama biz dönüp de bir gün: "Benim ahvalim ne olacak? Akıbetim ne olacak? Ben münafık mıyım?" Diye kendimize sormuyoruz. Haşa koca emîrü'l-mü'minîn Hz. Ömer soruyor da biz kimiz ki sormuyoruz, burası bu konunun en önemli kısmı. Heyecanımız, şevkimiz, proje üretmemiz, mücadelemiz, cehdimiz azalmışsa, konuşulan sözleri umursamıyorsak, dinlediğimiz şeyler bir kulaktan girip ötekinden çıkıyorsa benzeyeceğimiz kişilerin riskini biliyoruz artık. Allah muhafaza buyursun.

26 İbn Ebî Şeybe, el-Musannef, 8/637; Ebubekir el-Hallal, e's-sünne.

İNŞİKAK-I KAMER AYIN YARILMASI HADİSESİ

Günümüzün en büyük ve ciddi hastalıklarından birisi imana karşı lakayt kalmamız ve iman hakikatlerini ispat eden delillerden yüz çevirmemizdir. Bizler bazen karşılaştığımız insanlara soruyoruz: "Kardeşim sen peygamberim hak ve son peygamber diyorsun ama buna delilin nedir? Kur'an'ın değiştirilmediği nereden belli, bir kanıtın var mı?" diyoruz. Aldığımız cevap: "Şüphemiz yok ki delile ihtiyacımız olsun." oluyor. Halbuki birçoğumuzun da mezhep imamı olan İmam-ı Âzam, İmam-ı Şafî, Ahmed ibn-i Hanbel ve diğer bütün alimler: "İnsanın imanı delili olmasa da sahihtir ancak delil aramayı terk ettiği için o kişi asi ve günahkardır.[27]" diyorlar. Zira bu alimlere göre insanın imanına delil araması vacip, terki ise haramdır. Hatta İmam Eşari bu durumu bir tık daha ileri götürüyor ve: "İmanın sıhhatinin şartı imanın temel meselelerinden her bir meseleyi akli deliller ile bilmektir." diyor. Bu beyana göre o zaman imanın delillerini bilmeyen imam Eşari'nin nazarında mutlak mü'min sayılmıyor. Bu insan her ne kadar mutlak bir mü'min sayılmasa da küfre zıt olan şey kendisinde bulunduğu için kafir de olmuyor.

27 Aliyyu'l-kari, Şerhu Kitabi'l-Fıkhi'l-Ekber, Beyrut, 1404/1984, s. 216.

Araştırma ve delil aramayı terk ettiği için aynı içki içen, kumar oynayan insanlar gibi asi sayılıyor. Çünkü insanın imanına delil araması namaz kılmak, oruç tutmak, kurban kesmek gibi insana gerekli olan bir ibadettir. Dinine delil aramaması ise an be an haram hanesine yazılması demektir. İşte biz de mezhep imamlarımızı dinleyerek bu satırlarda size dinimizde gerçekleşmiş bir hadisenin delillerini sunacağız. İnşikak-ı Kamer yani Ay'ın yarılması hadisesidir. Zamanın kafirleri Allah Resulü'nün (asm) bir parmağı ile ayı ikiye yarma hadisesini: "Sizin peygamberiniz ayı ikiye yarsaydı bu hadise, tarih kitaplarında yazardı. Ama hiçbir milletin tarih kitaplarında ayın ikiye yarıldığı yazmıyor. O halde sizin peygamberiniz yalan söylüyor." diye yalanlamaya çalışıyorlar.

Gelin işin hakikatine bir de birlikte bakalım. Acaba onlar iddia ettikleri bu davalarında doğrular mı? Ay'ın yarılma mucizesi Efendimiz'e (asm) peygamberlik geldikten sekiz sene sonra gerçekleşti. Bir gün Kureyşliler toplandılar ve Allah Resulü'nden peygamberliğini ispatlayacak bir delil istemeye karar verdiler. Efendimiz (sav) sahabelerle sohbet ederken müşrikler yanlarına gelip, onu mucize göstermesi konusunda ısrarla zorladılar. En son Resulullah (sav) bir celalle yerinde doğruldu ve elini Ay'a doğru kaldırdı. Allah Resulü'nün elinin işareti ile yaratıldığı günden beri vazifesinden şaşmayan Ay bir anda ikiye ayrıldı.[28]

Bu hadise insanların bir şeyleri zor gördüğü gece vakti, çoğunluğun uykuda olduğu gaflet anında, ani olarak birden, sislerin ve bulutların olmasıyla görülmenin daha kısıtlı olduğu bir zamanda meydana geldi. Tabi o zaman medeniyet gelişmediğinden, haberleşme imkânı şimdiki gibi değil. Mesela bugün Van'da bir deprem olsa hemen altyazı geçer ve herkes haberdar olur ama o dönemde

---

28 Tecrîd-i Sarih Tercümesi, İst.1945, IX/367,372; Elmalılı, Hak Dini Kur'an Dili, II. baskı, fst.1960, VII/4622.

böyle bir imkân olmadığından, bu hadisenin bütün alemde görülüp umum tarihlere geçmesi elbette mümkün değil. Ayrıca o zamandaki kafirlerin inatları tarihçe çok bilindik bir şey. Ve o kafirler böyle bir olayın gerçekleştiğini yalanlamıyorlar. Eğer böyle bir olay hiç yaşanmasaydı hem yalanlarlardı hem de Efendimiz'in (sav) peygamberlik davasına hücum ederlerdi. Çünkü o dönemin kafirleri, müşrikleri putlardan para kazanıyorlar, putlarla insanları istedikleri gibi etkiliyorlar ama Efendimiz (sav) çıkıyor: "Sizin inandığınız putlar bir ilah görevinde olamaz. Allah'tan başka ikinci bir icraat eli kâinata karışamaz. La İlahe İllallah." diyor ve hepsinin putlardan kazandığı parayı kesip onları ekmeğinden ediyor.

Böyle bir durumda onlar en ufak bir açık görseler hemen peygamberliğe saldırırlar ve onu yalanlarlar ama bunu yapamıyorlar. O hadiseyi gören küffar: "Bize sihir yaptı." diyor. Yani böyle bir hadise gerçekleşmiş, onlar bunu görmüş ve "sihirdir" diyorlar. Hatta: "Eğer bize gösterdiği sihri diğer taraftan gelen kervanlar ve kafileler görmüşlerse gerçektir." diyorlar. Sabah Yemen'den ve başka taraftan gelen kafilelerin: "Evet biz böyle bir hadiseyi gece vakti gelirken gördük." demesi üzerine Resulullah'ın (sav) Ay'ı ikiye yardığı böylece tasdikleniyor. Bunu duyan küffar bu sefer de Efendimiz (asm) hakkında: "Ebu Talib'in yetimi semaya da tesir etti." diyerek inatlarını sürdürüyor.

"Vakit yaklaştı ve Ay yarıldı. Onlar bir mucize görseler, hemen yüz çevirip 'bu öteden beri bilinen bir sihir!' derler. Hep yalan saydılar ve kişisel arzularına uydular, oysa her iş yerli yerindedir." (Kamer, 54/1-3)

Çok büyük bir alim olan Sad-ı Taftazani, diyor ki: "Ay'ın ikiye yarılması mütevatirdir." Mütevatir, hadis ilminin en derin olaylarından biridir ve sağlam kaynak demektir. Mesela siz bir olayı Ali'den duysanız, aynı olayı; Veli'den, Fatih'ten, Ömer'den, Akif'ten,

Muhammed'den, Osman'dan duysanız ve bu haber her birinden ince bir iple gelse bu ipler birleşse kopmaz bir halat olur. Tek kişiden gelen küçük ip belki kopar ama çokluktan gelen bu halat kopmaz. İşte buna mütevatir denir. Hani şüpheye düşenler diyorlar ya: "O hadiseye nasıl inanıyorsunuz?" Aynı hadisi bir sahabe daha naklediyor sonra bir tane, bir tane, bir tane ve bir tane daha...

Aynı hadisi bin tane sahabe naklediyor ve bu sahabeler birbirlerinden habersizler. Ayrıca bu hadisleri alan raviler, o kadar itinalı davranıyorlar ki mesela birisi birinden bir hadisi almak için gidiyor. Bakıyor ki hadisi alacağı kişi boş külahla at çekiyor. "Atı boş külahla kandıran kişi beni de kandırır, ondan hadis alamam." diyor ve geri dönüyor.

Peki şüpheler içinde boğulanlar bize ne diyorlar? "Gördünüz mü?" Bu saçma soru da nerden çıktı? Siz dedenizin dedesini gördünüz mü? Yok. O zaman neden inanıyorsunuz? Çünkü nineniz söyledi, halanız, amcanız söyledi. Ee onların söylediğine inanıyorsunuz da buna niye inanmıyorsunuz? Bu soruyu soranların mantığıyla gitsek, dedemiz, ninemiz, ecdadımız hepsi birden gidecek, tarih parçalanacak.

Mütevatir ilim çok derin bir ilimdir ve bu hadisleri toplayanlar hadisleri almak için şehir şehir gezip yüzlerce kişiden aynı şeyi duymuşlardır. Yani hadisleri tabakadan tabakaya öyle bir cemaat-i kesire nakletmiştir ki yalanda birleşmelerinin imkânı yoktur. Bizler Yakutistan'ı görmedik ama varlığına inanıyoruz. Çünkü görmediğimiz bir Yakutistan, yüzlerce kulaktan gele gele, artık kafamızda: "Ya böyle bir yer mutlaka vardır." düşüncesini doğuruyor. İşte mütevatir ilim de aynı böyle bir şey. Zaten şu da var ki, aynı mucizeyi bütün insanlara göstermek ya da zorlamak derecesinde bir açıklıkla göstermek imtihan sırrını ortadan kaldırır. Çünkü akla kapı açıp, iradeyi elinden almamak İslâmiyet'in bir metodolojisidir.

Allah bize hakikat yolu budur der ama iradeyi elimizden almaz. Mesela sen beş şıklı bir sınava girsen ve bir baksan beş şıkkın hepsi birbiriyle aynı. Bu sınav olur mu? Olmaz. İşte Cenab-ı Allah da yıldızlarla gökyüzüne: "Allah var ve birdir." yazsa herkes iman eder ve bu imtihan olmaz. Peki sen girdiğin sınavlarda: "Hocam beş şıkkın içinde dört tane yanlış şık var. Sen benimle dalga mı geçiyorsun?" diyebilir misin? Diyemezsin çünkü bu imtihanın gereğidir. Yanlış şıkların orada olması zorunludur.

İşte Allah bizlere girdiğimiz sınavlarda akla kapı açmıştır ama irademizi elimizden almamıştır. Eğer alsaydı imtihan olmazdı. Nasıl olurdu biliyor musunuz? Mesela ben bir gün çok susasam ve kardeşime gıcık bir tavırla: "Bana su getir." desem, kardeşim de bana: "Emir mi veriyorsun?" diye cevap verse ve ben o an kardeşimi silahla çat diye alnından vurup öldürsem sonra en büyük abimden istesem ve daha bir şey demeden onu da öldürsem derken art arda üç abimi, iki de kardeşimi sudan sebebe vursam öldürsem ve sonra ablama dönüp: "Abla bana su getir" desem, ablamın bana bir bardak suyu getirmeme ihtimali var mı? Bırakın bir bardak su getirmeyi o hadiselerden sonra baraj diker odaya.

Peki Cenab-ı Allah, her yanlışımızda, anında canımızı alsa, musibet gönderse, ceza verse ortada imtihan diye bir şey kalır mı? Kalmaz. Çünkü herkes iman eder. Düşünsene tam harama bakacaksın gözlerin kör oluyor. Tam haram lokma yiyeceksin boğazın düğümleniyor nefes alamıyorsun. Eğer böyle olsaydı imtihanın sırrı ortadan kalkardı ve iman etmeyen kimse kalmazdı. Hem zaten Allah, Ay'ın ikiye yarılmasını, felsefecilerin heveslerine göre bütün aleme göstermek için bir iki saat öyle bıraksa bu sefer de: "İşte bu bir doğa olayıdır." diyeceklerdi. Bu hal aklı zorlayacak, aklın ihtiyarını elinden alacak, o zaman da imtihan olmayacaktı. Böylece herkes Efendimiz'in (asm) peygamberliğini tasdik edecekti, ebu Cehiller gibi kömür ruhlularla, Ebubekirler gibi elmas ruhlular birbirinden ayrılamayacak ve sırr-ı teklif zayi olacaktı.

Allah sana güzel bir şey vermeden önce, seni zor bir imtihanla sınar. Müjdeleneceğin güzellik için sabret.

Başka bir durum daha var ki bu hadise vuku bulurken İngiltere cehalet sisiyle çevrilmiş, İspanya'da güneş yeni batmış, Amerika'da, Çin ve Japonya'da gündüzmüş ama Ay gece yarılmış. O zaman Ay'ın ikiye yarılması onlar tarafından elbette ki görülmeyecek. Ama bu akılsız, itiraz eden diyor ki; "İngiltere, Çin, Japon, Amerika tarihleri bundan bahsetmiyor, öyle ise gerçek olmamıştır." Ne kadar cahilce bir bakış açısı.

Şimdi Ay'ın yarılma hadisesinin gerçekleştiğine dair delilleri sunduğumuza göre bir de bu hadiseden şüphe duyarsak ne olur, bu işin bize bakan yönü nedir ondan bahsedelim mi?

Dişin çürüme serüvenine baktığımızda mikropların bir anda oraya hücum etmediğini görürüz. Önce bir tanesi gelir, bakar ki orda uygun bir yuva var. Ardından birinci, ikinciye "sen de gelebilirsin" diye referans olur. İkinci, üçüncüye; üçüncü dördüncüye derken, ondan sonra mikroplar orada birikir ve sen en keyifli anında tam baklavayı ısıracakken: "Ah!" dersin. Çünkü çok ızdıraplı bir ağrı ile dişinin çürüdüğünü anlarsın. İşte dinini araştırmazsan, bir mikrop: "Bu adam zaten dinini bilmez" diye kalbine yer eder. Birinci şeytan, ikinci şeytana referans olur. İkinci, üçüncüye; üçüncü dördüncüye derken, tam baklava yiyeceğin cennet zamanında dişin elinde kalır ve sen de o zalimlerden, inkâr edenlerden olursun. Zira her zalime ayrı ayrı Tebbet suresi inmez. Tebbet suresi bir zalime inmiştir ve bütün zalimlerin sonu da o Tebbet'te belirlenmiştir.

MİRAÇ HADİSESİ

Risale-i Nurlarla ilk tanıştığım zamanlar, 31. Söz'de miraç hadisesine rast geldiğimde çok şaşırmıştım. Zira miraç hadisesine bir siyer kitabında rast gelsem bu kadar şaşırmazdım ama bizzat imanın özüne bakan bir tefsirde rast gelince "miracın burada ne işi var" diye düşündüm ve şu cevabı buldum. Evet miraç imanın altı şartından bir şartı değildir ama altı şartından bir şartın hakikatidir. Yani derinlere inildiğinde eğer bir insan miraç gibi bir meselede şüpheye düşse, imanı problemli ve itikadı yok demektir. Bizler bir binanın temelinin sağlamlığına bakmak istesek, temelin altındaki toprağın da toprağın altındaki kabuk katmanının da sağlamlığına bakmamız gerekir. Aynen öyle de insan kâinata bakarken de bu nazarla bakmalıdır. Olayın arkasındaki manayı görmeli, baktığında o temel blokajları sağlam olmalı. İşte bu temel blokajlardan bir tanesi miraç hadisesidir.

Miraç; uruç etmek, yükselmek demektir. Yani ruhların Allah katına yükselmesi ve Allah Azze Celle'ye muhatap olması demektir. Aslında miraç hadisesi kişinin tam bir varlık sebebidir. Allah'a (cc) bir yakınlık, bir kurbiyet hasıl olmasıdır. Miraç yaradılışımızın özü, yaradılışımızın temel gayesidir. Leyle-i miraç, miraç gecesi demektir. Kadir Gecesi'nden sonra Allah'ın (cc) razı olduğu gecelerden biri de miraç gecesidir. Miraç gecesi, özellikle günahların normal gelmeye başladığı ahir zamanda Allah'ın çok büyük bir ikramı, bir lütfudur. Günümüz küresel dünyasına baktığımızda insan istemese bile harama girebilme ihtimali çok yüksektir. Sokağa çıktığında, bir ticaret, bir alışveriş yaptığında dikkat etmediğin an sen de o harama düçar olabilirsin. İşte Allah bize böyle bir zamanda, böyle bir asırda içinde fazladan fazladan sevaplar, aflar, tövbeler bulunan bir gece ihsan ediyor, iltifatta bulunuyor. Yani bize: "Bak tövbe hükmünde böyle bir gece yarattım" diyor.

İnsanın böyle bir iltifatı geri çevirmesi ancak ve ancak ukalalık olur. Yani sultan sana bir hediye verdiğinde sen onu geri çevirsen bu ukalalığın neticesinde cezaya müstahak olursun. Aynı şekilde Sultan-ı Ezel ve Ebed olan kâinatın sahibi de sana bir hediye verip ikramda bulunup "gel bak böyle bir gecede, binler günahlarını tek bir tövbenle sileceğim" dediğinde "bana böyle bir gece lazım değil, arkadaşlarımla görüşeceğim, sınavlarım var ders çalışacağım, uykum geldi yatacağım" diye ukalalıkta bulunursan bunun neticesi büyük bir nasipsizlik olur, bu da ceza olarak yeter. Allah (cc), Taha suresi 12. Ayette: "Ben şüphesiz senin Rabbinim; ayağındakileri çıkar; çünkü sen, kutsal bir vadi olan Tuva'dasın.[29]" buyuruyor. Ve bu ayet tam da Hz. Musa Tur Dağı'nda Allah ile görüşeceği zaman iniyor. Düşünsenize Allah ile tam görüşmeye gideceksiniz, Allah (cc) size tecelli edecek, mazhar olacak, siz ona ayinedarlık edeceksiniz. İnsan normal şartlarda böyle bir hadiseyi düşündüğünde, "dağlar taşlar yol olur, yıldızlar yazı olur 'ey Musa' yazar' ya da Allah ile görüşeceği için 'hassas ol, şu duaları oku öyle gel' der" gibi farklı şeyler bekliyor. Ama ayet "Ben şüphesiz senin Rabbinim; ayağındakileri çıkar; çünkü sen, kutsal bir vadi olan Tuva'dasın." diyor.

---

29 Tâhâ suresi, 12. ayet-i kerime meali.

Normal şartlarda müfessirler bu pabuca çok mana vermişler. Biz ise bize bakan yönüne değinelim. Mesela 4-5 kişi tekneye bindik ve yanımıza balıklar, mangallar, ayranlar, kolalar, buzlar, sular, ciğerler, şişler, kebaplar, tantuniler almışız. O esnada içimizden bir arkadaş panikle geliyor: "Abi abi acil bakmanız lazım diyor." Biz şu an bakamayız mangaldayız diye göndermeye çalışsak da gitmiyor ve en son: "Abi gözünü sevdiğim bu kayık batıyor." diyor. Biz bir bakıyoruz kayık su almaya başlamış. Okyanusun ortasındayız bu durumda ilk ne yaparız? Tekne batmasın diye tekneden ağırlıkları atarız. Yani yüklerimizden kurtuluruz.

Bazı insanlar dünya malına tutkulu olur ve bu dünya malına tutkusundan dolayı o ağırlık hükmüne geçer. İşte bu insana çıkar artık pabuçlarını diyebilirsin. Dengeyi şaşıp abarttığımız ne varsa, bu bizde ayetteki pabuç türünden bir ağırlık oluşturabilir. Bir virüse her noktada tedbir alsan bu çok güzeldir ama "ne yapacağım, ölecek miyim, bu virüse yakalanacak mıyım" diye elin ayağına dolaşsa o an sağlık senin Allah'a yükselmeni engeller ve sana artık çıkar o pabuçlarını denilir. Burada pabuçtan maksat; Seni dünyada tutkulandıran, Allah Azze ve Celle'ye uruç etmene yani Miraç cihetiyle yükseltmene engel olan ne varsa odur.

Miraç hadisesinde bir sır vardır ve olayların üzerine bir hicap örtülmüştür. Ve bu örtü ancak ibret ve fikret gözü ile bakmakla açılır. Demek biraz basiret istiyor. Zira olayların her biri bir mucize ama imtihanın sırrı gereği üzerlerine bir örtü örtülmüş. Onu kaldırdığımız anda: "Aman ya Rabbi bunda bu mana, bu sır varmış demek." diyeceğiz. Demek sır varsa hafif bir saklanma var, bakalım o hicabı kaldırıp büyük sırrı görebilecek miyiz? Miraç'la ilgili bazı temel sorular var.

Miraç'ın sırrı lüzumu nedir? Yani ne gerek vardı da oldu bu Miraç?

Lüzum; lazım, gereklilik, iktiza manalarına gelir. Miraç temel manada Efendimiz'in (asm) kab-ı kavseyni geçip Allah Azze ve Celle ile buluşmasıdır. Genel manada ise herkes için bir Miraç vardır. Peki Miraç'ın gerçekleşmesine gerek var mıydı? Hz. Muhammed Miraç'a ruhen mi gitti bedenen mi gitti? Ayette: "Ben kuluma şah damarından daha yakınım." diyen Allah, neden kulu ile görüşmek için bir mekân seçip oraya kulunu getirsin, zaten şah damarından yakın değil mi?

Mesela bir sultanı ele alalım. Bir sultanın biri hususi, diğeri umumi iki çeşit görüşmesi olur. Sultanın kendi mülkünde halktan Ahmet isminde gariban birisi olsun. Bir gün sultan tebdili kıyafetle halkın arasında gezerken görüyor ki, kendi raiyetinde bulunan Ahmet aç kalmış. Onu gördükten sonra hemen makamına dönüyor, bir askerini görevlendiriyor ve: "O garibanı bana çağırın, ona bir kese altın vereceğim, çok ihtiyacı var." diyor. İşte sultanın gariban Ahmet'le bu şekilde görüşmesi hususi bir görüşme oluyor ve bunu tüm halkın duymasına gerek yok. Ama aynı sultan bir şehre kadı atayacak olsa, kadıyı atarken bir asker gönderip direkt vazifelendirip iş başı ettirmez. Etse biz kadıyı tanımayız. O halde ne yapar? Dellal tutar, ferman yazar, kadıyı huzuruna çağırmadan önce merasimler belki yemekli bir gece hazırlatır. O kadıyı herkesin tanıması bilmesi için bu reklamı yapabileceği belli başlı alanlar, sahalar hazırlatır ve o kadı girer girmez "sultanım merhaba" da diyemez. Önce o törenden geçer, sultan onu özel arabasıyla aldırır. Raiyetini görür, payitahtını gezdirir ve bunun sonucunda o kadı ne kadar büyük bir sultanın karşısına çıktığını anlar ve en sonunda bütün halkın huzurunda kadılığı ilan edilir. Sultan onu şereflendirir: "Bu da benim kadım" der.

Bu ise umumi bir görüşme olur ve umumi görüşmeler, kalabalık içerisinde, bir makamda, cafcaflı olmak zorundadır. Bu umumi görüşme, umumun belli başlı şeyleri bilmesi, o makamın anlaşılması için şarttır. Mesela siz bir dostunuzun odasına çatkapı girip, bir de oradaki çerez tabağından çerez alıp: "Kardeşim napıyorsun, nasılsın?" diyebilirsiniz ama aynı şekilde bir orgeneralin odasına da girebilir misiniz? Giremezsiniz. Çünkü siz onun makamını bir şekilde bilirsiniz. Makamın önemi burada çok elzem, çünkü makamı bilen kişiyi de bilir. Mesela bir örnek verelim.

Ali isminde Kırşehirli köyden hiç çıkmamış birisi olsun. Bu Ali, sultan, padişah gibi bir şeyler duymuş ama bu duyumlar onda çok çağrışım yapmıyor. Bir gün biz Ali'ye desek ki: "Ya Ali sen padişahı nasıl bilirsin?" Ali bize: "Vallahi bizim köydeki ağa padişahın o gün bulgurla hangi yemeği yaptığını iyi bilir." der. Koca padişah bulgurla yemek yapar mı? Onun yemeğini yapmak için ayrı fakülte var ama Ali ona o gözle bakıyor. Padişahın makamını bilmediği için onun kendisi gibi bulgur yediğini sanıyor tek fark olarak daha lezzetli bulgurlar yediğini düşünüyor.

Peki Ali hiç padişahla, saltanatla ilgili bilgisi olmadan padişahla bizzat görüşse ne der? "Sultanım kaç köyün var? Sultanım kaç kuzun var, iyi otlatıyor musun?" der. Niye? Çünkü padişah deyince aklına hiçbir şey gelmediğinden, onun makamını bilmediğinden, saltanatını görmediğinden bir padişah nedir onu anlayamıyor, kendi köyü gibi düşünüyor. Peki biz Ali'yi sultanın karşısına çıkarmadan evvel, üç kıta gezdirsek, emrindeki adamları, hazinesini, hâkimiyetini göstersek, o hâkimiyeti kurmak için yaptığı savaşları-cihatları anlatsak ve bunun sonucunda Ali'yi padişahın huzuruna çıkarsak ne olur? Ali'nin dizinin bağları çözülür, padişahın karşısında düşer kalır.

Birincide gezdirme olmadan çıkardığımız Ali: "Sultanım senin kaç kuzun var?" diye sorarken; ikincide onun saltanatını gezen Ali, sultanın karşısına çıkmanın sonucunda: "Yahu dizimin bağları çözüldü böyle bir sultana ne diyebilirim?" diye konuşur. O yüzden Allah Azze ve Celle, Efendimiz'e (sav) şah damarından daha yakın olup orada da mükâmelede bulunabilirdi ama yapmadı saltanatındaki bütün makam ve mekânları gezdirdi, bütün âlemleri dolaştırdı, Cennet'i Cehennem'i, bizim bilmediğimiz kâinat kitabı haricindeki binbir çeşit alemi gezdirdi ki asıl büyüklüğü ondan sonra ortaya çıksın.

Miraç'ın bir sırr-ı lüzumu budur işte. Eğer o gezi olmasaydı saltanatını bilmeden bir sultanı tanıyacaktı ama o gezi olduktan sonra Allah Azze ve Celle'yi daha çok tanıdı, daha çok yakınlaştı ve saltanatını bildikten sonra ne yüce ve büyük bir Sultan olduğunu misli misli anladı. İşte Miraç bu yüzden şarttı. Saltanat bilinmeden Sultan bilinemiyor çünkü.

Miraç'ın hakikati yani ahirete bakan yönü, gerçeği ve bundaki hikmet nedir?

Miraç'ın hakikati, Efendimiz'in (sav) fazilet ve mükemmellik mertebelerinde seyr-i sülukundan ibarettir. Seyr-i süluk, terakki etmek demektir. Bir kişi askerde önce yüzbaşı, sonra binbaşı yükselerek devam etse ve en sonunda general olsa bunun adına seyr-i süluk denir. Bir tıp öğrencisi, birinci sınıfı bitirip ikinci sınıfa geçse, terakkisini devam ettirip en nihayetinde okulu bitirse ve diplomasını eline alsa işte o yoldaki terakkiye seyr-i süluk denir.

Allah, umumi bir görüşme için Resulünü (sav) yanına çağırmadan önce bütün saltanatını gezdirmesi ve göstermesi, Efendimiz'in (sav) bu noktaları hakikatli bir şekilde anlaya anlaya terakki edip yükselmesi de seyr-i süluktür işte.

Allah Resulü bu gezdirme ile her mertebede sultanı tanıdı. "Buraların da mı sahibi? Buraların da mı sahibi" diye diye "sübhanallah" dedi. Demek Miraç'ın hakikati; O Sultan'ın tam yaraşır bir şekilde tanınması için Efendimiz'in (sav) seyr-i süluk ile terakki etmesiymiş.

Zira eğer insan terakki etmeseydi, Ali'nin örneğindeki gibi olurdu. Birincide padişahı tanırdı ama bir ağa gibi tanırdı. "Padişahım senin kaç köyün var?" derdi. İkincide gezdiği ve gördüğü için: "Aman ya Rabbi ne yüce bir kudretmiş." diye padişahı esas saltanatı ile tanırdı ve bu sefer dizlerinin bağı çözülürdü. İşte bu tanıma için seyr-i sülük şart.

Velhasıl Miraç'ın hakikati seyr-i sülüktur, terakkidir, o seyr-i süluk ve terakki olmazsa Rabbini hakkı ile tanımaz. Kâinatta sergi olarak açılan her şey ama her şeyin temel amacı Miraç'tır, terakki etmektir. Mesela yumurtanın miracı tavuk olmaktır. Çekirdeğin miracı ağaç olmaktır. Ana rahmine yapışmış embriyonun miracı doğmak, insan olmaktır. Demek kâinatta her şeyin bir miracı vardır ama birisinin bize bu miracın hakikatini anlatması lazımdır. Onun için de bizim bir muallime ihtiyacımız vardır.

Her muallim önce bir talebedir. Allah Resulü (asm) bize ve kâinata muallimdir ama Allah onu Miraç'a yükseltirken bir talebedir. Orada talep ederek öğrendiklerini hocalık vasfıyla dönerek biz talebelere "bakın bunların hakikati budur" diye anlatmıştır. Peki anlatması şart mıdır? Evet şarttır. Zira Risale-i Nur'da bir cümle geçiyor diyor ki: "Anlaşılmaz bir kitap muallimsiz olsa manasız bir kâğıttan ibaret kalır." Şimdi ben matematik öğretmeni olarak bir kitap yazsam, kitabın içerisine de matematiğin en ağır meselelerini koysam sonra bu kitabı çiftçilik yapan birisine versem anlar mı? Elbette anlamaz, imkânsız. Ama ben aynı kişiye desem ki: "Gel sana bu kitabı saati 300 liradan anlatacak bir öğretmen vereyim." Ve bu anlatıcı o kişiye: "Kitabın ilk sayfası bunu anlatıyor, ikinci sayfası bunu..." diye tüm kitabı anlatarak devam etse en sonunda o kişide kitap manalanır.

Aynen böyle de bizler de bu kâinat kitabında hiçbir şeyin hikmetini bilmiyoruz. Tavuk bize neden yumurta veriyor bilmiyoruz, ibret ve fikret gözüyle bakmıyoruz. Eğer bir muallim gelip bize: "Bakın bunların hepsi Allah'ın esma tecellisi. Rabbimizi tanımamız için verildi. Bu ilme marifetullah ilmi denir." demese, tüm bunları bize anlatmasa bu kâinat bizim için bomboş ve manasız kâğıttan ibaret kalır. İşte Miraç'ın hikmeti, Allah Resulü'nün seyr-i süluk ile muallim olmasıdır.

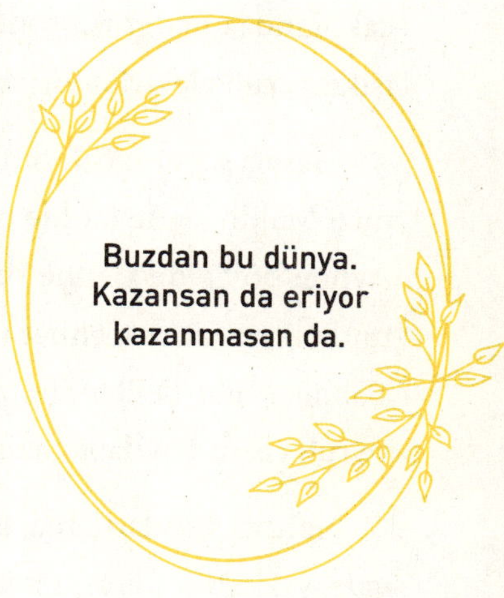

Birkaç dakikada binler sene mesafeyi kat etmek aklen imkânsızdır. Efendimiz (sav) bunu nasıl yapmış, bu dünyada birkaç dakika geçmesine rağmen binler sene mesafeyi nasıl katetmiştir?

Rivayetlerde geçtiğine göre; "Resulullah (asm) bineği Burak ile Miraç'a çıkıp geldiğinde daha yatağı soğumamıştı, kolunun değdiği dal hala titriyordu." Bu betimlemelere göre insanın bu hadiseyi ilk başta hemen anlamayamaması ve: "Bizim için bir iki dakikalık bir süreyi, nasıl olur da Allah Resulü binler sene çapında yaşayabilir biz bunu anlayamıyoruz?" diye sorması çok normal. Zira burada hız sorunsalı vardır.

Sorumuzun cevabını vermeden evvel önce sizinle beraber kâinat kitabını okuyalım mı? Kâinat kitabını temaşa ettiğimizde her şeyin hızı birbiri ile aynı değildir. Bir tavuk ile köpeğin koşma hızı birbirinden farklıdır. Işık, sesten daha hızlıdır bunun için de yıldırım çaktığında önce görür sonra sesini duyarız. Buna nazaran elektrik ışıktan, ruh elektrikten, hayal ise hepsinden daha hızlıdır.

Mesela sizinle gözlerimizi kapatsak bir saniye içerisinde kendimizi Maldivler'de tatilde bulabilir ve bundan bir lezzet alabiliriz. Aynen böyle de Cennet'in tasviri de hayal süratinde, ruh vüsatindedir ve insan Cennet'i hayal ettiğinde akıllara zarar bir lezzet alabilir. Miraç'ta Efendimiz'in (asm) latif cismi, ruhuna tâbi olmuştur ve ruh cisimden daha hızlıdır.

Normal standartlarda, dünyada salondan odamıza gideceğimizi varsaysak, burada ruh bedene tâbi olduğundan bu işlem yavaş gerçekleşir. Ama tam zıttı olsa ve bedenim ruhuma tâbi olsaydı bu işlem bir ışık hızında gerçekleşecekti. Normalde insan bedeni, bin kilometre hız yapamaz. Ama insan bir uçağa binse o bin kilometre hıza kolaylıkla ulaşır. Aynı şekilde bedenini bir füzeye tâbi etse bu sefer, değil bin kilometre yüz bin kilometreye kadar ulaşır. Burada önemli olan neyin neye tâbi olduğudur.

Normal şartlarda bir insan dese ki: "Ben akşama bin kilometre hız yapacağım." Ona: "Hadi git işine kardeşim." derler. Ama o kişi bedenini uçağa tâbi etse bin kilometre, trene tâbi etse dört yüz elli kilometre hız yapar. Madem her şeyin hızı birbirinden farklıdır, bir şey bir şeye tâbi olarak hızını değiştirebilir, artırabilir. Aynen bu şekilde Efendimiz'in de (asm) mübarek cismi ruhuna tâbi olduğu için ruh hızına geçmiştir ve bu akla muhalif değildir.

Maddeye göre zamanlar farklıdır. Bazen aynı zaman dilimini yaşarız ama bu zaman diliminde şehadet aleminde iki saniye geçmişken misal aleminde yıllar geçmiş olabilir. Şu manayı daha iyi anlamak için bir örnek verelim. Kolumuza taktığımız saatte on ibre vardır. Bu ibrelerden ilki saati gösterir, ikincisi dakikayı, üçüncüsü saniyeyi, dördüncüsü saliseyi ve bu şekilde devam ederek onuncusu da aşireyi gösterir.

Bu saatte, saat ibrem bir hareket ilerlediğinde dakika ibrem 60 hareket ilerler. Aynı zaman diliminde farklı hareket yaparlar. Her bir ibreye ilerledikçe bir öncekinin 60 kat fazla hareketini yapar. Şimdi ben o saatin saat ibresine otursam bir mekân gezerim. Dakika ibresine otursam 60 mekân gezerim. Ama aşire ibresine otursam milyonlar mekân gezerim. Şimdi en baştaki sorumuzu tekrar hatırlayalım: "Efendimiz (sav) birkaç dakika içinde binler sene mesafeyi nasıl geçiyor?" İşte bu cevapla akıllarda en ufak bir şüphe kalmıyor.

HZ. MUHAMMED (sav) NEDEN ÇOK EŞLİYDİ?

Bir insan, tat alma duyusu bozulursa, balla zehri; koku alma duyusu bozulursa gül ile gübreyi; görme duyusu bozulursa enfes bir manzara ile foseptik çukurunu; işitme duyusu bozulursa bülbül ile karga sesini ayırt edemez. Küfür, örtmek; kafir ise Cenab-ı Allah'ın esması onda örtülmüş, belli noktalarda yetilerini artık kaybetmiş kişi demektir.

Efendimiz (asm) peygamberlik geldikten sonra tek başına tüm küfür ehlini karşısına alıyor ve: "Sizin inandığınız putların hiçbir kudreti yoktur. Onlar sizin iman ettiğiniz hiçbir şeyi yapmaya muktedir değillerdir. Bütün bunları yapacak tek bir Zat vardır o da Allah'tır. La İlahe İllallah." diyerek onlara meydan okuyor. Küfrün karanlığında kalmış ve geçimini putlardan sağlayan o zamanın müşrik kabileleri ise bu sebepten dolayı her daim Resulullah'a (sav) saldırmak istiyorlar. O'na (sav) iftara atıyorlar. Fakat bu zamanın duyuları ve duyguları bozulmuş insanlarının dillerinden çıkan şu iftiralar, Cahiliye dönemindeki müşriklerin dahi gündemine girmemiştir. İşte günümüzdeki nâdânlar o zamana göre daha da ileri giderek;

"(Hâşâ) Muhammed nefsani ve şehvani duygulardan dolayı on bir tane eş almıştır.

(Hâşâ) Muhammed Hz. Aişe ile yedi yaşında evlenmiştir.

(Hâşâ) Muhammed'in evlatlığının eşi Hz. Zeynep ile evlenmesi şehvanidir.

(Hâşâ) Ayet gelmesi ile beraber sahabelerin evlilikleri dört ile sınırlandırılmasına rağmen aynı sınırlandırma neden kendisine gelmedi?" diyorlar.

Bu iftiralarla insanlar pak tertemiz olan İslam'la ilgili kuşkuya düşsünler ki namazlarından, ibadetlerinden ve güzel ahlaklarından uzaklaşsınlar diye önlerine gelenlerin akıllarını bulandırmaya, İslam'ı, Efendimiz'in (sav) evlilik hayatı üzerinden vurmaya çalışıyorlar. Doğu'daki ahvali Batı kaynaklarıyla anlatmaya çalışan bu oryantalist modellerin, amaçları sadece kafa karıştırmak.

Biraz sonra anlatacaklarımı onlar da biliyorlar. Madem biliyorlar neden batıl fikirlerini yaymaya çalışıyorlar? Çünkü dertleri başka, o yüzden onlar bizim muhatabımız değil. Biz onlara hitaben bir şey anlatmayacağız. Zira Allah Resulü'nün aile hayatı bir mektep, Ezvâc-ı Tahirat diye bahsedilen hanımlarının her biri de bizim için bir öğretmendir. Efendimiz (asm) toplamda on dört evlilik yapmış ve aynı anda dokuz evlilikle hayatına devam ettiği dönem var. Biz buradan kendimize dersler çıkarıp eğri hayatımızın falsolu giden yönlerini düzelteceğiz.

Öncelikle biraz Resulullah'ı (asm) tanıyalım. Efendimiz (asm) gençliğinin baharında 25 yaşında Hatice annemizle evleniyor. Hatice annemiz o dönemde 40 yaşında, öncesinde iki evlilik yapmış ve bu iki evliliklerinden üç tane çocuğu olan dul bir hanım.[30] Sıcak

30 İbn Hişam, Sîre, 1/202; İbn Sad, Tabakât, 1/133; 8/16.

bölge insanında garize-i beşerîye yani şehvani hissiyat çok erken yaşlarda başlar ve aynı erkenlikte de söner, sıcak bölge insanının özelliğidir bu. Aişe validemizin: "Yusuf'u görüp parmaklarını kesenler benim Efendimi (asm) görselerdi o bıçakları sinelerine vururlardı." diye naklettiği güzellikte olan bir insan, insanlığın en güzeli, Kâinatın Efendisi (asm) 25 yaşına kadar gözünü hiçbir harama iliştirmeden kendisini muhafaza ediyor ve 25 yaşında, öncesinde iki evliliği ve üç de çocuğu olan 40 yaşında dul bir hanımla evleniyor. Hatice annemiz Efendimiz'e (sas) defalarca yaşlandığını ve bu yüzden daha genç birisiyle evlenmesi gerektiğini söylese de Efendimiz (sav): "Ben asla Hatice'min üstüne gül koklamam." buyuruyor. Düşünün böyle muhabbet dolu bir evliliğe bile şehvet için diyorlar.

O dönemde bu problemi Münafıklar çıkarıyor, bizim zamanımızda ise aynı onların meşrebinden onlara hizmet eden ehli dalalet sürdürüyor. Şimdi soruyorum size var mı etrafınızda bu kadar çalışkan, genç, eli yüzü düzgün hem maddi durumu hem ahlakı hem İslam bilgileri çok kuvvetli olup buna rağmen: "İslam uğruna ben 40 yaşında, iki evlilik yapmış, üç çocuğu olan biriyle evlenirim." diyen bir örnek. Demek Efendimiz'in (asm) yaptığı cidden güzel ve hakikaten zor bir şey. Bizim buradan bunu anlamamız gerek.

Allah Resulü 50 yaşına gelene kadar 25 yıl boyunca tek eşli olarak Hatice validemizle evli kalıyor ve 50 yaşındayken emr-i hak vaki oluyor, Allah, Hatice validemizi dünyadan alıyor. Devamında Efendimiz (sav) iki yıl boyunca dul kalıyor ve takribi 52-53 yaşına ulaştığında yanına Havle binti Hâkim geliyor ve: "Ya Muhammed artık evlenmeyecek misin? Bak hem evinin yükü hem ümmetin yükü omuzlarında, birisi olsa o da senin yükünü omuzlasa olmaz mı?" diye soruyor. Efendimiz (asm): "Var mı bir fikrin, önereceğin birisi?" deyince Havle binti Hâkim "var" deyip Sevde annemizi ve Aişe annemizi öneriyor. Allah Resulü (asm) onun önerilerinden sonra: "Tamam git görüş." der. Resulullah [(sav)], Sevde annemiz ile evlendiğinde Sevde annemiz 50 yaşın üstünde, altı tane çocuğu olan dul bir hanım.

Allah herkesi sevdiğine değil, her koşulda yanında bulabileceğine bağışlasın. Her şey güzelken herkes herkesi seviyor zaten.

Kendinize sorar mısınız, dininiz için bile bu fedakârlık yüksek bir fedakarlık değil midir? Demek Efendimiz'in [(sav)] evliliklerinde güttüğü başka bir amaç, ulvi bir gaye var. Biz bunu anladığımızda çok meseleleri de anlamış olacağız. Allah Resulü'nün [(asm)] evlilikleri incelendiğinde iki ince nokta gözümüze çarpıyor. Haşimoğulları yani kendi kabilesinden ve Medineli Ensar'dan hiçbir evliliği yok. Çünkü Ensar'la: "Siz, İslam uğruna Medine'de bu dine sahip çıkacaksınız." diye sözleşmişti. Haşimoğullarıyla da zaten bağları kuvvetli olduğundan öyle bir evliliğe ihtiyaç duymamış. Buradan da bir kez daha anlaşılıyor ki Efendimiz'in [(sav)] bütün evliliklerinin tek bir gayesi var; İslam'ın mesajını taşımak, ulaştırmak. Başka hiçbir gaye yok.

Resulullah'ın [(sav)] 14 evliliğinin yedisi Kureyş, diğer yedisi de Kureyş'in dışından olmuştur. Dışarıdan olan evliliklerine baktığımızda, Kindeoğullarından; Esmâ binti Nu'mân, Mısırlı Kıpti Maria, Mustalikoğullarından Cüveyri binti Haris annelerimiz vardır. Efendimiz'in [(sav)] iki eşi ise Amir bin Sasa kabilesinde bir ailenin anneleri bir olan iki kız kardeştir. Bunlardan birisi Zeynep binti Huzeyme annemizdir ki Resulullah [(sav)] ile evliliğinin üçüncü ayında vefat etmiştir. Onun vefatı sonrası ise Efendimiz [(sav)] kardeşi Meymune binti Haris annemiz ile evlenmiştir. Burada da amaç yine bağ kurmaktır.

O dönem Twitter, İnstagram, gazete, telefon olmadığı için onlarla bağ kurulamayacağından Allah Resulü de o dönemin sosyal ağını bu şekilde bağlar kurarak devam ettirmiştir. Efendimiz (asm) diğer bir eşi olan Meymune validemizle de hicretin yedinci yılında kaza umresi dönüşü evlenmiştir. Resulullah'ın (sav) Kureyş dışındaki son iki evliliği ise Nadiroğulları denen Yahudi kabilesindendir ve bu eşlerden birisi Reyhane binti Sem'un diğeri ise Safiyye binti Huvey'dir.

Gelelim Kureyş'teki yedi eşine. Ümeyyeoğullarından ebu Süfyan'ın kızı Ümmü Habibe, halasının kızı Zeynep binti Cahş, Mahsumoğullarından Ümmü Seleme, Adîoğullarından Hz. Ömer'in kızı Hafsa binti Ömer, Teymoğullarından Hz. Ebubekir'in kızı Hz. Aişe, Amir bin Lüheyl'den Sevde binti Zem'a ve Esatoğullarından Hatice annemiz. Toplam 14 evlilik.

Efendimiz'in (asm) 14 evliliğinden on ikisi dul hanımlarladır ve yalnızca iki eşi hiç evlilik yapmamıştır. Onlardan birisi Aişe validemiz diğeri ise Maria annemizdir. O dönem savaş zamanında erkekler savaşa gitmiş ve birçok kadın dul kalmıştır. Allah Resulü'nün eşlerinin birçoğu da savaşlarda dul kalan bu eşlerdir. Olaya böyle baktığımızda nefsani arzuları bir kenara bırakın, yaşlı hanımlarını ve onların çocuklarını hanesine ekleyince, Resulullah'ın (sav) omuzlarına büyük bir yük biniyor. Dilerseniz Efendimiz'in (sav) eşlerinden birkaç tanesinin yaşlarına beraber bakalım.

Allah Resulü (asm) ile evlendiğinde Hz. Zeynep 50, Hz. Sevde 53, Ümmü Habibe 55, Ümmü Seleme annemiz ise tam 65 yaşında ve dört çocukludur. Şimdi soruyorum size bu evliliklerin neresi şehvani? O bir peygamber ve bir hükümdar. Dilerse en genç hanımları dahi alır. Böyle bir hak meşru kılınmasına rağmen O (asm) hiç böyle yapmıyor ve buna rağmen bu zamanın münafıkları O'nu (sav) böyle alçakça bir iftiraya maruz bırakıyor. Efendimiz'in (sav) eşlerinden yalnızca üç tanesi o hayatta iken vefat etmiştir. Bunlar Hatice, Zeynep ve Reyhane annelerimizdir. Aişe validemiz ise Allah Resulü vefat ettiğinde 28 yaşında olup vefatından sonra 47 yıl daha yaşamıştır.

Efendimiz'in (asm) iki annemizden çocuğu vardır. Bunlardan birisi Hatice annemizdir ve ondan altı çocuğu, diğeri de Maria annemizdir ve ondan da on sekiz aylıkken toprağa verdiği oğlu İbrahim olmuştur. Resulullah (asm) kâinata Allah tarafından bir muallim olarak gönderilmiştir ve Allah'tan öğrendiği hakikatleri bütün aleme neşretmesi gerekir. Ve o dönemde bir kabile ile kaynaşmanın en uygun yolu kız alıp vermektir.

Resulullah (sav) yaptığı evliliklerle toplam 32 bacanak sahibi olmuş ve böylelikle tebliğ bağları kurulmuştur. Efendimiz'in (asm) bütün hareket ve tavırları, şeriat ve sünnettir. O'nun (sav) sadece kelamı değil, hal ve hareketleri, durumlar karşısında nasıl davrandığı da bizler için son derece ehemmiyetlidir. Evindeki mesajların ve kadınlara ulaştırılacak özel meselelerin öğretilmesi için Efendimiz'e (sav) talebe gerektir. Sahabeler O'nun (sav) dış dairesindeki hal ve hareketlerini bizlere aktarırken ev hanesindeki hallerini de bizlere aktaracak birilerinin olması gerekiyordu. Çünkü sahabeler O'nunla (asm) aynı evde yaşamıyordu ve O'nun (asm) hususi dairesine girecek kişiler lazımdı. İşte o kişiler O'nun (asm) pak eşleri idi. Şimdi evlilik sayısının çokluğunun hikmeti daha net çıktı mı ortaya?

Efendimiz'in (sav) ev hallerinin, gece ibadetlerinin, bize öğreteceği hususi durumların bize aktarılması için hanımlarından biri uyuduğunda diğerinin uyanık kalması lazım ki o haller kamera gibi kaçırılmadan kayda geçirilebilsin. Aile cereyanları içerisinde gerçekleşen çok haller vardır ki onu ancak Efendimiz'in (sav) nikahına muttali olmuş birisi bize nakledilebilir. İşte bu haller için Ezvâc-ı Tahirat denen mübarek annelerimizden her biri o evin bir talebesi olmuştur ve ileride de bu talebeler ümmete muallim olacaklardır. Zira Aişe annemiz 2.210, Ümmü Seleme annemiz 378 hadis rivayet etmiş ve gelecek nesiller yine mübarek annelerimizin eliyle yetişmiştir. Zaten Allah da Ahzab suresi 6. ayette: "Peygamber eşleri müminlerin annesidir." buyurmuştur. Efendimiz'in (sav) çok evlilik yapmasının bir hikmeti de eşlerinin birbirlerinden meşrepçe farklı olmalarıdır. Çünkü meşrepler farklı olursa ondaki manayı algılama da farklı olur. Birisi o meseleyi alıp gelecek nesle bir yönüyle ders verirken, öteki annemiz o meseleyi aynıyla alıp gelecek nesle farklı şekilde ders verir. Aslında bu evliliklerin hikmeti o kadar ayan beyandır ki, güneş gibi aydınlık olan bu hakikatleri görmemek için karanlıkla beslenen bir yarasa olmak gerektir.

HZ. MUHAMMED (sav) EVLATLIĞININ EŞİ İLE NEDEN EVLENDİ?

Efendimiz'in (sav) altı halasından bir tanesi Ümeyye binti Abdülmuttalip olup kızının ismi Zeynep binti Cahş'tır. Zeynep annemizin asıl ismi Berre'dir ama Efendimiz (sav), Berre günahsız manasına geldiği için onu Zeynep ile değiştirmiştir. Allah Resulü'ne peygamberlik geldiğinde Zeynep annemiz 22 yaşındadır. İlk iman edenlerdendir ve kendisine Mekke'de çok çile çektirmişlerdir. Biraz Hz. Zeynep'in çektiği çilelerden bahsedelim.

Kardeşi Abdullah bin Cahş, dayısı Hz. Hamza, dayı oğlu Hz. Ali, teyze oğlu Zübeyir bin Avvam, Bedir'e katılmıştır. Kardeşi Abdullah'ı, dayısı Hz. Hamza'yı, eniştesi Musab'ı Uhud'da şehit vermiştir. Mekke'de 13 yıl süren çile döneminden sonra hicret etmiştir. Aradan yıllar geçmiş ve Hz. Zeynep 34 yaşına gelmiştir ama hala evlenmemiştir. O dönem Mekke şartlarına göre 34 yaşına kadar evlenmemek hiç de normal değildir, insanlar daha erken evlenir ama o birisini beklemiştir, gönlünde sakladığı sevdiği, Hz. Muhammed'i (sav).

Zeynep annemiz ara ara Resulullah'a (sav) gelip bu durumu işaret etmek istediği için: "Ya Resulullah, filanca bana talip oldu ne diyorsun?" diye sormuştur, Efendimiz (asm) ona her daim: "Sen bilirsin." diye cevap vermiştir. Kaderin Hz. Zeynep ile kendisine ortak bir yol çizdiği Zeyd bin Haris'in ise küçük yaştayken kabilesi saldırıya uğramış ve Zeyd'de köle tüccarlarının eline düşmüştü. Onu köle tüccarlarının elinden Hâkim ibni Hizam satın almış ve Hz. Hatice validemize, Hatice validemiz de Zeyd'i Allah Resulü'ne (asm) hediye etmişti.[31] Efendimiz (sav) kendisine hediye edilen Zeyd bin Haris'i kölelikten azat etmiş ve hürriyetine kavuşturmuştu. Efendimiz (sav) Zeyd bin Haris'e manevi evladım diye hitap etmiş hatta uzun bir dönem Zeyd'e , Zeyd bin Muhammed diye hitap edilmişti.

Cahiliye döneminde kölelikten azat edilip hürriyetine kavuşan kişilere "mevali" denilir ve mevalilere de köleden farklı davranılmazdı. Onlarla asla oturulmaz, konuşulmaz, yan yana yürünmezdi. Lakin bir gün Zeyd, Efendimiz'in (asm) yanına gelip: "Ya Resulullah benim Zeynep'te gönlüm var." demişti. Bunun üzerine Efendimiz (asm) Uhud dönüşü halasına: "Evinize geleceğim, bir mesele konuşacağım." diye haber göndermişti, haberi alan ev ahalisi: "Bu sefer Resulullah gelecek ve Zeynep'i isteyecek." diye düğün bayram etmişti. Allah Resulü halasının evine vardığında bir müddet oturdu ve sonrasında: "Ben Zeynep'i manevi oğlum Zeyd'e istemeye geldim." dedi.

O dönem cahiliye topluluğunda mevali yani köle olmuş birisiyle hür bir kadının evlendiği henüz görülmüş bir şey değildi. Şu an bizler İslam ahlakını bildiğimiz için bunun hak olduğunu düşünebiliriz ama o dönemde böyle bir vakıa daha hiç yaşanmamış. Bunun ön yargısını kırmak yine Efendimiz'e (asm) düşmüş ve bu evliliğin hikmeti de açığa çıkmıştı. O dönem hür birisi ile bir mevalinin evliliği

31 İbn Hacer, el Askalânî, el-Isâbe fi Temyizi's-Sahâbe, III, 24.

daha önce hiç görülmediği için halası Efendimiz'e (asm): "Yani sen Zeynep'i bir köleye mi layık görüyorsun?" diye sitemde bulundu.

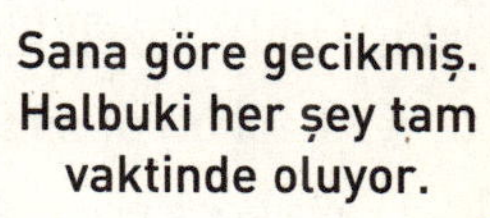

Zeynep annemiz ise yan odadan Resulullah'ın (sav) konuşmasını duydu ve: "Resulullah (sav) ne diyorsa ben ona razıyım." deyip evliliği kabul etti. Çünkü onun için sevgiliden gelen her şey sevgiliydi. Zeynep annemizin bu sadakatinin üzerine Ahzap suresi 36. ayet indi. "Bir mümin erkek veya bir mümin kadının, Allah ve Resulü bir emir ve hüküm verdiklerinde artık işlerinde bundan başkasını seçme hakları yoktur, olmaz. Allah'ın ve Resulü'nün emrine itaat etmeyenler doğru yoldan açıkça sapmışlardır."

Zeynep annemiz Resulullah'ın (sav) isteğine sadık kaldı ama ne yaptılarsa Zeyd bin Harise ile uyum ve denklik sağlayamadı. Zeyd izzetli zevcesi Hz. Zeynep'i kendisine denk bulmuyordu. Bu durum manevi uyumsuzluğa sebep oluyordu. Durum böyle olunca Zeyd, Efendimiz'in (sav) yanına defalarca gelip: "Ya Resulullah (sav) biz evde Zeynep'le uyum sağlayamıyoruz, boşanmak istiyoruz." dedi ama Efendimiz (sav) her seferinde: "Zevceni tut, boşama. Allah'tan kork![32]" diye karşılık verdi. Git gel, git gel evlilik bir yıl bu şekilde sürdürülmeye çalışılsa da Hz. Zeyd ferasetiyle Hz. Zeynep'in yüksek bir ahlakta yaratılmış olduğunu ve bir peygamber hanımı olacak fıtratta bulunduğunu hissettiği için en nihayetinde bu evlilik daha fazla sürmedi ve sonunda boşanma gerçekleşti.

32 Tirmizî, sünen, s: 334.

Günümüzdeki evliliklerin bir kısmı neden devam etmiyor? Çünkü eşler birbirine denk olmuyor. İslam'da "şer'an koca, karıya küfüv yani denk olmalı ve bu denklik noktasının en mühimi diyanet noktasıdır.[33]" diye geçiyor. Yani bir insan kendisine eş seçerken, yakışıklılık, güzellik, mal, makam gibi fani ve sönücü şeyler daha az yer kaplamalı zira daha ehemmiyetli şeyler var diyor. Mesela karı veya koca eşlerden bir tanesi Allah yolunda koştururken diğer eş daha namazın mahiyetini tam kavrayamasa buralarda küfüvlük bozulabilir. Şu bir gerçektir ki, Allah yolunda koşturma niyetiyle olan birisi mümkün oldukça eşinin elini bırakmaz ama Rabbinin o kudret elini hiç bırakmaz. Yani bir gün bir kopma gerçekleşirse -hafizanallah- kopacak yer belli olur. O yüzden evlenmeden önce bunlara dikkat edip riayet etmek gerek.

Burada şunu demek istemiyoruz, "olmuyorsa kopsun." Aksine sonuna kadar sabredip mücadele etmek icap ediyor, biz burada denkliğin önemini anlatmak istiyoruz. Sadece burada da değil, denklik meselesi birçok cihette elzem. Mesela cehtte, mücadelede, sabırda, sadakatte, mizaç noktalarında. Çünkü bugün tatile gidip lokantaya oturduğunda herkes birbiriyle gülebilir ama kötü günlerde gülmek için dayanıklı iki insan lazım. Eşlerden bir tanesinin eğlencesi pasifize edilmiş bir ev hayatı iken diğerininki hararetlenmiş ve hareketlenmiş bir dışarı hayatıysa bu evlilikte de uyum sorunları olabilir ve çokça örneği de var karşımızda. Küfüvlük çok önemli ve en mühimi de diyanet noktasında diyor Efendimiz (sav).

Bugün iki boksör antrenman yapacak olsa kilolarının, antrenman modellerinin, güç ve mukavemetlerinin birbirlerine denk olması gerekir. İki kişi masa tenisi oynayacak olsa hiç değilse bilgi düzeylerinin denk olması gerekir ki oyundan keyif alsınlar. Tüm bunlarda bile denklik aranırken sonsuz bir hayatta, iki cihanda da

33 Lem'alar 24. Lem'a.

yürütülecek olan evlilikte bu küfüvlük sağlanmazsa sonu hüsran olur. O yüzden denklik elzem.

Zeyd bin Harise ile Hz. Zeynep'in boşanmasından sonra Hz. Zeynep iddetini yani boşandıktan sonra beklenmesi gereken süreyi doldurdu ve Allah katından Ahzap suresi 37. ayet indi. "Bir zaman, Allah'ın kendisine lütufta bulunduğu, senin de lütufkâr davrandığın kişiye 'eşinle evlilik bağını koru, Allah'tan kork' demiştin. Bunu derken Allah'ın ileride açıklayacağı bir şeyi içinde saklıyordun. Öncelikle çekinmen gereken Allah olduğu halde sen halktan çekiniyordun. Zeyd onunla beraber olduktan sonra müminlere, evlatlıklarının kendileriyle beraber olup ayrıldıkları eşleriyle evlenmeleri hususunda bir sıkıntı gelmesin diye seni o kadınla evlendirdik. Allah'ın emri elbet yerine getirilecektir." (Ahzâb / 37)

Rivayetlere göre Efendimiz'e (sav) gelen en ağır ayetlerden birisi budur. Ayetin beyanına göre Allah Resulü'ne Hz. Zeynep ile evleneceği öncesinden bildiriliyor ama bu durumu Efendimiz (sav) bir sır gibi içinde saklıyor. Peki Resulullah (sav) neden Hz. Zeynep ile en başından değil de Zeyd b. Harise ile bir evlilik hayatı yaşadıktan sonra evleniyor? Çünkü cahiliye devrinde bir kimse birisine evlat dediği zaman halk evlatlığı onun adıyla anar ve evlatlık, öz evlat gibi o kimsenin mirasından faydalanırdı. Haliyle bu inanca göre evlatlığın boşadığı kadını, onu evlat edinen kimse almazdı, bu onlarca haramdı.

Efendimiz (sav) de o dönemde Zeyd'e manevi oğlum diyordu ama Zeyd onun gerçekte oğlu sayılmayacağı için onun boşadığı eş ile Efendimiz'e (sav) nikah düşüyordu ve Allah onun için kader noktasında böyle bir evlilik yaşattı. Böylelikle o dönemin inanılmaz bir cahiliye ahlakı bir kez daha Allah Resulü ile yıkıldı. Cahiliye asrında insanlar üvey anneleri ile evleniyorlar ama; "bu benim evladım, bu benim kardeşim, bu benim oğlum" dedikleri birilerinin boşandıkları kimselerle evlenmiyorlar, olması gerekenin tam tersini yapıyorlardı. Allah, Efendimiz (asm) üzerinden bu cahiliye adetini yıkıyor. Zeyd ile boşanmalarından sonra inen ayeti kerimelerle Hz. Zeynep'e müjde geliyor ve Zeynep annemiz bu müjdeyi duyar duymaz boynundaki gerdanlığı koparıp müjdeyi getirenin eline bırakıyor, devamında bu müjde için 60 gün oruç tutacağını bildiriyor. Aişe annemiz bu vakıayı bizlere şu şekilde naklediyor: "Hepimizin nikahı yerde kıyıldı, Zeynep'in nikahı semada kıyıldı."

Allah, Efendimiz (sav) ile Zeynep annemizin nikahını ayet ile kıyıyor ve devamında da şu ayetler iniyor. "Allah'ın kendisi için takdir ve emrettiği bir şeyi yerine getirme hususunda peygamber için bir sıkıntı ve sakınca olamaz. Allah'ın hükmü değişmez kaderdir. Daha önce gelip geçen, Allah'ın vahyini insanlara ulaştıran, O'ndan çekinen, Allah'tan başka hiçbir kimseden çekinmeyen peygamberler hakkında da Allah'ın kanunu böyledir. Hesap sorucu olarak Allah kâfidir. Muhammed sizin adamlarınızdan hiçbirinin babası değildir, fakat o Allah'ın elçisidir ve peygamberlerin sonuncusudur. Allah her şeyi bilmektedir." (Ahzâb suresi / 38-40)

Allah'ın Efendimiz'e (sav) eş olarak seçtiği Zeynep annemiz yetim, öksüz ve dullara sahip çıkması ile bilinen yardım etmek hususunda tam bir kahraman annemizdir. Eli çok mahirdir. Evde sürekli el işçiliği ile bir şeyler yapar ve daha sonra onları sergileyip satarak, sattığı ürünlerin parası daha eline gelmeden Allah yolunda infak eder. Bugünkü kermes ahlakı da bizlere Zeynep annemizden gelir. Zeynep annemiz hayatı boyunca infak edeceği paralara hiç elini dokunmamıştır.

Hicretin 20. yılı Hz. Ömer'in halifeliği zamanında Zeynep annemizin evine bir elçi gelir ve ona ganimetlerden düşen pay olan 12 bin dirhemi verir. Zeynep annemiz elçiye: "Bana neden veriyorsunuz, başka peygamber eşlerine verseydiniz onlar bize taksim ederdi." dese de elçi; "Bu zaten taksim edilip size düşen pay." deyip 12 bin dirhemi teslim etmiştir. Bu durum karşısında Hz. Zeynep hemen bir bez parçası alıp gözünü kapatır ve yardımcısı Berze'ye; "Hemen bunun üstünü ört hemen." der. Berze ganimetin üstünü örter ve Zeynep annemiz: "Elini daldır Berze." der. Berze elini daldırır ve çıkan miktarı Zeynep annemizin dediği kişilere götürür. Bu şekilde yapa yapa onlara en son 580 dirhem kalır.

Hz. Ömer bunu duyunca hemen Zeynep annemize bin dirhem daha gönderir ve: "Bu sefer Zeynep kendisi harcasın." der. Zeynep annemizin kapısı kapanır kapanmaz Hz. Ömer'in verdiği bu bin dirhem de ön kapıdan girer, arka kapıdan ihtiyacı olanlar için hemen çıkar. Hz. Ömer'in kendisine bin dirhem göndermesinden sonra Zeynep annemiz elini açıp dua eder: "Ya Rabb mal ile imtihan zordur sen beni bir daha Ömer'in göndereceği hediyelerle buluşturma." Zeynep annemizin duası kabul olur ve aynı yıl vefat eder.

Zeynep annemiz vefat edince Medine'de cenazesine o kadar çok dul ve yetim gelip "şimdi bize kim bakacak" diye ağlar, Aişe annemiz işte o zaman, Zeynep annemizin ne kadar dula, yetime baktığını anlar. Hatta bir gün Efendimiz (asm) buyurur: "Sizin en hayırlınız kolu en uzun olandır." Annelerimiz bu hadisi duyunca "acaba hangimiz hayırlıyız" diye kollarının uzunluklarını ölçerler, en uzun kol Sevde validemizde çıkar. O zamana kadar hadisin manasını tam anlamayan annelerimiz Zeynep annemiz vefat edince anlıyorlar ki kolu uzundan murat; "daha çok infak eden, yardım eden, yetişen" manasındaymış. Ve anlarlar ki, bu hadisin muhatabı Zeynep annemizmiş.

Şimdi ince bir meseleye değinmek istiyorum. Zeynep annemiz neden kendisine gelen ganimet karşısında bez parçası ile gözlerini kapatıyor. Çünkü biliyor ki ihtiyaç dairesi, nazar dairesi kadardır. O mal, mülk, ganimet insanın gözüne bir kez girdikten sonra insanın kalbi, duyguları ona kesin meyleder. Burada da Zeynep annemiz bize şu dersi verir: "Asla asla!" der. İlk olarak gözünle iletişimi keseceksin ve daha sonra hayırda acele edeceksin. Çünkü yarın Yusuf'a 100 ₺ götüreyim ihtiyacı vardı diye düşünen insan biraz zaman geçince 50 ₺- 50 ₺ yapayım Yusuf'la Ali'ye bölüştüreyim der. Biraz daha zaman geçse 25 ₺ yapayım da Yusuf, Ali, İdris, Hüseyin'e vereyim der. Sonra bir müddet daha zaman geçer 10 ₺ yapayım da on kişiye vereyim der ve en nihayetinde; "10 ₺ onların ne işine yarayacak, en iyisi para bende kalsın" der ve o parayı kendisi harcar. O yüzden hayır işinde acele etmek, verilenin Allah'tan olduğunu bilmek şarttır. Zaten bunu bilen bir insan ancak Hz. Zeynep gibi davranır ve eli değmeden, gözü ilişmeden parayı infak eder.

HZ. MUHAMMED (sav) HZ. AİŞE (ra) İLE KAÇ YAŞINDA EVLENDİ?

İnsan hayatını biriyle birleştirirken yani kendisine bir refika, bir eş, bir hayat arkadaşı seçerken "yahu bu insan ne kadar güzeldir, ne kadar yakışıklıdır" diye değil, "ne kadar metanetlidir, bu yolda yürünebilecek ne güzel bir yoldaş, ahiret yolculuğunda ve dünya seyahatinde bana mihmandarlık edebilecek ne hoş bir eştir" diye bakması lazım. Zira güzellik, yakışıklılık, gelip geçicidir ama sadakat, omuz omuza yürümek, onunla derdini paylaşabilmek, aynı şeye hüzünlenebilmek ve aynı şeye tebessüm edebilmek, işte bunlar kalıcılığın ta kendisidir. Ama maalesef zamanımızın modern medeniyeti bizleri evliliğe sadece bir ihtiyaçmış gibi baktırıyor. Dışarıda sahile doğru koşan binlerce kişiden oluşan bir topluluk görsek, biz de illa ki "arkada ne oldu, deprem mi oldu, bombamı patladı" diye bir telaşa kapılır ve peşlerine düşer koşarız. Yolun bir yerlerine geldiğimizde içimizden birisi bize dese ki; "ya biz niye koşuyoruz" "valla bilmiyorum ki, önümüzdekiler koşuyor diye koşuyoruz" deriz ve diğer kişilere de sorsak mutlaka aynı şeyi derler. Çünkü böyle bir sürü psikolojisi herkeste vardır.

Dünyada da böyle bir sürü psikolojisi var işte. Doğarsın, büyürsün, okula gidersin, dersler, sınavlar, üniversiteden mezuniyet, meslek hayatı ve en nihayetinde evlilik. Birisi dese ki: "Kardeş biz bunu neden yapıyoruz?" Cevap genellikle: "Vallahi bilmiyorum ki benden öncekiler böyle yapmış, ben de böyle yaptım." olur. En nihayetinde gözümüzü Münker Nekir'in yanında açtığımızda, asıl yapılması gerekenleri unuttuğumuzu anlarız.

Bizde evliliğin şekli ve tarzından ziyade manasında da bir sürü psikolojisi var. İnsanlar bir ihtiyaç gereği, "yalnız kalmayayım, ilerde bana bakacak çocuklarım olsun" diye evlenir olmuş. Hatta bazı insanlara "kaç evladın var" diye sorsanız kız sayısı fazlaysa "ilerde bana bakacak çoktur" der. Hanımı anlatırken de evdeki yemeği, ütüyü, temizliği vs. anlatır. Ama evlilik bu değildir, evliliğin aslı ibadettir. Yani insanın ibadet mantığıyla evlenmesi gerekir ve ibadette meşakkat vardır, bunu da unutmamak gerekir.

Mesela insan sabah namazına kalkarken çok kolay kalkmaz, zorlanır. Hele ki kış vakti dışarı soğuk yorgan sıcaksa, şeytan orada kesin bir fragman çektirir ve insanı sıcak yatağından buz gibi suyla abdest almaya göndermek istemez. Ama tüm bunlara nazaran sabah namazı çok kıymetli bir ibadettir. Çünkü bir ibadetin meşakkati ne kadar yüksekse, kameti kıymeti de o kadar yüksek demektir. İnsan ibadette, oruçta, zekâtta, namazda nasıl bir meşakkat hissederse, evlilikte de aynı meşakkat vardır, zaten evlilik o yüzden ibadet hükmündedir. Ama maalesef modern cahiliyenin dayatmaları sonucu insanlar bazen etraflarına, filmlere, dizilere baktığında çok gereksiz ve asla gerçekçiliği olmayan bir beklentiye girebiliyorlar.

Ufak yaşlarda kendisine beyaz atlı bir prensin geleceğine inanıp onu bekliyorlar. Pembe panjurlu bir ev, sabah kahvaltılarında sürekli gülücükler, sürekli eğlenceli bir evlilik hayal ediyorlar ama böyle bir şey yok. Hayatın olduğu gibi, evlilik hayatının da acısı var tatlısı var. Onun için insan evliliğe ibadet nazarıyla baktığında meşakkat beklemek zorundadır. Meşakkatsiz evlilik isteyenin cenneti beklemesi gerekir. Tüm bu anlattıklarımızı yukardan aşağı sıralayıp bir toplama yaptığımızda ise şu çıkar: "Evlilik akıl işi değil iman işidir." Çünkü bir insan ancak ve ancak sonsuz hayata ve bunun bir karşılığı olan cennete kalben inandığı anda, meşakkatler dağılır ve yerini güzel lezzetlere bırakır. Zira sadece dünya hayatı için bence bir insanın başka bir insanın meşakkatini çekmesine lüzum yoktur.

Bakara suresinde şöyle bir ayet geçer. "O senin yanından ayrılınca yer yüzünde bozgunculuk yapmaya ekin ve nesli yok etmeye çalışır, Allah ise bozgunculuğu sevmez." (Bakara suresi/205) Ayetin beyanına göre, yok etmeye çalışılan iki şey vardır; ekin ve nesil. Yani bizim bu asırda evlilik noktasında tek uğraştığımız şey kendi nefsimiz ve eşlerimizin nefsi değildir. Bir de bozgunculuk yapmaya çalışan şeytanlar ve şeytani akıllı çok insanlar mevcuttur.

Bunu ekranlarda, gündelik yaşamlarda çok görürüz ve bu insanların bozmaya çalıştığı iki şeyden birisi ekin, diğeri ise zürriyetimiz yani evliliğimiz. İstatistiklere özellikle TÜİK verilerine baktığımızda da bunu çok net görebiliyoruz. Son on yıldaki evlilik ve boşanma oranlarına bakınca dersiniz ki bu ne saçma bir istatistik böyle. On yıl önce olmayan rakamların onlarca katı on yıl sonra nasıl olabilir, insanlar boşanmayı bu kadar hızlı bir şekilde nasıl öğrenebilir? Demek bu asırda anlıyoruz ki insanlar evliliği bozmakla, insanı, dünyasını ve dolayısıyla ahiretini bozmayı bir hedef olarak kendilerine misyon almışlar. Allah bu cihetteki bozgunculuktan bizleri muhafaza eylesin inşallah.

Allah Resulü'nün toplam 14 evliliği var. Ve biz bugün bu evliliklerden Aişe annemiz ile olana detaylı bir bakalım. Aişe annemiz Allah'ın sevdiğinin sevdiğidir. Aişe annemizle Efendimiz'in (sav) süreci Mekke'nin sonunda başlar, Medine'nin başlarında hayatları birleşir. Mekke'nin sonlarına doğru Aişe annemiz günümüzdeki nişan gibi Efendimiz'le (sav) sözlenir ve işin devamında Medine'de evlenirler. Hz. Aişe annemizin ablası Esma binti Ebubekir yüz yaşındayken hicretin 73. yılında vefat eder. Hz. Esma hicret vaktinde yirmi yedi yaşında ve Aişe annemiz ablasından on yaş küçüktür. Yani hicret esnasında Aişe annemiz on yedi yaşındadır. Ayrıca Hz. Aişe'nin Hz. Peygamberden önce de Cübeyr ile bir nişanlılık durumu vardır. Demek ki Aişe annemiz Resulullah (sav) ile evlendiği sırada evlenecek yaştadır.[34]

Allah Resulü vefat ettiğinde Aişe annemiz 28 yaşındadır ve Efendimiz'in (sav) vefatından sonra 47 yıl daha yaşayacaktır. Yani takribi 75 yaşlarında vefat etmiştir. Resulullah'ın (sav) Aişe validemiz ile evliliği şerli ve fesat insanların dilinde çok kötü niyetlerle kullanılmıştır. Öncelikle şu kısım çok hayret vericidir ki 1.400 yıl boyunca Efendimiz'e (sav) düşmanlık eden kim varsa ona olmayan her şeyi söylemişler. Nadr bin Haris, Ümeyye bin Halef, ebu Cehil, Utbe bin Rabia, Şeybe bin Rabia gibiler demedik laf bırakmamışlar. Haşa büyücü, sihirbaz, şair, mecnun yani cinlenmiş demişler. İftiralar, hakaretler etmişler, en ufak şeyi hemen insanlar arasında yayalım da insanları ondan soğutalım diye her şeyi kullanmışlar ama Efendimiz'in (sav) Aişe validemizle evliliğini o dönemdeki insanlar bile kullanmamışlar!

Eski rivayetlere baktığımızda Allah Resulü ve Aişe annemizin evliliği ile ilgili en ufak kötü bir cümle göremezsiniz ama şimdiki zamanda fitne fesat çıkaran, insanların aklını karıştırmaya çalışan bir güruh, bir zihniyet bu meseleyi o kadar yanlış bir şekilde anlatarak, insanların aklını bulandırmaya, dessas oyunlar oynamaya çalışıyorlar ki son birkaç on yıldır bu mesele var, öncesinde böyle

34 Hatemü'l-Enbiya Hz. Muhammed ve Hayatı, Ali Himmet Berki, Osman Keskioğlu, s. 210.

bir mesele yoktu. Maalesef meselenin bu ciheti çok üzücü.

Kadınlara ancak asalet ve şeref sahibi kimseler değer verir. Onları ancak kötü ve aşağılık kimseler hor görür. (Hadis)

Biz tarihi bir olayı tahlil cihetiyle anlataraktan yolumuza devam edelim. Efendimiz (sav) 50 yaşına geldiğinde, Hatice annemizin vefatıyla ondan ayrılıyor ve devamında 2 yıl boyunca dul kalıyor. Efendimiz (sav) 52 yaşlarındayken bir gün yanına Havle binti Hâkim geliyor ve: "Ya Resulullah ne var tekrar evlensen." diyor. Resulullah'ın (sav): "Hatice'mden sonra mı?" demesi üzerine Havle: "Evet ya Resulullah Hatice'nden sonra sana destek olur, omuz olur. Evindeki yavrucaklara bir yoldaş olur." diyor. Efendimiz (sav): "Peki Havle senin aklında kim var?" diye soruyor ve Havle: "Ya Resulullah benim aklımda iki kişi var. Biri Sevde'dir, diğeri de Aişe'dir." diyor. Allah Resulü (asm): "Tamam Havle konuş onlar da razıysalar olur." buyuruyor.

Havle gidiyor Sevde annemizin yanına. Sevde annemiz o günlerde takribi 60 yaşlarında ve 6 tane çocuğu olan dul bir hanım. Havle, Sevde annemize durumu söyleyince Sevde annemiz buna çok mutlu oluyor: "Resulullah (sav) beni layık mı gördü?" diye seviniyor ve evlenmeyi kabul ediyor.[35] Ardından Havle, Hz. Ebubekir'e gidiyor. "Ya Ebubekir böyle böyle bir mesele var, nasıl olur?" diyor. Havle, Hz. Ebubekir'e durumu söylüyor yalnız Hz. Ebubekir'in eski zamanlarda Mutim bin Adi diye kabilenin başında çok sevdiği bir arkadaşı var. Hz. Ebubekir daha küçük yaştayken Aişe annemizi oradan Cübeyir bin Mutim'i ile sözlüyor.[36] Tabi Hz. Ebubekir

35 İbni Sa'd, Tabakât 8/58; Buharî, 2/329; Müsned, 6/211.

36 Mevlâna Şibli, Asr-ı Saadet, 2/ 997.

İslam'ı seçtikten sonra o aile: "Biz İslam'ı seçmiş Müslüman olmuş bir gelini evimizde istemiyoruz." diyor ama Hz. Ebubekir sadakatiyle müsemma, sonuçta söz vermiş. Diyor ki benim onlara sormam lazım.

Gidiyor oraya soruyor Cübeyir bin Mut'im: "Biz istemiyoruz." diyor. Hz. Ebubekir'in de zaten istediği o, içi rahatlıyor hemen Havle'ye gidiyor ve: "Ya Havle o sözden döndüler çok şükür, biz razıyız kabul ediyoruz, şeref duyarız." diyor. Tabi bu arada Efendimiz (sav) Hz. Aişe ile evleneceğini evvelinde rüyasında görüyor. Rüyasında Cibril-i Emin beyaz ipeklerle süslenmiş yüzü örtülü birisini getiriyor. "Ya Cibril bu kim?" diye sorduğunda da Cibril: "Ya Muhammed bu senin eşin olacak." diyor ve yüzünü açıyor ki o kişi Aişe annemiz.

Tüm engeller ortadan kalkınca Efendimiz'e (asm) haber veriyorlar ve Efendimiz (asm) 500 dirhem mihrini hazırlıyor Mekke'de nübüvvetin 11. yılı Şevval ayında bugün nişan dediğimiz merasim oluyor. Medine'de hicretin birinci yılında da evlilik oluyor. Allah Resulü Medine'ye hicret ediyor altı ay ebu Eyüp el-Ensari'nin evinde kalıyor. O esnada hem Mescid-i Nebevi hem de hücre-i saadetleri inşa ediliyor. Mescid-i Nebevi'nin yanında hücre-i saadetlerinde iki oda yapılıyor, biri Aişe annemiz diğeri Sevde annemiz için.

Efendimiz (sav) ile Aişe annemizin nikahları, hicretin yedinci ayında Şevval'de kıyılıyor. Önceleri Aişe annemiz iki güne bir onu gördüğü için çok mutlu ama ilerleyen zamanlarda Efendimiz (sav) dokuz hanımıyla aynı anda evlilik gerçekleştireceğinden dolayı artık Aişe annemiz çok sevdiği Allah Resulü'nü, dokuz günde bir görecek ve bunun için sürekli O'nun (asm) hasretiyle yanacak. Aişe annemiz Resulullah'ın (sav) hasretiyle yandığı kadar başka bir hasretle daha yanıyor. Evlat hasreti...

Bir gün Aişe annemizin evlatsızlıktan yüreği yanar: "Ya Resulullah Allah bize vermedi işte evlat." der. Efendimiz (asm) Aişe annemizin kız kardeşi Esma'nın oğlu Abdullah bin Zübeyr için: "Ya Aişe istemez misin Abdullah senin oğlun olsun sen de ümmetin annesi ol." der ve o günden sonra Aişe annemizin künyesi Ümmü Abdullah olur. Bazen insanın hiç çocuğu olmaz ama ümmetin annesi olur, Aişe annemiz gibi. Aişe annemiz bize 2210 hadis rivayet etmiştir. Yani sadece ümmetin annesi değildir, Tâbii'nin imamları da Aişe annemizin medresesinde, tedrisatında yetişmiştir. Bizler bugün Resulullah'ın (sav) hayatı ile ilgili meseleleri, hanımlar kendileri ile ilgili birçok özel meseleyi, Efendimiz'in (sav) ev hayatına dair çok ince meseleleri Aişe annemiz sayesinde öğreniyoruz.

Aişe annemiz evlilik hayatı boyunca Allah Resulü'ne sürekli sorular soruyor. Mesela: "Ya Resulullah; Sen 35-40 yaş arası sürekli nereye gidip geliyordun?" Resulullah (sav), o yaşlar arası sürekli Hira'ya gidip geliyordu ve biz bunu Aişe annemizden öğrendik. Ve yine soruyor: "İyi de ya Resulullah o zaman namaz yok, abdest yok sen Hira'da ne yapıyordun?" Hira taharri kökünden geliyor ve araştırmak demek. Yani Efendimiz (asm) orada çok ciddi bir tefekkür dünyasına dalıyor ve biz bunun gibi ince meseleleri hep Aişe annemiz sayesinde öğreniyoruz.

Dikkat edin hayatın temelinde hanımların oynadığı rol paha biçilmez. Anne olarak, hanım olarak, medresede muallim olarak temel noktalarda birçok rol oynuyorlar. Toplumun temelinde onlar aileyi doğrultunca, toplum düzelip gelişiyor ama onlar bozuldu mu toplum da çok ciddi ifsat oluyor. Yani kadınların oynadığı rol, misyon inanılmaz ve bu yüzden onların muallim olarak rol model alacakları kişinin tam da Aişe annemiz olması gerekiyor. Bizler Aişe annemizi sürekli bir timsal-i şahsiyet gibi görmeli ve olayı sadece kronolojik siyeri öğrenelim de biraz duygulanalımdan kurtarıp, bu meseleleri duygusallık temelinden çıkarmalıyız. Zira siyer ağlayalım ve tarihi bilgiler bizde malumat olsun diye yok. Ortaya timsal-i bir şahsiyet, bir rol model çizilerek, insanlar o rol modele bakıp kendi hatalarını düzeltsinler diye var.

İşte Aişe annemize bu cihetle baktığımız anda evlerimiz, hanımlarımız, annelerimiz, kız çocuklarımız ve toplumun merkezi en güzel noktaya varacak. Bizim Aişe annemize bu cihette ihtiyacımız var. Burada asıl mesele, Aişe annemizin kronolojik yaşantısını, hangi dönem hangi olayları yaşadığını bilmek değil. Esas mesele, tüm bunları okuduktan sonra Aişe annemizin haliyle hallenmek. Çünkü hallenmediğimiz sürece bu bilgiler bir işimize yaramayacak. Yani bu meseleleri okuyunca "ne güzel yaşamışlar" deyip geçecek miyiz? "Nasıl kullanacağız nasıl işimize yarayacak, kendimizi nasıl düzelteceğiz?" mi diyeceğiz.

Bizler Tâbii'nin en büyük imamlarına muallimlik etmiş bir zat olan Aişe annemize, bizim gibi yamuk falsolu insanları da düzeltir nazarıyla bakmak zorundayız. Efendimiz (sav) dünyadaki hayatının son anlarında biraz ateşli biraz da sıkıntılı bir hastalık geçiriyor. O esnada diğer hanımlarından rica ederek son birkaç gününü Aişe annemizin yanında geçirmek istiyor. Allah'ın Sevgilisi, Aişe annemizin dizinin dibinde ve sıkıntılar içerisindeyken: "Ya Aişe biliyor musun beni ne rahatlatıyor?" diyor. Aişe annemiz: "Ne ya Resulullah (sav)" deyince Efendimiz (sav): "Cennette senle olmanın hayali var ya işte beni şu sıkıntılı halden kurtarıyor." diyor.

Miraç görmüş, Allah Azze ve Celle ile Cebrail'in buluşamadığı yerlerde buluşmuş, cennet cehennemi görmüş, kâinat onun yüzü suyu hürmetine yaratılmış olan bir zat, yatakta hastalıklı haliyle eşinden teselli buluyor. Yani biz aile kavramını ne kadar yıprattığımızı şuradaki örnekten bile anlayabiliriz, son anda bile teselli bulduğu yer eşi.

Hicretin 58. yılı Aişe anamız takribi 74-75 yaşlarında ve bu sefer Aişe annemiz ölüm döşeğinde, yeğeni Urve bin Zübeyir yanında ve Aişe annemiz ona sesleniyor: "Ya Urve hatırlar mısın Yemen'den aldığım bir kıyafet vardı hemen bana onu getir. Ölünce Yemen'den aldığım kıyafeti bana kefen eyleyin ve akşam vakti beni Baki kabristanlığına götürürken tabutumun yanından ufak ateşler, meşaleler yakın." diyor. Yeğeni Urve; "Ya Aişe Yemen'den getirilen kıyafeti anladık kefen için ama bu ateş ne içindir?" deyince Aişe annemiz: "Bilmez misin Medine'de gelinler damadın evine gittiklerinde böyle bir adet vardır. Ben de şimdi kabirde Resulullah'ın (sav), hasretini çektiğim o damadın yanına yeniden bir gelin gibi gideceğim, nasıl olur da sen beni tabutumun yanında ateşler yakıp damadına kavuşmayı bekleyen gelin gibi uğurlamazsın." diyor ve böyle bir vasiyetle dünyadan göç ediyor.

Aişe annemiz ile Efendimiz'in (sav) yaşadığı bazı hatıralar var, bu hatıralarda bizim için çok ciddi dersler var. Öncelikle şunu anlayacağız onlar beşere örnek olmak için numune-i imtisal zatlar. Biz Resulullah (sav) ve sahabelerin hayatlarına bakıp örnek alacağız ama bizim onların hayatlarına bakıp örnek almamız için onların evlilik hayatlarındaki acıyı, tatlıyı, arada kahkahayı, arada üzüntüyü de görmemiz lazım. Zira onların evlilikleri de sorunsuz, noksansız, kusursuz değilmiş. Onlar da sorunlar yaşamış, hatalar yapmışlar. Ama onların ettiği hatalarda çok büyük rahmetler var. 1.400 yıl öncesinde gerek evliliklerindeki debdebeli hayatları gerek kavgaları gerek insani yönlerini barındıran öyle hatırlar var ki bu hatıralar, bize hatadan nasıl dönüleceğini gösteriyor, bizlere bu asırda yol oluyor, ışık tutuyor.

Bir gün Hz. Ömer evindeki hanımlara sinirleniyor: "Bu muhacir hanımlar iyice Medinelilere benzedi, ben gideceğim Resûlullah'a şikâyet edeceğim." diyor. Tam yolda giderken bir bakıyor Efendimiz'in (sav) hücreyi saadetinden de sesler geliyor orda da bir tartışma var. "Ya Ömer en iyisi sen geri dön onun işi başından aşkın." diyor çünkü Allah Resulü'nün (asm) aynı şekilde yaşadığı bir evlilik hayatı var.[37]

Bir gün Efendimiz (asm) Aişe annemiz ile tartışıyor ve Aişe annemiz hafiften ses de yükseltiyor. O esnada oradan Aişe annemizin babası Hz. Ebubekir geçiyor ve kapıyı çalarak içeri giriyor. Durumu gören Hz. Ebubekir çok sinirleniyor ve Aişe annemize: "Ey Ebubekir'in kızı." bile demiyor. "Ey filancanın kızı, sen nasıl olur da Allah Resulü'nün karşısında böyle sesini yükseltirsin." diyor ve elini hafiften kaldırıyor. Tam o esnada Efendimiz (asm): "Sakın sakın ya Ebubekir sakın böyle bir şey yapma." deyince Hz. Ebubekir elini indiriyor, müsaade isteyip evden ayrılıyor ve evde bir suskunluk hâkim oluyor.

Allah Resulü (asm) Aişe annemize dönüp böyle bir anda: "Nasıl kurtardım seni kızgın adamın elinden." diyor ve bu söz gülüşmelere sebep oluyor. Çok güzel değil mi? Aradan biraz zaman geçiyor, Hz. Ebubekir yine onların evlerinin önünden geçerken gülüşme sesleri duyuyor ve: "Beni hüznünüze ortak etmiştiniz mutluluğunuza da ortak etmez misiniz?" diye kapılarını çalıyor. Burada bize en büyük ders, Efendimiz'in (sav) hanımına karşı üslubu. "Sen bir Peygamber karşısında nasıl bağırırsın?" dememiş. "Nasıl kurtardım seni kızgın adamın elinden." demiş. Resulullah'ın (sav) hayatı nasıl bir incelik nasıl bir zarafetten oluşuyor.[38]

Aişe annemizin kendi rivayetine göre, kendisinin yemek yapma istidadı pek yok. Bir gün Resulullah (sav) Aişe annemizle iken Safiye annemiz onlara yemek gönderiyor. Efendimiz (sav) uzaktan tepsiyi

37 Zehebî, el-Kebâir, 179.
38 Ebu Davud, Edeb, 84.

görünce: "Safiye mi gönderdi? Safiye'nin yemeği de pek güzeldir." diyor. Aişe annemiz buna hafiften üzülüyor, tepsiye vurunca tepsidekiler yere dökülüyor. Daha sonra Aişe annemiz yaptığından pişmanlık duyuyor.

"Ya Resulullah affet bir yanlış yaptım."

"Affederim ama bunun bir karşılığı var."

"Nedir ya Resulullah karşılığı?"

"Tabağa tabak, yemeğe yemek."

"Ya Resulullah tabak kolay, alırız da yemek nasıl olacak?"

"Onu da gideceksin, Safiye'nin yanında öğrenip birlikte yapacaksınız."

Efendimiz (sav) bu davranışı ile Safiye annemizin incinmesini de tamir etmiş oluyor.

Bir gün Resulullah (sav) ile hanımları yine yemekteler ve yemekte de un helvası var. Sevde annemiz de Aişe annemize hafif dargın. Sofraya oturduklarında Aişe annemiz ile Sevde annemiz arasında şöyle bir vaka yaşanıyor.

"Sevde hadi yemeğe gel."

"Ben gelmeyeceğim.

"Sevde bak sofraya gel."

"Ben gelmeyeceğim."

Aişe annemiz bakıyor Sevde annemiz gelmiyor en son: "Sevde bak sofraya gel beni başka şeyler yapmak zorunda bırakma." diyor. Sevde annemiz yine gelmeyince Aişe annemiz parmağını una batırıyor ve Sevde annemizin yüzüne çalıyor. Allah Resulü, Sevde annemize: "Sen niye duruyorsun, hadi sende karşılık versene."

diyor. Sevde annemiz de elini una batırıp Aişe annemizin yüzüne dokundurunca evde bir gülüşme oluyor. O esnada kapı çalıyor, Hz. Ömer geliyor. Efendimiz (asm): "Çabuk çabuk yüzünüzü silin, Ömer sizi böyle görse anlamaz." buyuruyor. Allah Resulü inceliğiyle, evdeki en kriz dediğimiz olayları bile nasıl yönetmiş, nasıl merhamete, tebessüme çevirmiş hayret verici bir olay hakikaten.[39]

Aişe annemiz bir gece uyanır bakar ki Resulullah (asm) yatakta yok. Eliyle yoklar bulamaz sevdiğini. Ortam karanlıktır, elini yatakta gezdirmeye devam ederken eli Efendimizin (asm) ayaklarına denk gelir. Meğer sabahlara kadar dua etmiş, ümmeti için yalvarıp yakarmış Efendimiz (asm). Daha sonra Resulullah (asm) ibadetini bitirip Aişe annemizin yanına gelindiğinde Aişe annemiz: "Ya Resulullah ben sandım ki başka hanımının yanına gittin." Efendimiz (asm) sadece: "Olur ya Aişe." diye karşılık verir. "Ben bir Peygamberim nasıl böyle düşünürsün." demez. "Olur ya Aişe." der. Böyle bir sabır, böyle bir olumlu davranış hayret verici.

Bir gün de Allah Resulü (asm) yatağa gelmeden önce terliklerini yatağın kenarına koyuyor. Aişe annemiz: "Gece yoksa bir hanımına mı gidecek?" diye düşünüyor ve uyumadan beklemeye başlıyor. Efendimiz (asm) gece uyanıp evden çıkınca hemen Aişe annemiz de peşinden gidiyor. Bir bakıyor Resulullah (sav) Baki kabristanlığında dua ediyor, Rabbine yakarıyor. Aişe annemiz "eyvah" diyor ve hemen koşa koşa geri dönüyor. Efendimiz (sav) eve geldiğinde bakıyor ki Aişe annemiz nefes nefese.

"Aişe sen neredeydin?"

"Bir şey yok ya Resulullah."

"Söyle ya Aişe neredeydin?"

---

39 Bkz. Buhari, Nikah, 106; İbn Mace, Ahkam, 14; Ebu Davud, Buyu, 91; Nesai, İşretü'n-Nisa, 4.

"Bir şey yok ya Resulullah."

"Aişe sen mi söylersin Cibril'den mi öğreneyim?"

Aişe annemiz en son: "Tamam ya Resulullah ben sandım ki sen bir hanımına gideceksin." diyor ve olanı biteni anlatıyor. Efendimiz (asm) durum karşısında sadece tebessüm ediyor. Kâinatın Efendisi'nin bu halleri tam bir büyüklük, ciddi bir yapıcılık, mükemmel bir olgunluk. Tamamen net örnek alınması gereken bir hayat.

Efendimiz (sav), Aişe annemiz su içtiğinde onun su içtiği yerden su içiyor, yemek yediği yerden yemek yiyor ve Aişe annemize sevgisini böyle gösteriyor. Bir de ona karşı çok güzel bir hitabı var. Ayşe annemiz gülünce, utanınca yanakları kızardığı için ona: "Hümeyram." diye hitap ediyor. Bizler sünnet deyince sadece tabak sıyırmayı düşünüyoruz ama Efendimiz'in (sav) bu sevgi dolu hitap sözleri, hanımlarına karşı davranışları da bir sünnettir ve bizim bunları da almamız icap ediyor.

Mesela bugün evli olan insanlara desek ki: "Allah Resulü ile Aişe annemizin hayatını okuduk. Gelin Efendimiz'in (sav) bu sünnetini de yeniden inşa edelim, yaşamaya çalışalım. Resulullah (sav) hanımlarına ne bir kötü söz söylemiş ne de el kaldırmış. Sünnet istiyorsak buyurun bu sünneti yeniden ihya edelim." Kaç babayiğit vardır bu sünneti yerine getirebilecek? Bir gün Aişe annemiz Medineli hanımlara Yusuf kıssasını anlatıyor. Anlattıktan sonra da diyor ki: "Hani Züleyha kendinin suçsuz olduğunu göstermek için 'Yusuf'u siz görün bakalım siz ne hale düşeceksiniz' diye hanımları çağırdığında Yusuf'u da (asm) çağırıyor ve o esnada Yusuf'u gören kadınlar meyve yerine parmaklarını kesiyorlar ya, işte Yusuf'u gördüğünde meyve keserken parmaklarını kesen o hanımlar benim Efendim'i görselerdi O'nun (asm) güzelliği karşısında o bıçakları sinelerine saplarlardı." diyor.

Efendimiz'e (sav) öyle bir düşkünlüğü öyle bir sevgisi var ki Aişe annemiz hissiyatlarını bu şekilde anlatıyor. Peki Allah Resulü, Aişe annemizi nasıl seviyor? Bir gün Zatü's Selasil diye bir seriye oluyor ve o seriyede Hz. Ebubekir ve Hz. Ömer de olmasına rağmen Efendimiz (sav) komutan olarak Amr bin As'ı seçiyor. Amr bin As buna çok mutlu oluyor: "Allah Allah Ebubekir burada, Ömer burada ama Resulullah (sav) beni komutan seçmiş. Demek Allah Resulü beni çok seviyor." diyor. Seriyeyi kazanıyorlar hemen seriye dönüşü Amr bin As: "Ya Resulullah (sav) biz geldik galibiyetle geldik." diye Resulullah'ın (sav) yanına varıyor. Efendimiz (sav): "Hoş geldiniz ya Amr." deyince Amr: "Ya Resulullah sana bir sualim var. Merak ediyorum, senin en sevdiğin kimdir?" diyor. Efendimiz (sav): "Vallahi Aişe'dir." diyor. Amr: "Ya Resulullah o senin hanımındır ben erkeklerden soruyorum." deyince Efendimiz (sav): "Vallahi Aişe'nin babasıdır." diyor. Amr: "Peki ya Resulullah ondan sonra kimdir?" diyor. Efendimiz (sav) bu sefer de: "Vallahi Ömer'dir." deyince Amr: "Ya Resulullah tamam anladım." diyor ve yanından ayrılıyor.

Burada hem çok ince bir mesaj var hem de Allah Resulü'nün Hz. Aişe'ye sevgisi zirve halde. Efendimiz (sav) insanın çok ince noktalarını yakalıyor ve hakikaten insana o kadar değer veriyor ki, onların her ince hareketlerini onlara anlatarak bir sevgi ve saygıyı ifade ediyor.

Efendimiz (asm) bir gün: "Ya Aiş." diyor. Aiş Araplarda Aişem manasında bir sevgi ifadesi. Efendimiz (sav) ona öyle hitap ediyor. "Ya Aiş ben senin bana ne zaman sinirli olduğunu anlarım biliyor musun?" diyor. Aişe annemiz bunu duyunca: "Ya Resulullah, ben ne diyorum da anlıyorsun ne zaman anlıyorsun?" diye sorunca Efendimiz (sav): "Sen ne zaman bana kızgın olsan İbrahim'in Rabbine yemin edersin. Ne zaman bana muhabbetin olsa Muhammed'in Rabbine yemin edersin, ben buradan anlarım." diyor ve Aişe annemiz: "Vallahi ya Resulullah, artık hep Muhammed'in Rabbine yemin ederim diyeceğim." diyor. Efendimiz (asm) evlilik hayatında ne kadar da güzel bu incelikleri görmüş.

Resulullah'ın (sav) "Hümeyra'm" dediği Aişe annemiz bir gün Efendimiz'in (sav) imanla, tevhidle ilgili bir dersini dinlerken Allah Resulü haşri anlatır ve Aişe annemiz ağlamaya tutulur. Nasıl ağlar nasıl ağlar. Efendimiz (sav): "Ne oldu ya Aişe der?" Aişe annemiz: "Ya Resulullah sen böyle ahireti anlatınca ben cehennemi düşündüm ve tir tir titriyorum yok mu bundan bir kurtuluş. Ola ki oraya düşsek, hesapta yanına gelsek ya Resulullah sen bizi mahşerde tanımaz mısın?" diye sual edince Efendimiz (sav) hüzünlenerek: "Ya Aişe üç yer var ki orada kimse kimseyi hatırlamaz ben de seni hatırlayamam." der.

- Mizan'ın yanında ameller tartılırken
- Hükümler verilmiş kişinin amel defteri dağıtılırken
- Sırattan karşıya geçme mücadelesi verilirken, kimse kimseyi hatırlayamaz ben de seni buralarda hatırlayamam ya Aişe.

Efendimiz (asm) diyor ki: "Benim hanemde cennet ehli olmayan bir hanım yoktur." Ne demek bu? Aişe annemizin akıbeti zaten belli. Akıbeti belli olan birisi cehennemi duyunca böyle titriyorken, onun eşi Hatem'ül Enbiya (asm): "Seni bile kurtaramam ya Aişe." derken biz bu güvendiğimiz amelleri alalım başımıza çalalım. Aişe annemiz Tâbii'nin ilim hocası. Efendimiz (asm): "Dinin üçte birini Aişe'den öğrenin." diyor.

İfk Vakası yaşandığında 28 ayetle annemizin iffeti anlatılıyor. Böyle bir zat: "Ahirette beni de mi tanıyamayacaksın ya Resulullah (sav)?" diye sual edince: "Seni de tanıyamam ya Aişe." diye cevap alıyor. Peki neden sahabe bu kadar ızdırap duyarken biz hala ahiretimizden ve akıbetimizden endişe etmeyip sürü psikolojisi ile etrafımızdakiler ne yapıyorsa aynı şekilde onları yapmaya devam ediyoruz?

ÎLÂ HADİSESİ (MUTLAK YEMİN)

"Hasenetü'l ebrar, seyyiatü'l mukarrebin" ebrarların (iyi insanların) (bazı) sevapları, mukarrebler (Allah'a yakın insanlar) için günah gibidir.

Ahmed bin Hanbel zamanında Bişr-i Hafi diye çok kıymetli bir zat varmış. Bu zatın kızları o dönemin geçim kaynağı olarak iplik bükme ile damda uğraşırken bir gün Ahmed b. Hanbel yanlarına gelir. Bunun üzerine kızlar: "Ey imam bir sualimiz var. Müşkülümüzü hallet." derler. İmamın "buyurun" demesiyle Bişr-i Hafi'nin kızları anlatmaya başlarlar. "Bizler damda iplik bükerek geçimimizi sağlarız. Bir gün iplik bükerken bir komşunun ışığı damımıza vurdu. Biz o ışıkla iplik bükmeye devam ettik. Böyle bir iplik bükmenin parası haram mıdır? Bunu bize söyler misin?" deyince Ahmet b. Hanbel hüngür hüngür ağlamaya başlar ve: "Vallahi böyle bir iplik bükme haram değildir ama Bişr-i Hâfi'nin evine o ipliğin parası da girmesin." der.

Neden böyle söyler. Çünkü "hasenetül ebrar, seyyiatü'l mukarrebin" yani iyi insanlar peygamber hanesine yaklaştıkça helaller bile onlara haram gibi olur, hassaslık o denli artar. Resulullah'ın (sav) hayatında da az önce söylediğimiz kaideye benzer bir olay yaşanmış ve bu olaya "Îlâ Hadisesi" denilmiş. Îlâ'nın lügat manası "mutlak yemin"dir. Fıkıh dilinde ise, erkeğin cinsî muamelede bulunmamak üzere hanımına yaklaşmamaya yemin etmesi demektir.

Hicretin dokuzuncu senesi heyetler yılında, insanlar on bin, yirmi bin, otuz bin kişilik gruplar halinde gelip kabile kabile iman ediyorlar, bu insanlardan alınan cizyeler, zekâtlar sonucunda ortaya çok ciddi bir ganimet çıkıyor. Medine zenginleşiyor ama Allah Resulü'nün hayatı değişmiyor. Efendimiz'in (sav) hanımları da haklı olarak: "Zamanında bizden daha fakir olanlar şimdi bizden daha iyi seviyede, bizim üzerimizde ise hala yeni bir elbise yok. Bizim de bir parça rahat yaşamaya hakkımız yok mu? Biz en iyisi bir heyet oluşturalım, taleplerimizi yazalım, birisi sözcü olsun Resulullah'la (sav) konuşalım." diyorlar. Şimdi bizim aklımıza onca ganimetin üstüne peygamber hanımları evler, hizmetçiler istemiştir diye bir sürü seçenek geliyor ama annelerimiz Peygamberimizden bunların hiçbirini değil hanım başı yalnızca birer kıyafet istiyorlar. Hatta rivayet edildiğine göre birisi benim kıyafetim benekli olsun diyor kimisi de benim kıyafetim şu renk olsun diyor.

İstedikleri kıyafetin listesini oluşturduktan sonra içlerinden Aişe annemizi sözcü seçiyorlar. Aradan biraz zaman geçip Aişe annemiz: "Ben hakkımdan vazgeçtim." deyince diğer annelerimiz: "Tamam sen bilirsin ama bizim isteğimizi Resulullah'a (sav) ilet." diyorlar. Aişe annemiz hanımlarının isteğini Resulullah'a (sav) söyleyince Efendimiz (sav) çok üzülüyor ve bu istekten sonra Mescid-i Nebevi'nin yanında meşrebe diye anılan bir çadıra yerleşip bir ay boyunca hanımlarının yanına gitmemeye söz veriyor.[40]

Bu hadise karşısında Medine'de Resulullah'ın (sav) çadırda kaldığını gören herkes hüngür hüngür ağlamaya başlıyor. O günlerde

40 Buharî, 7:230; İnsanü'l-Uyûn, 3:406.

Hz. Ömer, Avali bölgesinde teftişte. Gece vakti Itlan bin Malik, Hz. Ömer'in yanına geliyor: "Ya Ömer! Yetiş ya Ömer!" diye kapıya vuruyor. Hz. Ömer'in aklı o sırada Tebük Seferi'nde olduğu için: "Ne oldu ya Itlan yoksa Medine'yi Gassaniler mi bastı?" diyor. Itlan: "Yok ya Ömer daha kötü, korkarım ki Resulullah (sav) tüm hanımlarını boşadı." deyince Hz. Ömer: "Nasıl olur?" diye şaşırıyor. Nihayetinde Efendimiz'in (sav) hanımlarından birisi onun kızı. Hemen yollara düşen Hz. Ömer, bir yandan da kızı Hafsa annemize gıyabında: "Ya Hafsa ben sana söylemedim mi Ebubekir'in kızı ile yarışma. Allah Resulü Aişe'yi senden çok sever, Ebubekir'i de babandan çok sever." diye söyleniyor.

Hz. Ömer Resulullah'ın (sav) içinde olduğu çadırın önüne gelince kapıda Efendimiz'in (sav) hizmetlisi Rebah ile karşılaşıyor. "Ya Rebah söyle ben Resulullah (sav) ile görüşmek istiyorum." Rebah söylüyor lakin Allah Resulü (asm) bir şey söylemiyor yani görüşmek istemiyor. Üç kez bu vaka tekrarlanıyor. En son Hz. Ömer çadırın önünde: "Ya Resulullah (sav) vallahi Hafsa ile ilgili gelmedim, seni görmeye geldim." diye bağırıyor ve Allah Resulü: "Tamam gel." diyor.

Hz. Ömer çadıra girince gördüğü manzara karşısında gözyaşlarına hâkim olamayıp ağlamaya başlıyor. Efendimiz (sav) ekseriyetle yerde değil sedir boyunda bir yatakta yatmasına rağmen hanımlarını bir ay boyunca terk edip çadıra geçtiğinden bir hasırda yatıyor ve o hasır Resulullah'ın (sav) yüzüne iz yapıyor. Bunu gören Hz. Ömer üzülerek: "Ya Resulullah (sav) kisralar, melikler, yöneticiler, paşalar, saraylarda rahat içerisindeyken, sen ki iki cihanın sultanısın; uzandığın hasır yüzünde iz yapmış, yatacak bir yatağın bile yok." deyince Efendimiz (sav) onu teselli ediyor: "Ey Ömer istemez misin dünya onların, ahiret bizim olsun?" diyor. Hz. Ömer o cümleyi duyduktan sonra rahatlıyor. Allah Resulü hanımlarını boşadı mı boşamadı mı diye çok merak ediyor, ama konuya nasıl gireceğini bir türlü bilemiyor.

Neye fazla meylederse bu kalp, çok geçmeden onunla imtihan olursun.

Hz. Ömer kendi eşini kast ederek diyor ki: "Ya Resulullah (sav) bu Zeyd'in kızı var ya Atiye bint. Zeyd, geçenlerde benden bir şey istedi. Üç kere yok dedim, en son öyle bir yok dedim ki bir daha karşımda konuşamadı." Bu duruma Efendimiz (asm) tebessüm ediyor, Hz. Ömer bunu fırsat bilip: "Ya Resulullah (sav) Allah aşkına söyle, hanımlarını boşadın mı?" diyor. Efendimiz (asm): "Yok ya Ömer boşamadım. Sadece bir ay boyunca evi terk ettim, Îlâ yemininde bulundum." deyince çadırdan "Allahuekber Allahuekber" sesleri yükseliyor ve Hz. Ömer dışarı çıkıp herkese Allah Resulü'nün hanımlarını boşamadığının müjdesini veriyor. Bunu duyan herkesin yüzünde gülücükler açıyor. Yirmi dokuz gün bitince Efendimiz (asm) hane-i sadetlerine geri dönüp Hz. Aişe'nin yanına varıyor ve konuya ilişkin nazil olan Ahzab suresi 28 ve 29. ayetleri okuyor.[41]

"Ey peygamber! Eşlerine şöyle de: "Dünya hayatı ve güzelliklerini istiyorsanız gelin size bir şeyler vereyim sonra da güzellikle sizi serbest bırakayım. Yok eğer Allah'ı, Resulü'nü ve ahiret yurdunu istiyorsanız şunu bilin ki Allah, içinizden güzel davrananlara büyük bir ödül hazırlamıştır.[42]" Efendimiz (asm) ayetleri okuduktan sonra Aişe annemize dönüyor ve: "Ya Aişe bir karar verin. Dünyayı mı istersiniz? Eğer isterseniz ben size ayetin beyan ettiği gibi davra-

41 Buharî, 1:31-33, 6:70; Müsned, 1:33; Müslim, 2:1109-1112; Tirmizî, 5:421; İnsanü'l-Uyûn, 3:404.

42 Ahzab Sûresi, 28-29.

nayım. Yoksa Allah'ı, Resulü'nü ve ahiret yurdunu mu istersiniz? Arzu edersen evine git anne babana danış, onlarla da istişare et ve karar verip gel." diyor. Resulullah'ın (sav) bu hitabı karşısında Aişe annemiz: "Ne istişaresi ya Resulullah (sav) benim tarafım bellidir ben yalnız ve yalnız seni seçerim." diye karşılık veriyor.

Efendimiz (asm): "Ya Aişe peki diğer hanımlar ne söyler?" diye sorunca Aişe annemiz, diğer hanımlar ile aralarında Resulullah'a (sav) muhabbetten kaynaklı ince bir yarış olsa da kendisinin ne kadar adalet ve insaf sahibi olduğunu bir kez daha kanıtlayıp: "Ya Resulullah (sav), ben inanıyorum ve biliyorum ki, onlar da benim tercih ettiğimden başka hiçbir şey istemezler." diyor. İnsafları ve adaletleri inanılmaz bir ölçüde. Rekabetleri var ama adaletleri de var. Adaleti insaf ortaya koyar insafı da kanaat. "İnsaf" kelimesi nısıf ile aynı kökten gelir. "Nısıf" mana olarak yarı yarıya demektir. Yani yüzde elli sen haklı olabilirsin, yüzde elli de ben haklı olabilirim. Bir insan ancak insaflı olabilirse adaletli kalabilir.

Birisiyle bir olay yaşadığımızda; "yüzde elli ben haklı olabilirim, yüzde elli sen haklı olabilirsin" diye insaf ile davranabilirsek ancak adalet doğar. Aişe annemiz burada onun örneğini veriyor. Adaletli davranıyor, çünkü insaflı. Peki insafı besleyen asıl olay nedir? Kanaattir. Bir insan; "Allah bana böyle bir hayatı yaşattı, Allah bana bu gömleği, bu eşi verdi, Allah bana bugünlük kuru ekmek verdi" diye kanaat ederse; o kanaatin sonucunda insaf doğacaktır, insafın sonucunda da adalet muazzam bir şekilde yükselecektir. İşte günümüzde evlilikleri bitiren şeylerin en başında kanaat ve insaf noksanlığı geliyor. Kanaat yok, kanaat olmayınca insaf yok, insaf olmayınca adaleti yaratanın adaletine bile güvenmiyorsun, kaderine iman etmiyorsun ve o evlilikler zir-ü zeber oluyor. Kanaat olmayınca, evlilikte elindekilerle, olduğu kadarı ile yetinemiyorsun, "etraf gibi olayım, birileri gibi gözükeyim" diye borca, faize giriyorsun ve ardından sanki eşinle değil de koltukla, halıyla, perde ile evlenmiş gibi bir hayat sürüyorsun. Ne acı.

Soruyorum size evinizdeki koltuğun size verebileceği mutluluk ne kadar olabilir? Eve yeni alınan koltuk takımları, üç gün sonra, yeni olsa dahi bir anlam ifade etmemeye başlar, o da artık sizin için eskidir. Aklınızda sadece şuraya oturayım da şu işi yapayım olur. Yani üç gün sonra unuttuğun bir şey sana kaç gün mutluluk verebilir ki? "Değer mi dünyayı böyle tartma hamlığına, değer mi ahireti dünya ile tatma hamlığına?" diye kendimize sormamız gerekiyor.

ŞİB-İ EBU TALİP BOYKOT DÖNEMİ

Şu an bu satırlarda siyerden çok ince bir mesele okuyacağız ama ondan önce siyeri bilme noktasında ufak bir ayara ihtiyacımız olabilir. Çünkü bizler siyeri genellikle tarihi malumat sıralamak olarak anlıyoruz. Siyer-i Nebi okurken, tabi ki tarihi malumatın da bir önemi var ama siyer okuması sadece bundan ibaret değil. Siyer okuyan bir insanın anlaması gereken temel mesele; "Efendimiz'in (asm) şahsına, hayatına, olaylara bakış açısına ve oradaki muamelatına bakarak kendi yaşantısını inşa edip o mükemmellikler çerçevesinde kendi eğriliğini o muazzam düzgünlükte düzeltmeye çalışmasıdır."

Biz siyer okumasını sadece birilerine malumat anlatmak, tarihi sıralamayı ezberlemek olarak düşünürsek inanın okuduğumuz şeylerden istifade edemeyiz. Yani bizim okuyacağımız rivayetler, riayetlere tâbi olmaya, amele, muamelata dönüşmezse inanın bu okuduklarımız sırtımıza yüklenmiş, hesap günümüzü biraz daha uzatacak, ağırlaştıracak bir yükten başka hiçbir şey olmaz. Zira Efendimiz (asm) bir yerde üç kez: "Din muamelattır, din muamelattır, din muamelattır." buyuruyor.

Şimdi siyerde asıl amaç rivayetlerin riayete dönüşmesi dedik ve bunu çok iyi yapan güzide bir insan zümresi var. Sahabe-i Kiram.

Bu sahabeler de kendi aralarında ayrılıyor, onlar arasında da bir mertebe farkı var. Kur'an onlara kendi ifadesiyle "sâbikun evvelûn" diyor. Bir rivayete göre hicret öncesine bu vasıf verilmiştir. Yani Mekke dönemindeki zorlukları yaşayan sahabelerin hele hele dört halife Hulefâ-i Raşidin'in fazilet olarak diğer bütün sahabelerden üstün olduğu söyleniyor. Peki sizce onları fazilette üstün kılan nedir? Daha ciddi zorluklara maruz kalmaları ve o sıkıntı imtihanlarını adeta bir kılıcın daha keskin ve güçlü hale gelmesi için sürekli su verilmesi ve dövülmesine benzetebiliriz. Sahabelerin kendi aralarındaki bu derecelendirmeye "tefavüt" yani farklılıklar denilmiştir. Hatta Kur'an'da da dikkat ettiğimizde Muhacir her zaman Ensar'dan önce zikredilir. Kur'an'da bu fazilet farkını konu alan Hadid suresi 10. ayet: "İçinizden fetihten önce harcayan ve savaşanlar ötekilerle bir değildir. Onların derecesi daha sonra harcayan ve savaşanlardan üstündür." der. Zira bir gün şöyle bir olay vuku buluyor. Halid b. Velid, Bilal Habeşi Hazretlerine ufak bir cümle ediyor. Bilal b. Rebah bu cümleyi duyunca üzülüyor ve Allah Resulü (asm) orda Halid b. Velid'i uyarıyor: "Benim ashabıma ilişmeyin. Sizler dağlar cesametinde servet harcasınız onların bir avuç verdiği etmez.[43]"

Halid bin Velid de sahabe olmasına rağmen Efendimiz (sav) ona Bilal-i Habeşi için sahabeme ilişmeyin diyor. Demek ki saff-ı evveli tutan sahabelerde bir fazilet farkı mevcut. Onların fazileti taşıdıkları ağır yükten kaynaklıdır ve Efendimiz'in (sav) hayatına baktığımızda hayatının her anı çok ağır yüklerle doludur.

---

43 Sünen-i EbîDavud 39 bab 10; Sahîh-i Tirmizi, 2165; Kenzul-Ummâl, 32469.

Boykot dönemi

İslam'ın zorlu yıllarında Erkam bin Ebü'l Erkam kendi evini vakfeder ve İslam'ın ilk mektebi oluşur. Resullulah muallim, sahabeler ise talebe... İlk altı yıl bir rivayete göre kırk tane diğer bir rivayete göre ise yüz tane iman eden sahabe vardır. İlerleyen dönemlerde İslam Mekke'nin dışında da yayılmaya başlıyor ve çok fazla insanın dikkatini çekiyor. Hatta Mekke'de bundan dolayı zulümler arttığından Efendimiz (asm) iki ayrı grubu iki kez Habeşistan'a gönderiyor. Bunun üzerine Mekke'de bulunan ekâbir takımı, Kureyşin büyüklerini Amr b. As önderliğinde Habeşistan'a elçi olarak gönderiyor. Amaçları Habeşistan'a gidenleri alıp zulme devam etmek. Habeş kralı Necaşi Müslümanları onlara vermiyor ve gelen Kureyş büyükleri aleme kepaze oluyor.

On bin nüfuslu Mekke'nin ulu kişileriyle yıllarca mücadele eden bir avuç insan var, Efendimiz (asm) ve ashabı. Bu büyükler bir ara sürekli o bir avuç insana madara olmaya başlıyor ve sürekli otoritemizi tekrar nasıl kazanırız diye hesap kitap yapıyorlar. Bu hesap kitabı yaparken Kureyş'in Firavunları defalarca başka başka tokatlar yiyorlar. O dönem en heybetli insanlardan biri olan Efendimiz'in (sav) amcası Hz. Hamza iman ediyor. Bu onlar için ciddi bir kayıp oluyor. Allah Resulü'nü öldürmesi için gönderilen Ömer b. Hattap gittiği evde yani Darü'l Erkam'da tekbir getiriyor. Müşrikler zannediyor ki Muhammed'i öldürdü. Halbuki iman etmiş onun tekbirini getiriyor. Böylece bir kez daha alabora oluyorlar.

Defalarca Allah Resulü'nün bu yoldan dönmesi için ebu Talip'in yanına gidiyorlar ve bir sonuç elde edemeden geri dönüyorlar. Ebu Talip'in yanına gitmelerinden bir iki hatıra anlatalım. Ebu Talip'in yanına bir rivayete göre üç kez, bir rivayete göre daha fazla gidiyorlar ve sürekli: "Bize yeğenini ver, bak böyle olmuyor, bizi sıkıntıya sokuyor." diye müracaatta bulunuyorlar. Hatta birisinde

Halid b. Velid'in babası Velid b. Muğire oğlu Ümare b. Velid'i de yanına alarak gidiyor: "Ya ebu Talip, yeğenin bize çok çektiriyor, müsaade et biz yeğenini öldürelim, bunun karşılığında da oğlumu sana vereyim." diyor. Nasıl bir çaresizlikte kalmışlar ki böyle teklifler sunuyorlar. Ebu Talip onları hiç düşünmeden kovuyor. Başka bir sefer daha geliyorlar ve bu sefer ebu Talip'i çok sıkıştırıyorlar. En son ebu Talip yeğeni Efendimiz'i (asm) yanına çağırıyor: "Ya Muhammed (asm) gel amcanı sıkıntıya sokma dön bu işten." diyor. İşte bizlerin kalbinde çok yer eden şu hadis tam burada söyleniyor: "Ey amcacığım! Sağ elime güneşi, sol elime ayı verseler ben bu davamdan dönmem. Ya Allah bu dini hâkim kılar ya da ben bu uğurda canımı seve seve veririm.[44]" Hatta Efendimiz bunu söyledikten sonra diyor ki: "Herhalde amcam ebu Talip benden himayesini kaldırmıştır."

Mekke'de himaye diye bir olay var. Yani biri sana eman verdiği için Mekke'de rahat yaşayabiliyorsun, Allah Resulü'ne eman veren de ebu Talip, bunun için Efendimiz onun kendisi üstündeki himayesini kaldırdı zannediyor ama dönüp giderken amcası: "Devam et yeğenim ben arkandayım." diyor.

Velid b. Muğire sürekli Allah Resulü'yle bu durumları yaşıyor ve eli boş kalıyor. Bunun üzerine bir dönem psikolojisi bozuluyor. Allah Resulü'nün söyledikleri ve duyduğu ayetler ona çok doğru geldiği halde evine kapanıp hasbilik değil, hesabilik yaptığından dolayı iman edemiyor. Yine aklı karışıyor, bir gün yolda Efendimiz'i (asm) görüyor, Efendimiz (asm) ona birkaç ayet daha okuyunca evine kapanıyor birkaç gün çıkmıyor. Mekkeliler: "Yoksa Velid b. Muğire iman mı etti?" diyorlar. Daha sonra ebu Cehil, Velid bin Muğire'ye gidiyor. Ona fitneleri ile düşmanlığını hatırlatıp evinden çıkarıyor. Böylece Efendimiz'e (asm) tazyikata kaldıkları yerden devam ediyor-

44 Sîretu İbn Hişam, 1/266; İbn Kesir, es-Sîretu'n-Nebeviye, 1/474; Beyhakî, Delail'u'n-Nübüvve 2/63; Taberî, 2/218-220.

lar. Hatta o dönemler Efendimiz artık konuşmasın diye nerede bir ayet söylese yanında çanak çömlek çalıyorlar.

Ardından bakıyorlar baş edilecek gibi değil. Çünkü güneş nasıl ışık vermekten vazgeçmezse Efendimiz'de (asm) aynı cihette davasından vazgeçmiyor, geçiremiyorlar. En son toplanıp boykot yapma kararı alıyorlar. Mekke'nin tamamının, Haşimoğulları ve Muttalipoğullarına uygulayacağı, üç yıl sürecek bir boykot dönemi başlıyor. Sâmi toplumlarda bireysel ceza yoktur. Bireysel ceza olmadığından dolayı bir cephe alınacaksa bütün kavim karşıya alınarak bu cephe alınıyor ve Mekke'nin 7. ile 10. yılı arasındaki üç yıl boyunca aklınızın hayalinizin almayacağı, daha hiçbir gözün görmediği, hiçbir kulağın duymadığı, kalb-i beşere hutur etmeyen bir zulüm başlamış oluyor.

O dönemin Mekkelileri için haram aylardan birisi olan Muharrem ayında Haşimoğulları ve Muttalipoğullarına ciddi manada bir boykot uygulanıyor. Efendimiz'in (sav) 5. göbekten dedesi Kusay var. Kusay'ın oğullarından Abdülmenaf'ın ise dört tane oğlu var. Haşim, Abdüşems, Muttalip, Nevfel. İşte Haşim ve Muttalip eski hayatlarında da sürekli birlikte yaşadıklarından, boykotu da Haşimoğullarıyla Muttalipoğulları birlikte göğüslüyor. Çünkü bu iki kabile tarih boyunca hiç ayrılmamış ve kopmamış. Herkes onlarla selamı sabahı, ticareti, kız alıp vermeyi kesiyor.

Kureyşliler onları bir şekilde rehin etmek, bir şekilde hapsetmek istiyor. Normalde Muttalipoğullarıyla Haşimoğulları farklı yerlerde oturuyor. En son bakıyorlar ki Efendimiz'in (asm) hayati tehlikesi söz konusu: "Biz bir yerde toplanalım" diyorlar. Mekke'nin kuzeyinde Şib-i ebu Talip denilen ebu Talip mahallesinde toplanıyorlar. Bu toplananların her birisi iman etmiş insanlar değil ama iman etsin etmesin hepsi Efendimiz'e (asm) bir şey olmasın diye toplanıyor. Çünkü o dönem Araplarda ciddi bir asabiyet bağı var. O asabiyet bağında değil Efendimiz (asm) onlar için kavimlerindeki çok değersiz biri de olsa onun için bile kılıç çekilebilir. İşte bu sebepten Efendimiz gibi nurefşan birisinin hayatı söz konusu olunca hepsi birden Şib-i ebu Talip denilen ebu Talip mahallesinde toplanıyorlar.

> Sağ elime güneşi, sol elime ayı verseler ben bu davamdan dönmem. Ya Allah bu dini hakim kılar ya da ben bu uğurda canımı seve seve veririm.
> Hz. Muhammed (sav)

Peki Mekkeliler bu iki kabileye boykot uygularken diğer kabilelere neden boykot uygulamıyorlar? Çünkü kalan diğer kabilelere istedikleri zaman istedikleri şekilde zulüm edebiliyorlar onun için onlara boykot uygulamaya gerek kalmıyor. Haşimoğulları ve Muttalipoğulları onların istediği zaman zulüm edebileceği kavimler değil. Sa'd b. ebu Vakkas kendisi Beni Zühre'dendir. Çok çok ilerde birisinin onu zorlaması sonucunda bir hatıra anlatıyor. Sahabeler reklam yapacak insanlar olmadığından başlarına gelen olayı o anda övünme şeklinde anlatmamışlardır. Aradan yıllar geçtikten sonra birinin zorlaması sonucu anlatmışlar. Bizde ise birisi gençlik zamanlarında iki üç yürüyüşe katılıyor altmış yetmiş yaşına kadar onu anlatıyor.

Sa'd b. ebu Vakkas boykot dönemi için: "Açlıktan ne yapacağımızı şaşırmıştık." diyor. Otların arasında yürürken yerde bir deri parçası buluyor. Kızgın güneşin pişirdiği bir taş üzerine o deriyi bırakıyor bir miktar pişiriyor ve günlerce onu çiğnediğini ifade ediyor. Boykot böyle sıkıntılı geçiyor ve o zamanlarda asıl hedefleri Efendimiz'i (asm) öldürmek olduğundan ebu Talip bazı geceler dört-beş kez O'nun (sav) yatağının yerini değiştiriyor, çoğu gecelerde de

Allah Resulü'nün yatağını evlatları ile kendisinin ortasına alıyor. Efendimiz'i (asm) bu şekilde himaye ediyor.

Boykotun ikinci yılında Mekke sokaklarında aç çocukların feryadı bütün evleri dolduruyor. Daha acısı da var, birçok çocuk açlıktan dolayı hastalanıyor ve vefat ediyor. Ama biliyor musunuz? Hiçbir anne vefat etmiş bebeğiyle Allah Resulü'nün kapısına: "Senin yüzünden bu hale geldik." diye dayanmıyor. Çünkü Allah'a öyle bir imanları var ki geçen üç yıl bile onlar için bir şükür sebebi adeta. Allah'a hiçbir şekilde isyan etmiyorlar, hiç "edebiyat" yapmıyorlar. Hatice annemizin Hâkim b. Hizam isminde bir yeğeni var. Hâkim b. Hizam birkaç kez şöyle yapıyor; bir deve alıyor, devenin üzerine yükleri yüklüyor ve tam Şib-i ebu Talip'ten geçerken deveye omuz vurup deveyi onların mahallesinde yere düşürüyor. Böylelikle oradakiler hem devenin üstündeki yüklerden istifade ediyorlar hem de deveyi kesip yiyorlar.

O dönem boykotun başını çeken ebu Cehil siyasi otoritesini arttırmak amacıyla üç yıl boyunca boykotun "kahramanlığını" yapıyor. Hâkim b. Hizam'ı bundan vazgeçmesi için defalarca tehdit ediyor. Boykot zamanı insanlar ellerinde olanı zaten tüketiyorlar, haram aylarda kan dökmek yasak olduğundan dolayı ise alışverişe çıkabiliyorlar. Ama alışverişe çıktıklarında gönüllerince alışveriş yapamıyorlar. Bu kadar hainlik, bu kadar dalkavukluk tarihte görülmemiştir.

Ebu Leheb'i kafanızda şekillendireceğiniz zaman dalkavuk, yalaka, vicdansız bir adam düşünün. O kadar hain ve acımasız ki Darü'n Nedve'den birilerine yaranmak için kendi akrabalarının ölümüne kulaç atıyor. Bu kadar hainlik, bu kadar dalkavukluk tarihte görülmemiştir. Esnafların her birisine "10 liralık malınızı onlara 100'e 200'e satın; eğer zarara girerseniz ben size kefilim bütün zararınızı karşılayacağım" çağrısında bulunuyor. O yüzden

Müslümanlar haram aylarda dışarı çıkıp birkaç parça bir şey alabilseler dahi bu şekilde bu koşullara güç yetirebilecek bir maddi durumları asla söz konusu olmuyor.

O dönem Hz. Hatice ve ebu Talip'in ciddi servetleri var, işte onların bütün servetleri de bu üç yıl boykot zamanı eriyip bitiyor. Hatice validemizin zamanında Mekke'de çıkardığı kervan diğer bütün Mekkelilerin toplanıp çıkardığı kervandan daha büyük, tek başına 500 develik kervan çıkarıyor. Bu servetin bir kısmıyla köleleri azat etmişti, kalan kısmını da boykot zamanı eritiyor. Yani Mekkeli insanlara annelik ediyor. Mekkeli müşrikler boykotu daha ciddi bir alana taşımak için Ehabiş kabilesi isimli paralı askerlik yapan kabileyi satın alıyor ve boykotun şiddetini günbegün artırıyor.

Bir düşünün bu insanlar üç yıl boyunca açlıkla mı uğraşsınlar, müşriklerin o lanet elleri, dilleriyle mi uğraşsınlar, kendi akrabalarından gelen hainlikle mi uğraşsınlar, en sevdikleri gözlerinin önünde eriyor, kimi yavrucaklar şehit oluyor onlarla mı uğraşsınlar, neyle uğraşsınlar? Çok zor bir durum. Normalde Mekke halkı sözlü geleneğe daha alışkın ama boykotnameyi elle yazıp, Kabe'nin duvarına asıyorlar. Neden böyle yapıyorlar? O kadar ciddi hazırlık yapmışlar ki hiç kimse sözünden dönsün istemiyorlar. Araplar, Kabe'nin duvarına çok az şey asar. Mesela başta Muallakat-ı Seb'a dediğimiz onların çok meşhur saydığı şiirleri, altın lafızlarla yazıp asmışlardı. Şimdi de bu boykotnameyi asıyorlar. Kimse sözünden dönmesin, herkese ibret olsun diye. Boykotnameyi Mansur b. İkrime adında bir adam yazıyor ve Efendimiz'in (asm) bedduası sonucunda o elini bir daha kullanamıyor, çolak oluyor. Ama bu müşrik yine de yolundan asla dönmüyor. Boykotnamede dört madde var.

1. Haşimoğulları ve Muttalipoğullarından kız alışverişi olmayacak. (Bu maddeden sonra birçok evlilik sonlanıyor. Hatta ve

hatta Hz. Ebubekir'in kızı Esma annemiz bu boykottan dolayı bir süre evlenemiyor.)

2. Onlarla her türlü ticari ilişki son bulacak. (Mekke bir ticaret yuvasıdır. Bir insan orada ticaret yapamazsa başka hiçbir şey yapamaz. Yani bir insanla ticaret yapma demek, o insanı zaten ölüme bırakmak demek.)

3. Muhammed (asm) teslim edilmedikçe barış yapılmayacak.

4. Onlarla asla hiç kimse beşerî ilişkide bulunmayacak.[45]

Ara sıra boykotu sonlandırmaya çalışanlar oluyorsa da boykotun başını çeken ebu Cehil onları ciddi manada tehdit ediyordu. Ebu Cehil'in boykotun başını çekmesinde hem haset hem de ciddi bir alana hâkim olma isteği var. Çünkü zamanında Mekke'nin bütün önemli işlerini yapan Haşimoğullarıydı. Mesela oraya gelen hacılara yemek dağıtma vazifesi olan "rifade" ve su dağıtma vazifesi olan "sikaye" Haşimoğullarındaydı. Ebu Cehil ve ailesi bunu bir türlü sindiremiyordu, boykot başlayınca Haşimoğulları bu vazifelerden uzak kaldı. Ebu Cehil onların prestijinin üzerine kendisi bir prestij inşa etmek istiyordu. Amacı ise Mekke'nin siyasi otoritesini tek başına ele almak. Hatta ebu Cehil boykot zamanı yaptığı zulümlerden aldığı prestijden dolayı Bedir'de müşriklerin başına geçiyor.

Boykot yapan müşrikler arasında ise beş tane Kureyşli var ve bunlar vicdanlı. Bu müşrikler aralarında konuşmaya başlıyorlar: "Bu kadar da zulüm olur mu? Akraba akrabaya bunu yapar mı? Çocuklar yiyeceksizlikten ölüyor." diyorlar. Daha sonra bu müşrikler aralarında biz bu halde ne yapabiliriz diye konuşa konuşa en son şöyle bir fikre varıyorlar: "Biz bu düşüncemizi Darü'n Nedve'de Kureyş'in ekâbir takımının yanında söylemeye başlayalım. Her birisini ayak-

45 İbni Hişâm, Sîre, 1/375; İbni Sa'd, Tabakât, 1/208-209; Belâzurî, Ensab, 1/229-230; Taberî, 2/225.

landıralım bu şekilde taraftar bulalım." Dediklerini yapmaya başlıyorlar ve her birisi fikir birliği ediyor. Merhum Muhammed Hamidullah: "Boykot döneminde Mekkeli müşriklerin de ticareti yarı yarıya indiğinden dolayı onlar da bu iş bitsin istiyordu." diyor. Yani işin hem vicdana bakan bir kısmı var hem de ticarete bakan başka bir kısmı var.

"Andolsun ki sizi biraz korku ve açlıkla, bir de mallar, canlar ve ürünlerden eksilterek deneriz. Sabredenleri müjdele."
Bakara Suresi 155. Ayet

Onlar böyle yapınca ebu Süfyan olayı anlıyor "burada bir tezgah var" diyor ama o da vicdanlı bir insan olduğundan ses etmiyor. Hal böyle olunca Kureyşliler zulmün kaldırılması kararını alıyorlar. Tam zulmün kaldırılmasını ilan edecekleri zaman Efendimiz (asm) amcasının yanına geliyor ve: "Amca bana haber geldi. Git o müşriklere de ki; Boykotnamenin tamamı kurtçuklar tarafından yenmiştir. Sadece Bismike Allahümme lafzı hariç." Ebu Talip yeğenine sorgusuz sualsiz inanıyor. İman etmemiş ama Efendimiz'in (sav) her dediğine inanmış. Alıyor yeğenlerini o tarafa gidiyor. Müşriklerle karşılaştıklarında bir ümitle: "Yoksa ebu Talip eman dileyip Muhammed'i bize vermeye mi geldi?" diye düşünüyorlar. Ebu Talip: "Böyle böyle bir durum var, yeğenimden haber geldi." deyince: "Nasıl, böyle bir şey olabilir mi?" deyip Kabe'ye gidiyorlar, olay tam Efendimiz'in (asm) söylediği gibi vuku bulmuş. Ondan sonra üç yıllık çileli boykot dönemi son buluyor.[46]

46 İbni Hişâm, Sîre, 1/16-17; İbni Sa'd, Tabakât, 1/209-210.

Boykot zamanı Efendimiz (asm) müşriklere karşılık verseydi olmaz mıydı?

Efendimiz, hicretin 6. yılında yapılan Hudeybiye Barış Anlaşması'nda bir arıza çıktığında Süheyl b. Amr'ın oğlu ebu Cendel'e müsaade vermiş: "Tamam sen dağlara çık kervanların önünü kes." demişti. Aynı şekilde boykottaki Müslümanlara da: "Tamam bulduğunuzu bulduğunuz yerde öldürün." deseydi olmaz mıydı? Eğer olacak olsaydı bunu Resulullah (asm) tabi ki de bizden iyi bilirdi. Demek olmazmış ki dememiş.

Peki Resulullah (sav) böyle demeyerek bize burada neyi gösterdi? Sabrı gösterdi. Kimler dayanabilecek, kimler ham, kimler has bunları gösterdi. Vefa nedir, bir davaya girdikten sonra çıkmamak, sebat etmek, dişini sıkmak, nefsini her gün susturabilmek, irade kullanmak nedir hem kendisi hem ashabı bize bu yolu gösterdi. İman dediğimiz, sıkıntıların beşiğinde sallanarak büyür, gelişir ve Efendimiz bize tam da bunu öğretti. Ve o dönem bu zulmü gören birçok insan şunu da gördü; küfür ne kadar zalim, iman ne kadar merhametli. Her birisi bu ayrımı yapabildiğinden birçokları ileriki dönemlerde iman etti. Efendimiz'in (asm) sürekli yanında olan Haşimoğullarından ve Muttalipoğullarından o an iman etmemiş olanların birçoğu da ilerde iman edecekti. Çünkü iman nasıl bir şey bunu anlatarak değil, gözleriyle görmüş, yaşamışlardı.

Şimdi o muhasara yıllarını ben şöyle değerlendiriyorum. Hani aynı anda bir kavak bir de çınar ağacı dikersin. Kavak bir anda hızla uzar, belki bir yılda üç metre olur ama çınar ağacı bir yılda bir metrede kalır. Çünkü çınar, satıhta bir metre olsa da, toprağın altında görünmeyen yerde köklerini çok daha derinlere raptediyordur. Bakın imanın tarifi böyle bir şey. Aradan yıllar yıllar geçer kavak aynı uzunluğunda ve inceliğinde kalır ama o çınarın cesameti, büyüklüğü, heybeti genişler hem de boyu o kavağı çok geride bırakacak seviyeye ulaşır. Yani boykot dönemine baktığınızda belki şunu düşünebilirsiniz; Müslümanlar tebliğ edememiş, irşat yapamamış, sahabe bir şey anlatamamış, Efendimiz (asm) insanlara rahat ulaşamamış ama bu toprağın görünen yüzü, toprağın görünmeyen yüzünde bin dört yüz yıl sonraya mesaj bırakabilmek için o ağaç en derinlere kadar sabır ile sebat ile vefa ile kök salmış.

İnanın bize buradan çıkacak en büyük ders, vefa dersi olsa gerek. Boykottan ötürü ebu Talip tükenmiş, zaten kendisi piri fani bir ihtiyar, en son yatağa düşüp hasta olmuş. Efendimiz'in (asm) onu daha sık ziyarete gittiğini gören Kureyş'in büyükleri ise "aman bir şey olur da Muhammed (sav) onu iman ettirir" diye ebu Talip'in yanından ayrılmamış. Efendimiz (asm): "Amcacığım senden tek bir kelam istiyorum başka hiçbir şey istemiyorum." deyince ebu Cehil bile sevinip: "İyi, bunun derdi bir kelime ise biz bunu çözeriz." demiş. "Ne istiyorsun?" diye sorduklarında Efendimiz kelime-i şehadet getirmesini istemiş. Onlar çıldırıp: "Nasıl olur? Şimdi birçok Tanrı'nın gücünün tek Tanrı'da olduğunu mu iddia ediyorsun?" demişler.

Bakın bizim burayı iyi anlamamız lazım. İşte bu tam bir müşrik kafasıdır. Bu kafa bir güç olduğunu anlamış. Sağlık vermek sağlığı yaratmak bir güç, çocuk vermek çocuğu yaratmak bir güç, mutluluğu, huzuru yaratmak bir güç, bunu anlamışlar ama: "Bunların her birisi bir Tanrı'da nasıl olur? Bunlar birçok Tanrı'nın işi." demişler. Aynı kafa günümüzde de var. Biliyorlar ki mutluluk bir yerden geliyor ama Allah'tan bilinmiyor. Gittikleri makam kapısından biliniyor. Biliyorlar ki sağlık bir yerden geliyor ama kişi bunu tek bir Allah'a bağlayamadığından başka kapıya gidiyor. Biliyor ki huzur bir yerden geliyor ama tevhide bağlayamıyor, eş, iş, makam başka kapılardan biliniyor.

Şimdi günümüzdeki bu zihniyetlerin geçmişteki müşrik zihniyetten ne farkı var? Efendimiz (asm) amcasına tekrar telkinde bulunuyor: "Amcacığım iman et, ben de sana yardımcı olayım." deyince ebu Talip: "Ben biliyorum ki dediklerin doğrudur ama Mekke'nin büyükleri bana güler, ben peşinden gelemem." diyor ve son nefesini bu şekilde veriyor. El ne der, el alem ne der putu ebu Talip'in ocağını söndürüyor. El alem ne der, etraf ne der diyeceğimize hiç diyemedik ki el-Âlim olan Allah ne der? Ne ocaklar söndürdü bu put bir anlasak.

Vefat edeceği sırada yanında olanlardan biri olan İbni Abbas: "Ya Resulullah ben amcanın dudaklarından seni razı edecek sözün çıktığını duydum." diyor ama Efendimiz (asm): "Ben o sözü duymadım ama Allah beni istiğfardan men edene kadar amcam için istiğfar edeceğim." buyuruyor.

Sebebi nüzul alimlerimiz de: "Sen sevdiğine hidayet edemezsin." ayetinin bu olay üzerine indiğini bu ayetten sonra Efendimiz'in (asm) amcası için istiğfar ettiğine veyahut amcasını hayırla yad ettiğine bu cihette şahit olmadık diyorlar.[47]

Risale-i Nur'da da Said Nursi Hazretleri, bu bahsi ele alıyor oradan da anlıyoruz ki ebu Talip imanlı gitmemiştir. Ekser görüş bu şekilde. Üstad'ın olayı ele alışı oldukça farklıdır. Üstad Hazretleri, ebu Talip için: "Ebu Talip'in, inkâra ve inada değil, belki hicab ve asabiyet-i kavmiye gibi hissiyata binaen makbul bir iman getirmemesi üzerine, Cehenneme gitse de yine Cehennem içinde bir nevi hususî cenneti, onun hasenatına mükâfaten halk edebilir. Kışta bazı yerde baharı halk ettiği ve zindanda, uyku vasıtasıyla, bazı

---

47 Bkz. Buhari, Cenaiz,80, 102; Menakıbu'l-Ensar, 40; Tefsir sureti 28; Müslim, İman,39; Nesai, Cenaiz,102; İbn Hanbel, 5/33.

adamlara zindanı saraya çevirdiği gibi, hususî cehennemi, hususî bir nevi cennete çevirebilir." diyor. Muazzam ifadeler.

O günlerde Efendimiz (asm) amcasının acısıyla eve kapanıyor birkaç gün evden çıkmıyor ama aradan üç gün geçtikten sonra bir haber daha geliyor can yoldaşı Hatice'si de vefat etmiş. Nasıl bir hüzündür bu. O yüzden Mekke'nin 10. yılına "hüzün yılı" deniyor ve bu ifadeyi Allah Resulü bizzat kendisi kullanıyor. Hatice annemizin vefatı Ramazan'ın 27. gecesi olan Kadir Gecesi oluyor. Hira'da bir gece Cibri'l-i Emin'den Muhammed'ül Emin'e o mübarek Kadir Gecesi'nde vahiy geliyor. Allah Resulü vahyi alır almaz ilk sığınağı, ilk limanı olan Hatice'sine koşuyor ve: "Zemmiluni zemmiluni!" ört üstümü ört üstümü, diyor. Şimdi kadere bakın ki üstünü örtme sırası Efendimiz'e (asm) geçiyor ve mübarek canından öte sevdiği Hatice'sinin bu sefer üstünü Allah Resulü (asm) örtüyor.

Vefatından önce Efendimiz çok üzülüyor: "Sana bir gün yüzü gösteremedim Hatice'm." diyor. Annemiz ise: "Senin yanında yaşadığım her gün benim için en güzel gündü ya Resulullah." diyor. Başka bir ifadede Allah Resulü (asm): "Ben Hatice'min sevgisiyle rızıklandırıldım." buyuruyor. Nasıl muazzam bir ifade, nasıl akıl almaz bir sevgi. Hüzün yılında Efendimiz (asm) Hatice'sini kaybediyor ama hüzün yılı diye, dertli diye müşrikler hiçbir zaman durmuyor. Bu olaylar daha sıcakken Efendimiz (asm) sokağa çıkar çıkmaz bir densiz, bir bahtsız, bir kendini bilmez yerden aldığı toprağı Allah Resulü'nün yüzüne vurmaya devam ediyor.

Vefa

Boykotun en önemli meselesi vefaydı. Şimdi size vefa ne demek derin derin bunu anlatacağım. Allah Resulü'ne uygulanan boykotu kaldırmak için vicdanı rahatsız olan beş tane müşrik vardı. Bunlar o boykotun kaldırılmasında öncülük etmişti. Onlardan bir tanesi

Ebul Bahteri b. Hişam. Bu ismi unutmamamız lazım. Günlerden Bedir yani 13 yıllık Mekke dönemi bitmiş, 10 yıllık Medine serüveninin 2. yılına gelinmiş, Bedir'de Müslümanlar 313 kişi. Müşrikler ise 900 küsur kişi. Bir insan bile ne kadar kıymetli...

Efendimiz (asm) sahabelerine bir liste veriyor, listede bazı isimler var ve diyor ki: "Bu listedeki isimlere dokunmayacaksınız." 313 sahabeden 200 küsuru Ensar. Ensar'dan olan sahabeler olayı bilmediklerinden merak ediyorlar: "Ya Resulullah bu liste nedir? Bu insanlara neden dokunmayacağız?" deyince, Efendimiz şöyle diyor: "Muhasara günü gösterdikleri vefadan dolayı onlara dokunmayacağız." O isimlerden bir tanesi Ebul Bahteri b. Hişam.

Savaş alanı, sahabeler can hıraş bir şekilde mücadele ediyorlar ve mücadele ettikleri kişilerden yüzleri tanınmayanlar olduğunda, birbirlerine soruyorlar: "Bu kişi dokunulmazlar listesindeki kişilerden mi?" Mücezzir b. Ziyad isminde bir sahabe efendimiz tanımadığı birine denk geliyor, soruyor ve bakıyor ki o kişi dokunulmazlık listesindeki kişilerden Ebul Bahteri b. Hişam. Yüzünü çeviriyor bir daha karşı karşıya geliyorlar, bir daha yüzünü çeviriyor, bir daha bir daha derken en son Ebul Bahteri soruyor: "Ne oluyor da benden yüzünü çeviriyorsun, niye benle kılıç kılıca vuruşmuyorsun?" Mücezzir ona: "Resulullah (asm) sana dokunmayı bize yasakladı" diyor. Ebul Bahteri'nin o dönem uyguladığı vicdanı bu sefer yerinde değil, buna daha çok kinleniyor daha çok öfkeleniyor ve: "Böyle olmaz!" diye Mücezzir'in üzerine hamle yapınca Mücezzir mecbur kalıp vurup onu öldürüyor.[48]

Bu nasıl bir vefa örneğidir? Sana yapılan iyiliği bir cihat alanında dahi olsa unutmamanın adı vefadır ve biliyor musunuz imanın adı vefadır. Zira hadiste: "Ahde vefa imandandır." diye geçer. Bir savaş

---

48 Taberî, Tarih II, 323; İbnü'l-Esîr, el-Kâmil, II, 42; İbn Kesîr, el-Bidâye, III, 85.

alanında, bir müşrike karşı vefa sunan Allah Resulü'nün ümmeti bugün kendi arasında bu kadar vefasız mı olmalıydı? Kendisine yapılan iyiliği unutmalı mıydı? Kapıları çarpıp çarpıp sırtını dönüp gitmeli miydi? Böyle olmamalıydı. Bir müminin hiç vazgeçmeyeceği azığının vefa olması lazımdı.

Bakın hamisi olan ebu Talip'i kaybediyor, hamiyesi olan Hatice annemizi kaybediyor ama Allah Resulü (asm) ve yanındaki ashabı mücadeleden bir an olsun geri dönmüyor. İrtidat eden, geri adım atan bir tane sahabe söz konusu değil. Hatta ve hatta size bir isim söyledim Mansur b. İkrime, eli kullanılmaz halde olsa da Allah Resulü'ne karşı küfründen bir adım geriye dönmemiş. Bulduğu hayır kapısından dönen herkesin kulakları çınlasın.

Ben tüm bunları kalplerimiz çatlasın diye anlatıyorum. Küfür sahibi insanlar küfründen dönmezken; iman sahibi insanlar, bu hakikat yolunu bulanlar ama bulmamış gibi davrananlar, görenler ama görmemiş gibi davrananlar, tadanlar ve tatmamış gibi davrananlar nasıl bu yolu bulduğu halde dönebiliyorlar? Bu asır felaket asrı diye geçiyor. Asrı felakete bu şekilde hitap edilmesinin sebebi, bu asrın görünen yüzü değil. Çünkü görünen yüzünde herkes mutlu, tatilde, piknikte, huzurlu, gülüyor ama toprağın altına, işin hakikatine bakıldığında hepimiz çok ciddi istikamet problemi yaşıyoruz. Şöyle derler: "Tekkeyi bekleyen, çorbayı içer." Biz bekleyemiyoruz, biz nefsimizin isteklerini bastırmayı, şeytanın konuştuklarını susturmayı bir türlü öğrenemiyoruz. Şıpsevdiler gibi "aman burada bulamadım bir de şurayı deneyim, aman bu kapıda göremedim bir de şu kapıyı deneyim" diyoruz.

Bir bakıyoruz aradan on yıl, yirmi yıl geçmiş elimiz boş, gözümüz yaşlı öylece kalmışız. Neden oluyor bunlar? Vefanın ne olduğunu anlayamamaktan, Bedir'de müşrike karşı vefa sunan Allah Resulü'nün asıl mesajlarını okumayıp, diğer başka meselelerle oyalandığımızdan, kendimizi kandırdığımızdan. Bizler okunması gereken bu mesajları bir türlü okuyamıyoruz; bulduğumuz hakikat yollarından ufacık meseleler için döner hale geliyoruz. Bu ders bir vefa dersidir.

Üç yıl boyunca boykota göğüs geren sahabe efendilerimizden bir tane geri adım atan, vazifesini bir an geri bırakan yoktur. Bu din hep gariplerin eliyle yükselmiştir, bundan sonra da gariplerin eliyle devam edecektir ve Allah Resulü'nün ifadesiyle: "Tûbali'l gureba, müjdeler olsun o gariplere!" Varın siz de bu dünyada biraz garip olun, biraz kimsesiz kalın, biraz öksüz yetim olun, varsın en yakınınız sizleri anlamasın; siz de merhum İbrahim Hakkı Hazretleri gibi dersiniz ki: "Beni anlayan uzağım da olsa yakındır, anlamayan yakınım da olsa uzaktır."

TAİF

Bir gün felçli bir hastanın da içinde bulunduğu hastanede yangın çıkmış, hemşireler yangının korkusuyla kaçıp giderken bütün odalara girip: "Hastane yanıyor görmüyor musunuz? Kalkıp kaçsanıza!" diye bağırmaya başlamışlar. İçlerinden birisi de felçli adamın odasına girmiş ve aynı şekilde bağırmış: "Kaçsana be adam hastane yanıyor, görmüyor musun?" Görmez olur mu hiç, kaçması gerektiğini bilmez olur mu? Elbet biliyor ama ne çare, felçli vücudu onu yerinden kaldırmıyor. Beyni kaçmalısın diye sinyal gönderiyor ama elleri, ayakları, sinir hücreleri o sinyalleri tamamen reddediyor.

Bizde aynı o felçli adam gibi bir hale düşmüşüz ve bizi bu hale düşüren en ciddi sebep korkularımız! Halid bin Velid der ki: "Korkakların evi yıkılsın." Bizlerin ulaşacağı çok fazla gönül, kapı kapı dolaşmamız gereken çok fazla menzil var ama bizler rahatımız bozulur diye korkuyoruz. Adeta felçli tavuk gibi İslam uğruna hareket etmekten geri durur hale düşmüşüz. "Rahatımız bozulur, istikbalimiz inkıta uğrar, evimizin huzuru kaçar." diye peygamberlik vazifesini eda etmekten, gönüllere girmekten, evlere ulaşmaktan korkar olduk.

Peygamber Efendimiz (sav) altı çocuğunu kendi elleriyle toprağa veriyor ama acılarına ve korkularına yenilip evde hapis kalmıyor.

Zeyd bin Harise'yi yanına alıp: "İslam'ı mayalayabileceğim bir yurt, bir yuva daha bulabilir miyim?" diye Taif'e gidiyor. Bizlerse evden Allah kelamının konuşulduğu, farz hükmünde olan iman dersinin anlatıldığı sohbet meclislerine gelirken üşeniyoruz. Neden böyleyiz, bizi bu üşenmeye iten sebepler neler? Hangi korkularımız? Hangi endişelerimiz? Efendimizin peygamberliğinin onuncu yılıdır ve bu hüzün yılında Allah Resulü gönlümün rızkı dediği Hatice'si ile onu her daim koruyup kollayan amcası ebu Talip'i kaybeder. Ve böyle bir yılda Mekke'deki müşrikler Efendimiz'e öyle bir hücum ederler ki, Efendimiz bir ara artık İslam'ı tebliğ edemez hale gelir.

Bir çıkış yolu arayıp "ne yapayım" diye dertlenirken bir gün Zeyd bin Harise'yi de alıp Taif'e doğru gider. Çünkü orada Efendimiz'in (sav) Sakif kabilesinden dayı oğulları vardır. Taif Mekke'ye 120 km uzaklıkta, bağları, bahçeleri ile meşhur bir beldedir ve Efendimiz oraya Zeyd bin Harise (ra) ile yürüyerek gizlice gitmiştir. Peki Efendimiz Taif'e, onca sıkıntılı insanın arasına, neden Hz. Ali, Hz. Ömer gibi kendine daha güç katacak kişilerle değil de Zeyd bin Harise ile gitmiş? "Şayet olur da orada başıma bir iş gelirse onlar arkada kalsın ki davamızı devam ettirsinler." diye düşünmüş ve Ömer, Ali, Osman gibi sahabeleri yanına almamış, geride bırakmıştır.

Allah Resulü oraya gittiğinde Sakif kabilesinin büyükleriyle 10 gün boyunca oturur ve onları: "Gelin şu şirkin, küfrün bataklığından kurtulun." diye İslam'a davet eder. Sakif kabilesinin büyükleri ise Efendimiz'i reddetmeyi bırakın, O'na (sav) o kadar küstahça cümleler ederler ki... birisi der: "Allah bula bula peygamber diye seni mi buldu? (Haşa!)" Bir başkası: "Allah göndere göndere Abdülmuttalip'in yetimini mi peygamber gönderdi? (Haşa!)" Bir diğeri ise o dönem için çok büyük bir yemin olan: "Sen peygamber isen ben de Kâbe'nin örtüsünün hırsızıyım.[49] (Haşa!)"

Efendimiz'in (sav) yaşadıkları ile kendimizi bir kıyaslayalım. Allah'ı anlatabilmek için hiç böyle hakaretlere maruz kaldık mı? Bizler bırakın İslam'ı anlatmak için yol gitmeyi, "yanımızdaki insan ne der, ticaretimiz bozulur mu" diye Allah'ı anlatmayan insanlarız. Dükkân bırakamıyoruz dükkân! Taş yemek nerede? Efendimiz Sakif kabilesinin büyüklerine diyor ki: "Sizden rica ediyorum bari size geldiğimi ve bu anlattıklarımı hiç kimseye anlatmayın." Küfrün ve şirkin bataklığına saplanmış adamlar anlatmadan dururlar mı hiç? Durmuyorlar.

Efendimiz dışarı çıkar çıkmaz Taif'te ne kadar serseri ve çocuk varsa 3,5 km boyunca hepsine Efendimiz'i taşlatıyorlar. Zeyd bin Harise ellerini açıyor ve Resulullah'a (sav) siper olmaya çalışıyor. O esnada vücuduna gelen taşlardan değil de Efendimiz'e (sav) isabet eden taşlardan dolayı acı çekiyor "nasıl ben bu taşa siper olamadım" diye. Efendimiz'in (sav) ayakları kan revan içinde kalıyor, üç buçuk kilometreyi bitiremiyor. Birçok yerde, sık sık zaman oturmak zorunda kalıyor.

O kışkırtılmış, iğfal edilmiş serseriler ve çocuklar O'nu (sav) zorla ayağa kaldırıyorlar ve taşlamaya devam ediyorlar. Allah Resulü, Allah'ı anlatmak için taşlanıyor bizler dışarıda gözümüzü haramdan alamıyoruz. İş yerinden sohbet meclislerine gelemiyoruz. Bir ara Efendimiz nefes alamaz hale geliyor ve Taif'te bir üzüm bahçesi buluyor. Hemen kendini Zeyd bin Harise (ra) ile birlikte o üzüm bahçesine atıyor.

49 İbn Hişam, es-Sire,1/419; Özet halde görmek için bk. İbn Kesir, es-Siretu'n-Nebeviye, 2/152; el-Mevahibu'l-Leduniye,1/158; İbn Hacer, Fethu'l-Bari, 6/315.

Ellerini Rabbine açıyor ve bir münacatta buluyor: "Allah'ım güçsüz kaldığımı, çaremin tükendiğini, insanların beni hor gördüğünü Sana şikâyet ediyorum. Ey merhamet edenlerin en merhametlisi Sen gerçekten merhamet edensin, beni kime bıraktın, beni bir yabancının eline mi ittin yoksa bana zülüm edecek bir düşmanın eline mi saldın beni ey Allah'ım. Allah'ım, Sen'den bana bir gazap gelmesin de ben bu başıma gelenlere razıyım. Yine de Sen bana afiyet verir bu dertlerden beni kurtarırsan bunu da hoş karşılarım. Ey Rabbim görevimi yapamadım diye Sen'den bana bir gazap inecek, başıma bir felaket gelecek olursa ben yine Senin dünyayı ve ahireti aydınlatan yüzünün nuruna sığınırım. Beni himaye edecek sensin Allah'ım. Sen bu görüntüden hoşnut isen benim hiçbir şikâyetim yoktur. Zaten Sen'den başka hiçbir güç ve kuvvetim de yoktur Allah'ım.[50]"

Efendimiz (sav) Allah'a ettiği münacatta asla başkalarına bir beddua da bulunmuyor. Kendi nefsinden başka hiçbir şeyi şikâyet etmiyor. Biz başımıza ufacık bir iş, Allah'ın ihlasımızı ölçmek için yarattığı, ne kadar samimi olduğumuzu ortaya çıkarabilecek bir imtihan gelse orada bile bütün suçları dışarıya atarken Efendimiz'in (sav) nefsinden başka şikâyet ettiği hiç kimse ve hiçbir şey yok.

Taif'te Efendimiz'in (sav) yorulunca sığındığı üzüm bağının sahipleri Utbe bin Rabia ve Şeybe bin Rabia denen ebu Cehil meşrebinden iki alçak insan. Utbe ve Şeybe Mekke'de Efendimiz (sav) Kabe'de namaz kılarken O'nun (sav) üstüne deve işkembesi bırakıp köşede kahkahalarla gülen altı kişiden iki tanesi. Üzüm bahçelerinin sahibi bu iki kardeş, Efendimiz'i (sav) Taif'te o halde görünce üzülüyor ve köleleri Addas ile Efendimiz'e (sav) yesin diye bir kase üzüm gönderiyorlar. Efendimiz (sav) üzümü ağzına atarken: "Bismillah." diyor. Köle Addas: "Allah, Allah bu nasıl bir söz daha önce

50 İbni Hişâm, Sîre, 2/61-62; İbni Sa'd, Tabakât 1/212.

hiç duymadım." diye şaşırıyor. Efendimiz (sav): "Ey Addas sen nerelisin?" diye soruyor. Addas: "Ninovalıyım." diye cevap verince Efendimiz (sav): "Desene sen Yunus bin Metta'nın hemşehrisisin." Addas şaşırıyor: "Sen Yunus bin Metta'yı nerden biliyorsun?" diyor. Efendimiz (sav): "Yunus bin Metta da bir peygamberdir ve diğer peygamberler gibi benim kardeşimdir." deyince Addas, Efendimiz'in (sav) elini, ayağını öpmeye başlıyor. Bunu gören sahipleri Addas yanlarına döndüğünde yüzüne tükürüyorlar: "Sen ne rezil bir adam ne bedbaht bir kölesin. Nasıl olur da böyle bir adamın eline, ayağına yapışırsın?" diye hakaretler ediyorlar. Addas ise onlara: "Vallahi ben yeryüzünde bundan daha hayırlı bir adam görmedim." diyor ve orada iman ediyor.

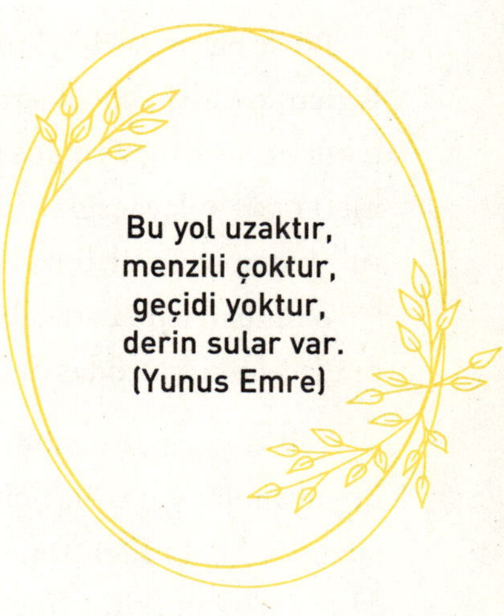

Allah Resulü soluklanacak ufacık bir zaman bulunca o üzüm bağından kalkıyor. Efendimiz'in (sav) zatını üstünden bir bulut takip ediyor ve Efendimiz (sav) bir bakıyor bulutun içinden Cibril (as) çıkıyor. "Ya Muhammed (sav), Rabbin başına gelenleri gördü ve sana bu dağ meleğini gönderdi, eğer istersen, bir işaretinle iki dağı birden Taiflilerin üzerine paramparça edecek." Efendimiz (sav) Taif'te başına gelen onca şeyden, taşlanmaktan, hakarete uğramaktan korkmuyor ama Cibril'in bu söylediklerinden çok korkuyor. "İstemem, onlara bunu yapmayın. İsterim ki; ileride onların içerisinden İslam'ı yaşayabilecek bir nesil çıksın, İslam'ı yaşayacak bir nesil sümbüllensin.[51]" diyor.

51 İbni Hişâm, Sîre: 2/60-63; Buharî, 4/83.

Böyle bir şefkat, böyle bir mülayemet hayatınızda gördünüz mü? Bizler, son asrın çocukları, Twitter'dan bir açık bulup karşıdakini tekfir etmeye uğraşan insanlar böyle bir şefkati böyle bir mülayemeti nasıl anlayacağız? Efendimiz'deki (sav) bu şefkat, merhamet var ya demiri eritir, buzulları tuz buz eder. Neticede Efendimiz'in (sav) o mübarek duaları kabul oluyor, Taif şu an bir İslam bölgesi ve orada Mescid-i Addas dediğimiz köle Addas'ın mescidi var.

Taif'te yaşanan o zahmetli süreçlerden sonra Efendimiz'e (sav) iki büyük müjde gelir. Birincisi Miraç yani yükselme hadisesi. Adetullah odur ki; Taif'ten sonra Miraç gelir. Yani Taif'te taşlanmayana Miraç yoktur. İkinci büyük müjde ise; Efendimiz (sav) Mekke'de İslam'ı mayalayabileceği bir diyar bulamadığından Taif'e gelmişti. Taif'te zahiren bunu o an için başaramadı ama Allah çok kısa bir süre sonra Yesrib'in kapısını açtı. Yesrib, Medine'ye döndü ve bir İslam yurdu oldu. Demek ki neymiş Allah bir kapı kapar ise hiç beklemediğin bin tane kapıyı açar, seni oralarda mutlu mesut edermiş.

Şimdi kendimizi yaşanan bu hadiselerle kıyaslayalım mı? Hiç İslam'ı anlatmak uğruna hakaret yedik mi? Birileri bize yumruk attı mı? Bizim kıymetli bedenlerimiz Efendimiz'in (sav) mübarek bedeninden daha mı kıymetli? Hiç on gün boyunca aralıksız moralimiz bozuldu mu? "Neden anlamıyorlar, neden anlatamıyorum?" diye kendimizi yiyip bitirdik mi? Bizim moralimiz Efendimiz'in (sav) mübarek moralinden daha mı kıymetli? Sevr Sultanlığında taşlar kendisine yastık oluyor, gökyüzü döşek. Bizim evlerimiz, uykumuz Resulullah'ın (sav) rahatından daha mı kıymetli?

Taif'te yürürken sağdan, soldan, önden, arkadan dört bir yandan taşlıyorlar. Dizlerinin altı, ayakları komple kan oluyor. Siz hiç İslam uğruna bir taş yemeyi göze aldınız mı? Dayı oğulları tarafından taşlatıldınız mı? Mahallenin çocukları tarafından taşlanacak kadar ağır bir imtihana maruz kaldınız mı? Kalmadık, kalamayız da... Çünkü biz korkularımızın, rahatımızın esiriyiz. Konforumuz elimizden gidecek, patronla aramız bozulacak diye korkuyoruz. Gelecek endişesinden, istikbalimiz inkıta uğrar diye korkuyoruz.

Allah (cc) sana bir makam nasip ediyor. Eğer bir olan Allah'a (cc) iman ediyorsan, o makamı verenin de Allah (cc) olduğuna iman etmen lazım. Hani diyoruz ya "biraz çaban bir de arkanda dayın varsa tamam" diye, tevhid bu düşüncenin neresinde, iman neresinde? Şayet Allah (cc) sana bir makam verdiğinde İslam için faydalı olacak o imzayı atman gerekirken atamıyor, kendini geri çekiyorsan sen de o korku virüsünün esiri olmuşsun demektir. Neden korkuyorsun? İki laf iki taş yemekten mi? Sen Taif'te taş yemiş bir Peygamberin ümmeti değil misin? Yeri geldiğinde Taif'te taş yemek de sünnet değil mi? Eğer bizler, Resulullah'ın (sav) yolundan gitmek istiyorsak aynı olayları yaşayacağız. Neden biliyor musunuz? Çünkü Allah Bakara suresi 214. ayette bizim bütün korkularımıza karşılık diyor ki: "Yoksa siz, sizden öncekilerin başına gelenler, sizin de başınıza gelmeden cennete gireceğinizi mi sandınız? Peygamber ve onunla beraber müminler: 'Allah'ın yardımı ne zaman?' diyecek kadar darlığa ve zorluğa uğramışlar ve sarsılmışlardı. İyi bilin ki, Allah'ın yardımı pek yakındır."

Bu dünyada her şeyin bir istisnası hemen hemen var. Arabada 300 km hızla gidip kaza yapıp yaşayan bir istisna var. Kafasına silah yiyip yaşayan, iflas etmiş, sıfırı görmüş çok kısa sürede daha ciddi zengin olmuş bir istisna var. Kanser vücudunun her yerine metastaz yapmasına rağmen, kanserden kurtulup çoğu insandan daha sağlıklı yaşayan istisnalar var. Hayatında en sevdiklerini kaybetmiş ama ondan sonra daha mutlu bir hayat yaşamış belki imana tâbi olmuş bir istisna var. Peki soruyorum size imansız olup cennete gidebilen bir istisna var mı? Yok. Dünyada her şeyin alternatifi, her şeyin istisnası var ama imanı kaybettiğinde ikinci bir istisna ve alternatif yok ise bizden öncekilerin başına gelenler bizim başımıza gelmeden, onların dertlerine benzer bir dert, bizim hayatımıza sirayet etmeden, aynı derdin uykusu bizim de uykumuzu kaçırmadan cennete girmek yok. Her şeyin bir istinası var iken bunun istisnası yok.

Bizler korkuların esiri olmuşuz ve bilmiyoruz ki, bizim korkularımızı tek suiistimal etmeyecek zat Allah Azze ve Celle'dir. Kim ki Allah'ın mehabetinden, ondan duyduğu haşyet ve korkudan dolayı bütün ağyarı elinin tersiyle itiyorsa işte esas ve gerçek şekilde hürriyetini eline almış insanlar onlardır. Allah Azze ve Celle bizi bu korkularla, sabredenler ile sabretmeyenleri ayırmak için imtihan edecek. Hani harman yerinde sapla saman uçsun, taneler yere düşsün diye ekini rüzgar varken havaya atıp savururlar ya biz de sürekli böyle eleklerden elene elene imtihan olacağız ve böylece Allah sabredenle, sabretmeyeni görecek ve ayırt edecek. Bizden öncekilerin yaşadıkları benzer sıkıntıları hangimiz hayatımızda Allah (cc) için kaldırabileceğiz bunları görecek.

Sahabelerin başına gelmeyen kalmamış. Bizim hayatımızda, onların dert ve sıkıntılarına benzeyen dert ve sıkıntılar yok ise bu ayete göre nasıl cennete girmeyi hayal ediyoruz? Yunus Emre diyor ki: "Bu yol uzaktır, menzili çoktur, geçidi yoktur, derin sular var." Yol uzak diye, geçidi yok diye, menzili çok diye, uçurumlar var diye bu hakikatleri duyduktan sonra duymamış gibi davrananlar, bildikten sonra bilmemiş gibi davrananlar, dünyevi korkulardan dolayı ayağını geri atıp dönenler nereden dönerse dönsün dönek diye yazılacaktır.

Allah böyle istiyor. Taif'te taş yemezsen ben sana Miraç'ı göstermeyeceğim diyor. Ahir zamandayız ve dönem korku çağı. İnsan işsiz kalmaktan, eşsiz kalmaktan, kendi nefsini ve hazlarını tatmin edememekten korkuyor. "Etraftakiler ne der ya benimle arkadaşlık etmezlerse ya benim Müslüman kimliğimi ve tebliğ mücadelemi görüp benle ticaret etmezlerse..." diye korkuyor. Bir Allah'tan korkmayan etrafı ilah edip binler ilahtan korkuyor, Halid bin Velid (ra) der ki; "korkakların evi yıkılsın" diyor. Korkaklıkta ar, ilerlemekte şeref ve itibar var. İnsan korkmakla kaderin önüne geçemez.

NASIL DAYANDIN YA RESULULLAH (sav)

Gece çöküyor, alemin sustuğu bir an oluyor, insan biraz hüzünleniyor. İşte böyle zamanlarda insan vicdanının sesini daha çok duyuyor, içini Rabbine dökesi geliyor ve diyor ki: "Ya Rab, dayanamıyorum." İnsan pervasızlıklara dayanıyor da yine vefasızlıklara hiç dayanamıyor. Vefasızlığı kaldırması ağır oluyor. Yıllarca ekmeğini paylaşıyorsun, hayata dair her şeyi aynı ortak paydada aynı ortamdan öğreniyorsun ama aynı tastan çorba içtiğin insan ansızın yüzüne tükürürcesine kapıyı vurup gidebiliyor. Ve o kadar, devamı da yok, bir haber yok, açıklama yok. İnsanın bunu kaldırması da sindirmesi de çok zor oluyor.

Ben hususiyetle gece, vicdanımın biraz daha fazla konuştuğu zamanlarda ellerimi kaldırıyor, niyaz ediyor, halimi şikâyet ediyorum Allah'a: "Ya Rab beni üzdüler, kırdılar, paramparça ettiler. Ben şimdi tüm bu olanlara nasıl dayanacağım?" diyorum ve tüm bunları söyledikten sonra Efendim (asm) geliyor aklıma. O (sav) gelince de dağdağalı ve dalgalı bir deniz gibi olan kalbim duru ve durgun bir göle dönüşüyor. O'nun (sav) yaşadıkları ve hatıralarıyla birden bir yol haritası bir rehber oluşuyor hayatıma. Kalbimin bundan başka ikinci bir teselli kaynağı olmuyor. "O (sav) bunca sıkıntıyı yaşamış ama şimdi isteseler de O'nu (sav) üzemezler çünkü üzüntünün olmadığı bir diyara göçmüş. Demek ben de sabredip dişimi sıkabilirsem, ömrümü O'nun (sav) gibi bitirebilirsem bir gün belki ben de dayanamıyorum demem ben de vefasızlıklara üzülmem." diyorum.

Kabe'de ibadet eden kimi bulsalar derdest ettikleri bir gün, Sad bin ebi Vakkas'ın bir parça deve derisi yiye yiye günler geçirdiği Mekke'nin o çileli, boykot dönemlerinde Efendimiz'in (asm) yanına sırtında kömür yanıklarıyla Habbab bin Eret geliyor: "Ya Resulullah bir dua etsen de bitse artık bu çile bu işkence." diyor. Efendimiz (asm) ise Habbab'a bu yolun kaderinin ne olduğunu öğretircesine: "Yoksa sizden öncekilerin çektikleriyle karşılaşmadan cennete girebileceğinizi mi sandınız? Onlar öylesine yoksulluk ve sıkıntı çekmişler, öyle sarsılmışlardı ki peygamber ve yanındakiler: 'Allah'ın yardımı ne zaman gelecek?' demeye başladılar. Bilesiniz ki Allah'ın yardımı yakındır.[52]" buyuruyor.[53]

Bu ayet bize yolun kaderini öğreten bir ayet. Burası dünya! Mutlulukların diyarı değil, dayanmaların, diş sıkmaların diyarı. Ücret diyarı değil, cüretsizlerin diyarı. Belki de onlara sabretmenin diyarı bu diyar. O yüzden yol haritasını başta kabul edersek belki biraz daha dayanmayı öğrenebiliriz.

Bir gün Efendimiz (asm) evde uyuyor, baş ucunda da Medine'den sahabelerinden aktar olan efendimiz ebu'd-Derda duruyor. Ebu'd-Derda elini Efendimiz'in (sav) alnına bir koyuyor, ateşler içinde yanıyor Efendimiz (sav). "Ya Resulullah sen ne haldesin? Ateşler içinde yanıyorsun. Ne yapayım, sana nasıl yardım edeyim." diyor, Efendimiz (sav) o çok bildiğimiz hadisi orada söylüyor: "Eşeddül

52 Bakara suresi 214.

53 Sahih-i Buharî; 4/238-239.

bela alel enbiya sümmel evliya felemsal, felemsal." En şiddetli bela, peygamberlere, velilere ve benzerlerine gelir.[54] "Ey ebu'd-Derda belanın en şiddetlisi önce peygamberlere daha sonra evliyalara daha sonra da derecesine göre diğer insanlara gelir. O yüzden sen sakın bu beladan korkma."

Biz biliyoruz ki senin bedenin bu kadar yanıyorsa yüreğin ondan bin kat fazla yanıyordur. Sen bu kadar yürek yangınına nasıl dayandın Ya Resulullah? Dinine bağlı olanın imtihanı da aynı ölçüde artar. Çünkü bela ve musibetler insanların kulluğuna hep bahane olmuş. "Başıma bu geldi de o yüzden kulluğum geride, şu musibet başımda da o yüzden bunlar geride..." Ama Allah Azze ve Celle, peygamber hayatını o musibetlerle doldurarak hepimize o kapıyı da kapatıyor ve: "Bak sana öncü olan zatın hayatı bela ve musibetlerle örülü ama kulluğunda hiçbir gerileme yok. En şiddetli belaları onlar göğüslüyor ama kulluktan bir adım geri atmıyorlar, senin de atmaya hakkın yok." diyor adeta.

Peki Efendimiz (asm) sadece peygamberken mi yaşamış bu sıkıntıları? Hayır, daha bebekliğinde dünyaya gözünü bile açmadan belalarla yoğrulmuş. Anne karnındayken babası Abdullah'ı kaybetmiş. Altı yaşına geldiğinde annesi Amine validemizi toprağa vermiş. Bir liman olarak dedesi Abdülmuttalip'e sığınmış ama sekiz yaşında da onu kaybetmiş. Bu evrelerin içerisinde, bir müddet dayılarıyla olduğu dönem, bir süre de süt annesi Halime'yle olduğu birkaç yıl mevcut. Daha ufacık yaşında kaç tane ev değiştirmek zorunda kalmış. Ben Efendimiz'in (sav) küçücük yaşında başlayan bu imtihanlarını, her dayandığı duvarın, her tuttuğu kapının elinde kalmasını şuna bağlıyorum. "Sen daha küçücükken bile Ben'den başkasına dayanamazsın." mesajını veriyor adeta Allah Azze ve Celle. Tüm bu yaşananlar burada da bitmiyor. Dayanma sınırı çok yüksek

54 Sünenu İbn-i Mâce II, 1321; Tirmizi, İbn-i Hıbban, Müstedrekten.

Allah Resulü'nün. İçinizde, kucağına çocuğunu aldıktan sonra kaybeden anne babalara bir dikkat edin. Evladının ölümünden sonra etrafta gördüğünüz bir ağaçla aynı hayatı yaşıyor, bir daha nefes bile almak istemiyorlar. Peki altı tane evladından beşini kaybeden Efendimiz (asm) nasıl dayanmış bu acıya? Hatice'sinden bir tek kızı Fatıma kalıyor ona da vefatından altı ay sonra dünya kapısı kapanıyor.

Allah sevdiği kullarına ahirette azap etmemek için günahlarına kefaret olsun diye bu dünyada sıkıntı verir.

Efendimiz (sav) Hicret'in sekizinci yılında Mariya annemizle evleniyor ve oğlu İbrahim efendimiz dünyaya geliyor. İbrahim'in oluşuna sadece Resulullah (sav) değil mele-i a'la bile öyle seviniyor ki Cibril-i Emin, Efendimiz'e (sav) künye olarak ebu İbrahim diye hitap ediyor. Ama Efendimiz (sav), on sekiz aylıkken İbrahim'ini de toprağa veriyor. Bir baba düşünün altı evladının beşini kaybetmiş, kaybettiği anda dahi imtihanı bitmiyor. İbrahim'in vefatında güneş tutulması yaşanıyor. Birileri diyor ki: "İbrahim'in vefatından güneş dahi hüzne boğuldu o yüzden tutuldu." Birileri diyor ki: "Muhammed peygamber olsa Allah, O'na (sav) bu acıyı çektirir miydi? Güneş tutulur muydu?" Münafıklar başka şeyler diyor ve her kafadan bir ses çıkıyor. Bunun üzerine on sekiz aylık yavrusunu yeni toprağa veren Efendimiz (sav) hutbe vermek durumunda kalıyor: "Güneş'in açılması da tutulması da Allah'ın bir ayetidir, İbrahim'le bir alakası yoktur.[55]"

Sana hüznünü bile yaşatmamışlar sen tüm bunlara nasıl dayandın ya Resulullah? Biz açık güneşi gördüğümüzde gaflete, kapalı güneşi gördüğümüzde ümitsizliğe boğuluyoruz. Sen İbrahim'ini

55 İbn Sad; Tabakât, 1:142; Müslim, 2:630.

vermişken, insanların bu yılan dillerine, anlayışsız hallerine, kimilerinin fitne çıkarmak için uğraşlarına nasıl dayandın?

Bir gün Efendimiz (sav) Uhud'a bakıyor: "Ey Uhud bil ki, bu bana inen hüzün sana inseydi paramparça olurdun." diyor. Başka bir rivayette ise: "Ben hüzünle arkadaş gibi oldum." buyuruyor. Efendimiz (asm) gibi Muhammedî gönül yaşayan insanlara dikkat ettiğimizde de görüyoruz ki, gülerken bile gözü bir köşeye dalıyor, hüzünle arkadaşlığı, el ele tutuşması onu asla bırakmıyor. Sanki hep konuşacak, söyleyecek bir şeyleri var. Sanki hüzün onu hiç terk etmiyor; "beni bir gün bile bırakırsan darılırım" diyor ve yanından hiçbir zaman ayrılmıyor.

Abdurrahman bin Avf, O'nu (sav) hüzünlü ve gözü yaşlı görüp: "Ya Resulullah kâinat senin için yaratıldı. Sen alemlere rahmetsin, söylesene sen de mi ağlıyorsun?" dediğinde; Efendimiz (asm): "Göz yaşarır, gönül mahzun olur ama şu ağızdan Allah'ı hoşnut etmeyecek hiçbir cümle çıkmaz ey Abdurrahman.[56]" diye cevap veriyor.

Bizler arabası çizildiğinde isyana gitmeye meyilli Allah'ın falsolu kullarıyken Sen bunca hadiseye bunca imtihana nasıl dayandın ya Resulullah? Bilinmeli ki Resulullah'ın (sav) yoluna kendini adayanların yazgısı hüzündür, yazgısı vefasızlıktır. Bunları kabullenmeden bu yolda yürümek çok zordur. Bu yolda en çok ne can acıtır derseniz de düşmenin pervasızlığı vardır eyvallah ama dostların vefasızlığı kadar hiçbir şey can acıtmaz. Efendimiz öyle günler, öyle zamanlar, öyle devirler geçirmiş ki: "Beni dinlemiyorlar, anlattıklarımı anlamıyorlar, sonsuz hayatlarını tehlikeye atıyorlar." diye kendisine eziyet verdiği anlar olmuş. Bir gün yine öyle anların birinde Şuara suresi 3. ayet nazil olmuş. "İman etmiyorlar diye nerdeyse kendini helak edeceksin!"

---

56 İbn Sad; Tabakât, 1:138.

Böyle hüzün dolu bir gönül yanmaktan geri durur mu hiç? Efendimiz ne zaman dostlarım dediği sahabelerden biri vefat etse üzülmüş, göz yaşı dökmüş. Ama ne zaman Allah'ın mesajını almadan, iman etmeden birisi vefat etse ona, sahabelerden daha çok üzülmüş. Çünkü imanlı birinin gittiği cennetten de haberdar, imansız birinin karşılaşacağı o cehennemden de. Gönlü o hüzne dayanmıyor, "nasıl olur da Rabbimin mesajını almadan bu dünyadan tesbih taneleri gibi dağılıp göçüp gidiyorlar" diye kendisini hüzne gark ediyor. Selman-ı Farisi diyor ki: "Resulullah (sav) başımızda, başına her gelene karşı öyle bir sabırla dayandı öyle bir dişini sıkıp bizimle ilgilenmeye devam etti ki, biz taharet almayı bilmeyen adamlardık, bizi Sasanileri yönetecek adamlara çevirdi."

Peki soralım bunca vefasızlıkla, düşmanın bunca pervasızlığıyla uğraşırken Sen bir de etrafına böyle güneş gibi ışık saçmaya nasıl devam edebildin, tüm bunlara nasıl dayanabildin ya Resulullah? Visal orucu diye bir oruç vardır. Bu oruçta 2-3 gün boyunca hiçbir şey yenmez. Efendimiz bir gün öyle visal oruçlu geçirdiği bir dönemde gece yatağında döner durur, uyuyamaz. Onu öyle gören Aişe validemiz sorar: "Ya Resulullah (sav) neden uyuyamadın, böyle dönüp duruyorsun?" Efendimiz: "Açlık uyutmuyor ya Hümeyra'm." der. Başka bir derttir açlık. Efendimiz uyuyamayınca dışarı dolaşmaya çıkar ve bir yanda Hz. Ebubekir'i bir yanda da Hz. Ömer'i görür. Kader yoldaşları, Efendileri açken onlar tok kalırlar mı hiç? Efendimiz ve bu iki yoldaşı aç aç beraber gezerlerken Ebul Heysem'in evinde iki lokma yemek yerler de o gece ancak uyuyabilirler. Açlığın zirvesini yine sen yaşadın nasıl dayandın Ya Resulullah? Sen bir de varlığın zirvesini yaşadın, açlığa dayanamayan o bünyeler bir de onca varlığa denk gelseler nasıl dayanacaklar acaba ya Resûlullah?

Huneyn Gazvesi'nden ganimet olarak Efendimiz'e; altı bin esir, yirmi dört bin deve, kırk bin koyun, gümüşler, altınlar, kıyafetler, zümrütler, mücevheratlar geliyor. Ganimetler Efendimiz'in (sav) önüne seriliyor, Efendimiz o ganimetleri şöyle bir seyrediyor, hiçbiri umurunda olmuyor. Tam o esnada Saffan ganimetlere içli içli bakıyor. Efendimiz onun öyle baktığını görünce: "İster misin ya Saffan buradan yüz deve de sana vereyim?" diyor. Saffan şaşırıyor: "Nasıl yani, durduk yere bana yüz deve mi vereceksin?" diyor ve Efendimiz'in (sav) yüz deveyi kendisine vermesi ile Medine sokaklarında: "Koşun koşun insanlara ancak bir peygamber bu kadar verebilir![57]" diye bağıra bağıra koşuyor.

Şimdi insanlar mallarına bekçilik yapmaktan kulluklarını terk etmiş durumdalar. Nerede sünnet nerede Efendimiz'e benzemek? Aynı varlık döneminde kızı Fatıma yanına gelip: "Babacığım evde bana yardımcı olacak bir kişi..." deyince Efendimiz, kızının lafını yarıda kesiyor: "Suffa meclisindeki talebeler dururken hayır Fatıma, sana asla bir yardımcı gelemez." diyor. Efendimiz bu vakıanın üstüne kızı Fatıma'ya: "Ey Fatıma sana evdeki yardımcıdan daha hayırlı bir şey söyleyeyim mi? Sen gece 33 kez Sübhanallah, 33 kez Elhamdülillah, 33 kez Allahuekber diyerek uyu. Senin bedenin de doyacak ruhun da. Başka bir eksiğin ve ihtiyacın kalmayacak." buyuruyor.[58]

Babasının buyruğuna Fatıma annemiz: "Bunlarla karın mı doyar baba?" demiyor. Babasının söylediğini anında harfiyen uyguluyor ve ertesi gün: "Bedenime kuvvet geldi baba." diyor. Çünkü onlar inanıyor, onlar iman ediyor. Allah da zaten Resulullah'ın (sav) söylediği şeye inanmaya iman demiyor mu? Aynı nazardan ileride Hz. Ömer karşımıza çıkıyor. Bir gün savaş ganimetleri birikmişken Hz. Ömer'in akrabaları geliyor: "Ya Ömer, savaş ganimetinden biraz da bize versen." diyorlar. Hz. Ömer ise aynı Efendisi gibi: "Ne

57 İstiâb, 3:720; Üsdü'l-Gâbe, 3:24.

58 Buhari, Fedailul Ashab 9; Müslim, 80; Ebu Davud, Harac 20.

diyorsunuz siz! Bedir'in ashabı dururken size ganimet mi düşer?" diyor ve onları gönderiyor. Yokluk ayrı imtihan varlık ayrı imtihan. Sen bunca imtihana nasıl dayandın ya Resulullah (sav)?

Bir gün Abdullah bin Ömer'in oğlu, Hz. Ömer'in torunu Bilal, hanımına cuma günü mescide gitmeyi yasaklıyor. Bunun üstüne hanımı kayınbabası Abdullah bin Ömer'e geliyor: "Babacığım Bilal iyidir hoştur lakin böyle bir durum var. Bilal bana Resulullah'ın (sav) izin verdiği mescide gitmeyi yasakladı." diyor. Bunun üzerine Abdullah bin Ömer oğlu Bilal'i yanına çağırıyor: "Bak oğlum, zamanında biz de benzer bir tepkide bulunduk ve: 'Ya Resulullah (sav) kadınların bizimle mescide gelmesi, orada yer işgal etmesi doğru mudur?' diye sorduk. Resulullah (sav) bu sorumuza: 'Siz karışmayın mescit o hanımların yeridir.' diye cevap verince biz sustuk." diyor.

Abdullah bin Ömer oğluna dönüp: "Anladın mı Bilal?" deyince oğlu: "Anladım babacığım ama..." diyor, ama kelimesini duyan Abdullah bin Ömer hayatımız boyunca belki de hiçbir zaman göremeyeceğimiz bir reaksiyonda bulunuyor. "Ne diyorsun sen çocuk ne aması! Resulullah'ın (sav) lafının üstüne "ama" diyen benim evladım olamaz." diyor ve oğlu Bilal ile bir süre konuşmuyor. Onlar öyle inanmışlar, kızı Fatıma öyle inanmış...

Öyle inandıkları için de Allah kalplerine öyle bir iman bırakmış. Biz: "Allah'ım yardım et." deyince etrafımızdaki insanları düşünüyoruz. Sizce ne kadar samimi bir inanış? Ah ah... İfk Vakası yaşanıyor. Bir sefer dönüşü Aişe validemiz gerdanlığını düşürdüğünden ötürü geride kalıyor. Dönemin baş münafığı Abdullah Ubey ibni Selül, Aişe validemizi Saffan'la dönerken görünce: "Hayret bir adam ve bir kadın ne işleri var?" diyor ve bu fitne ortalığa yayılıyor.

Bu acı hadise yaşanırken daha da acı bir durum yaşanıyor. Efendimiz'in (sav) en yakınlarından olan üç kişi, maalesef o iftiraya inanıyor ve iftiranın yayılmasına farkında olmadan vesile oluyor. Bu üç kişiden birisi Efendimiz'in (asm) yanından hiç ayırmadığı ve birçok meselede şahitlik yaptırıp peşine şiirler okuttuğu Hasan bin Sabit. Diğeri 313 kişi olan Bedir ashabından bir sahabe Mistah ibni Üsase, bir diğeri ise Musab bin Umeyr'in eşi Efendimiz'in (sav) de hala kızı Zeynep binti Cahş annemizin kız kardeşi Hamme binti Cahş. Bu üç kişi fitnenin yayılmasına vesile oluyor. İfk Vakıası ayetle sabit olduktan sonra üçüne de hat cezası uygulanıyor.[59]

Efendimiz vakıadan sonra onlara bir kez bile, "siz nasıl oldu da bu iftiraya karıştınız" demiyor, bir kez bile konusunu açmıyor. İlk günkü muhabbeti nasılsa vakıadan sonra da aynı şekilde bağrına basmaya devam ediyor. Nasıl oldu da konusunu bile açmadın ya Resulullah? Nasıl böyle dişini sıktın? İnsanın eşine iftira atılır da ona nasıl dayanır? Sen dayandın, ümmetin için, gelecekte yetişecek nesiller için dayandın! Senin o dayanmanda, dişlerini sıkmanda inşallah bize de dersler vardır. Hadi insanın aklı kalbi bunları bir nebze de olsa alıyor ama akılların almadığı bir hadise daha var.

Abdullah Übey ibni Selül, dönemin baş münafığı, ölmesine yirmi gün kalmış yatakta ateşler, sancılar içerisinde yatıyor. İbni Selül'ün oğlu Abdullah çok güzel bir Müslüman. Geliyor ve: "Ya Resulullah babam senden hırkanı istedi vermez misin?" diyor. Efendimiz dönüp bir münafığa hırkasını veriyor. Aradan yirmi gün geçiyor ibni Selül ölüyor oğlu Abdullah yine geliyor: "Ya Resulullah babamın cenaze namazını sen kıldırsan olur mu?" Bütün olayı an be an müşahede eden Hz. Ömer artık dayanamıyor. "Olmaz Ya Resulullah bu kadarı da olmaz." diyor. Efendimiz: "Ya Ömer ben engellenmediğim müddetçe o namazı kıldıracağım." buyuruyor ve Tevbe suresi 84. ayetin gelmesi ile Efendimiz bundan men ediliyor. Efendimiz Tebük Gazvesi hariç bütün gazvelerde ibni Selül'ü

59 İbn Hişam; Sîre, 3:311-312; Müslim, 8:114; Tirmizî, 5:332-333.

yanında götürüyor. Bir gün Aişe annemiz soruyor: "Ya Resulullah aklım almıyor. Sen, ibni Selül gibi bir adamı nasıl oluyor da sürekli yanında dolaştırıyorsun." "Ya Hümeyra'm; onların hileleri çoktur, maskesi bindir, dostları fazladır. Ben böylelerini yanımda gezdirip ihtiyat etmezsem, bir köşeye bırakırsam, o yılanların yavruları çoğalır. Nasıl olur da ben onu yanımda gezdirmeyeyim"

O yılanı yanında gezdiriyor, yılan onu ısırıyor ve Efendimiz buna dayanıyor. Sen ibni Selül gibi bir münafığa bile nasıl dayandın ya Resulullah?

Mekke dönemleri boykot diye bildiğimiz Şib-i ebu Talip vakası yaşanıyor. Efendimiz'i ve onun soyundan olan Haşimoğullarını, ebu Talip mahallesi denen bir mahalleye sıkıştırıyorlar. "Hiç kimse onlarla alışveriş etmeyecek, onlara yanaşmayacak, onlarla konuşmayacak. Konuşan olursa böyle böyle yaparız, alışveriş yapan olursa şöyle ederiz..." diye bir boykot listesi hazırlayıp listeyi Kabe'nin duvarına asıyorlar. Üç yıl boyunca içeri bir kuru ekmeğin bile girmemesi için çaba sarf ediyorlar. Ya Resulullah üç yıl boyunca sana bir damla suyu, bir kuru ekmeği uzatmayı bile haram kılan bunca düşmana nasıl dayandın?

Akrabalarının eliyle taşlandın, Mekke'de yakınlarınla boykota tutuştun ama sen tüm bunlara rağmen onlara iyilik yapmaktan geri durmadın. Bir insan bu kadar zulme uğradıktan sonra başarıya ulaştığı anda intikam almaya çalışır. Hayır! Hayır! Sen böyle yapmadın, madem Sen böyle yapmadın, biz bildiğimiz tarihi değiştirmek, bildiğimiz doğruları değiştirip "evet doğrusu Resulullah'mış" demek zorundayız.

Efendimiz (asm) bi'setten on üç yıl sonra Hz. Ebubekir ile birlikte Medine'ye hicret ediyor. Kuba Mescidi'nden Cuma Mescidi'ne 400 metre mesafe var, Efendimiz coşkudan, sevinçten, heyecandan insanların onları kucaklamasından, muhabbet isteğinden dolayı dört saat boyunca yürüyor, ilk cuma namazını kıldırıyor. Daha sonra Efendimiz hutbe irad etmeye minbere çıkıyor ve hayret edilecek bir konuşma yapıyor. "Mekkeliler bana böyle yaptı demiyor, onları yermiyor." konusu asla bu değil. "Ey Ensar siz ne şereflisiniz, bana kapı açtınız." onu da demiyor, konusu o da değil. "Bizi kurtaracak yalnız ve yalnız ihlastır." diyor ve hutbede başka bir şey konuşmuyor.

Biz bunu yapabilir miyiz? İki tanıdığımızla yan yana gelsek "bu adamda benim kıymetimi bilmedi" diye gıybet etmekten başka hiçbir şey yapmıyoruz. Peki Sen, Sana bu kadar çektirmelerine rağmen o minbere çıktığında "bana böyle yaptılar, bugün intikam günüdür" demek varken bunu demeden nasıl dayandın ya Resulullah? Sana çektirdiklerini dünyanın toplamına çektirmemişler, kendini nasıl bu kadar unutabildin?

Hendek'ten sonra hicretin 5. yılı, Mekke'nin ambar sorumlusu Sümame bin Üsal iman ediyor. İman ettikten sonra Mekke'ye varır varmaz: "Size arpa da yok buğday da yok." diyor. Bunun üzerine Efendimize etmedik eziyet, atmadık iftira bırakmayan ebu Süfyan Medine'ye, geliyor ve: "Ya Muhammed; açlıktan kırıldık söylesene bize niye böyle eziyet ediyorlar?" diyor, Efendimiz Mekke'ye ambarların açılması için pusula gönderiyor. "Beter olun demiyor, yazıklar olsun size demiyor, ambarları açın insanları açlıktan kırmayın." diyor.

Nasıl diyebiliyorsun ya Resulullah? Sana etmedik eziyet bırakmamışlarken Sen nasıl böyle diyebiliyorsun? Mekke'nin fethi oluyor, Efendimiz on bin kişi ile Mekke'ye hareket ediyor. "Ey bana bunları eden Mekke, şimdi intikam günü." demiyor, başını usulca devesinin hörgücüne yaslıyor, dilinde dualar, gözünde yaşlarla Mekke'ye giriyor. Koca peygamber 13 yıl boyunca zulüm çekmesine rağmen, Kabe'nin anahtarını gene onlara bırakıyor.

Hangi Mekkeli hangi meslek grubundaysa aynı meslek grubunda kalmaya devam ediyor. Onları evlerinden çıkarmıyor. Yaptıkları işlerden geri tutmuyor. Onlardan kimilerinin ağırına gider de imandan çıkarlar diye Mekke'ye bile yerleşmeyip tekrar Site-yi İslam'ı kurduğu Medine'ye dönüyor.

Biz böyle bir durumda verdiğimiz bir tas çorbayı bile haram etmek isterken, Sen bunca vefasızlığa bunca zulme karşı böylesine dik bir duruş sergiliyor, tüm bunlara nasıl dayanıyorsun ya Resulullah?

Baktığımızda Mekke fethi çok büyük bir başarıdır. Biz başarılarda o kadar benlik acizliğine düşüyoruz ki, iki kişi bizi alkışlasa yıllardır yol yürüdüğümüz arkadaşlarımızı geride bırakıp yeni bir grup, yeni ekol, yeni bir nefes oluşturasımız geliyor. Biri soruyor: "Ne yaşadınız da böyle oluyor?" Bir şey yaşamadık ki... Madem yaşamadık niye ayrılıyoruz biz? Hangi gurur, hangi kibir, hangi ego ayırıyor bizi. İki kişi bizi övdüğü anda kendimizi bir şey zannediyoruz. İki tane alkış duyduğumuz anda şöhreti üstümüze alınıyoruz. İki kişi bize üst üste: "Bir şeyin mi var hasta mısın?" dediğinde ondan o ilgiyi çalabilmek, o manevi dilenciliğe girebilmek için hasta değilsek bile hastayız diyoruz.

Bugün Resulullah (sav) karşımızda olsa ve O'na (asm): "Sen bunca şeye nasıl dayandın ya Resulullah?" desek, alacağımız tek cevap var o da şu: "Kur'an ve sünnetin yoluyla." Peki biz birlikte konuştuğumuzda, "doğrusu budur, Kur'an sünnet bunu diyor, bir insanın ağzından çıkan söz o insanın sahibidir, sen ağzından çıkana esir oldun bunu yapman lazım" dediğimizde Abdullah ibni Ömer'in oğlu Bilal gibi olup sürekli 'amalar' da mı boğuluyoruz, yoksa Resulullah'ı örnek alarak bizim Kur'an'a dayanmamız lazım mı diyoruz?

HUDEYBİYE BARIŞ ANTLAŞMASI

Bu kitabı okuyan insanların diğerlerinden bir farkı var. Ne biliyor musunuz? 5.5 milyar insanın düştüğü yanılgıya Allah onları düşürmemiş. Cenab-ı Allah ihsan etmiş, bizi Müslüman eylemiş. Yani beş buçuk milyar insan farklı bir görüşte ahirete giderken bizde bir farkındalık oluşturmuş. Peki sizce bu beş buçuk milyar insana karşı bizlerin bir mesuliyeti var mı? Kesinlikle var. Çok basit düşünelim; Efendimiz'e (asm) peygamberlik 40 yaşında geldi ve o anda Efendimiz'in (sav) etrafında kimse yoktu. Tek Müslüman ve iman eden kendisiydi. Ama Efendimiz herkese Allah'ı ve iman davasını anlata anlata bu hakikatleri tüm dünyaya ulaştırmaya çalıştı. Efendimiz'in (sav) hangi hal ve hareketi yok ki ondan bize miras kalmasın.

Allah Resulü'nden bize kalan en büyük ve en önemli mirastır İla-yı Kelimetullah. Demek ki bizim de üzerimizde tebliğ gibi bir vazife var ve bu vazife her birimize farz-ı ayndır. Yani her Müslüman tebliği bizzat kendisi yapmak zorundadır. Peki böyle bir vazifeden kaçımız haberdarız? Bizler her birimiz tebliğ yapmakla mükellefiz ama bunu illa dil ile yapmak zorunda değiliz. Çoğu zaman bir insanın gönlüne girmek için belki dört beş ay sadece bir çay-simit ısmarlayıp seni tanımasına müsaade etmen gerekecek. Allah Resulü'ne peygamberlik 40 yaşında gelmiş. O, 40 yıl boyunca insanların nezdinde Resulullah'ın (sav) ahlakı, sıfatları, güvenilirliği oturmuş. Zira Efendimize verilen Muhammedü'l-Emin vasfı da nübüvvetten önce gelen bir vasıftır. Lakin burada çok dikkat edilecek bir şey var.

Bir Müslüman'ın Allah için bir şey yaparken düşüneceği en son şey neticedir. Bizlerin neticeyi düşünmemesi gerekiyor ama etrafınıza dikkat edin kimileri yanınıza gelip "anlattım, anlattım, adam namaza başlamadı" diyor. Ya da "yahu adamı bin defadır çağırıyorum, hiçbirisine gelmedi, ben de çağırmayı bıraktım." diyor. Hidayeti kendi vereceği zannıyla bir netice bekliyor. Ya da ne oluyor mesela? Allah'ı anlatmaya çalışan kimi insanlar kart, broşür, kitapçık dağıtıyor, tam yolda giderken birisi onu tersliyor, hatta belki küfür ediyor. Şeytan da hemen orada onun şevkini kıracak ki bir sonraki gideceği insana gidemesin ona hakikati ulaştırmasın. Çünkü bir sonraki demek, gene neticeyi düşünmek demek. Şeytanın desiseleri çok ince.

Bizim böyle bir durumda şu düşünceyi oturtmamız lazım. Biz Allah'ın hizmetçisiyiz. Allah diler, karşımıza iyi insanlar çıkarır diler, kötü insanlar. Küsüp bırakalım mı birilerine Allah'ı anlatmayı, ne haddimize! Ki biz ümmetsiz peygamber olduğunu biliyoruz. Biz kimiz ki insanlara birkaç şey anlattığımızda hemen etrafımızda pervaz olsunlar istiyoruz. Neticeyi bekleyen insanların İslâmî yaşantısına bakın bir müddet sonra namazlarını bile bıraktıklarını göreceksiniz. Netice beklemek böyle sıkıntılı bir hastalık.

Bir insan, önünde engel olacak şer ile yoğrulmuş planların altında şeytanın olduğunu bilse, onun da üstünde Kudret-i İlahi olduğuna kalben iman etmezse bu işler yürümez. Hak yolunda çalışan ve mücahede edenlerin, yalnız kendi vazifelerini düşünmesi gerekirken, Allah'a ait vazifeyi düşünüp hareketlerini bunun üzerine bina etmeleri çok büyük hatadır.

Bir zaman şeytan, Hz. İsa'ya (asm) itiraz edip demiş ki: "Madem ecel ve her şey Allah'ın takdiri iledir; sen kendini bu yüksek yerden at, bak nasıl öleceksin." Şeytandaki ümide bakın, peygamberi aldatmaya çalışıyor. Hz. İsa (asm) demiş ki: "Allah kulunu tecrübe eder ve der ki: 'Sen böyle yapsan sana böyle yaparım. Göreyim seni, yapabilir misin?' Fakat kulun hakkı yok ve haddi değil ki, Allah'ı tecrübe edip ona: 'Ben böyle işlesem Sen böyle yapar mısın?' desin. Hem tecrübevari bir şekilde Allah'ın rububiyetine karşı imtihan tarzı, edepsizliktir, kulluğa aykırıdır.[60]" Yani Allah kulunu istediği gibi imtihan edebilir ama kul, Rabbini imtihan edemez. Mesela ben belli diplomaları almış bir matematik öğretmeni olsam, istediğim zaman öğrencilerimi sınav yapabilirim. Öğrencinin biri dese ki: "Mehmet Hoca kalk bakayım bir de ben seni sınav yapayım." Böyle bir şey mümkün değil çünkü öğrencinin öyle bir hakkı yok. Aynı mantıkla düşünürsek, madem hakikat budur; insan kendi vazifesini yapıp Cenab-ı Hakk'ın işine karışmamalıdır. O zaman; bir benim vazifem var, bir de Allah'ın neticeyi yaratması var.

Şimdi bu bilgiden sonra ben sizlere bir şeyler anlatsam ve anlattıktan sonra desem ki: "Yahu ben hepsine zekâtı anlattım ama bunların hiçbiri zekât vermiyor." Benim böyle bir şey söylemeye hakkım yok. Eğer söylersem Allah'ın işine karışmış olurum.

Bir zaman İslam kahramanlarından ve Cengiz'in ordusunu birçok defa mağlûp eden Celâleddîn-i Harzemşah harbe giderken, vezirleri ve emri altındaki kişiler ona demişler: "Sen muzaffer olacaksın. Cenâb-ı Hak seni galip edecek." Burada insanların söylediği kötü bir şey olmamasına rağmen Celâleddîn-i Harzemşah buna

60 İmam Maverdi; Edeb'üddünya Ve'ddin Risalesi.

karşılık: "Ben Allah'ın emriyle, cihad yolunda hareket etmeye vazifedarım. Cenâb-ı Hakk'ın vazifesine karışmam. Muzaffer etmek veya mağlûp etmek O'nun (cc) vazifesidir.[61]" diye cevap veriyor

İmtihanda olduğunu ve her şeyin bir gün biteceğini unutma. Başına gelenleri öyle karşıla ki derdin sabrına hayran olsun.

Cihada giderken her insanın aklında galip geleyim düşüncesi olur zannederiz ama aslı böyle değilmiş. Çünkü insan neticeyle alakadar olduğu an sıkıntıya düşer. İşte Celâleddîn-i Harzemşah'ın bu sırr-ı teslimiyeti anlayıp neticeye karışmamasıyla Allah onu çok defa muzaffer etmiştir.

Bir insan yaptığı işlerde başarı elde edemediğinde, birisi onu dinlemediğinde, netice kendi istediği gibi sonuçlanmadığında o işi yapmaya şevki kırılıyorsa imanı zayıftır. Halbuki Resul-i Ekrem (asm): "Peygamber'e düşen ancak tebliğdir." (Maide / 99) fermanı ile, insanların çekilmesiyle ve dinlememesiyle daha ziyade gayretle çalışmış ve ciddiyetle tebliğ etmiştir. Çünkü: "Sen sevdiğine hidayet veremezsin. Allah dilediğine hidayet verir." sırrıyla anlamış ki, insanlara dinlettirmek ve hidayet vermek Allah'ın takdiridir.

Bizler Cenâb-ı Hakk'ın vazifesine karışamayız. Öyle ise Allah'a karşı tecrübe vaziyeti alamayız. Birisi bana dese ki, Mehmet kardeş seninle oturup on-on beş dakika konuşalım. Bize siyerden, Siret-i Nebi'den, magaziden, sahabe hayatından öyle bir yer söyle ki, senin hayatının merkezi olsun. Bütün hakikatleri de onun etrafına inşa et. Kesinlikle Hudeybiye Barış Antlaşması'nı anlatırdım.

---

61 Lem'alar, On Yedinci Lem'a, On Üçüncü Nota.

Peygamber (asm), on küsur yıl Mekke'de kalıyor. Oradan Medine yani Yesrib'e göçüyor. Oraya göçtükten sonra Mekke'de ve etrafta ne kadar kabile varsa, hepsi toplanıyor ve diyorlar ki: "Gidelim Medine'yi yerle bir edelim ve oradakilerin hepsini öldürelim." Ordularını toplayıp Medine'ye doğru yola çıkıyorlar. Haberi alan Peygamber (asm) ashabıyla istişare ediyor. O esnada Selman-ı Farisi: "Ya Resulullah benim bir fikrim var. İki dağın arasına bir hendek kazalım gelenler geçemesin[62]" diyor. İşin garip yanı, Selman-ı Farisi bu fikri vermeden iki, üç hafta önce iman etmiştir. Allah'ın hikmetine bakın, O'na (cc) zaman, mekân olmadığı için belki de Selman-ı Farisi'nin bunu söylemesi için kader bu şekilde tecelli etti... Ne kadar ince.

Sahabeler altı gün boyunca Medine'nin etrafını kazıyorlar. Mekke'dekiler Medine'nin tamamından daha kalabalık gelip şehrin yakınlarına konuşlanıyorlar ve: "Elbet bunlar acıkacak, susayacak, yerlerinden çıkacak, çıkınca da öldüreceğiz." diyorlar. Öyle dolmuşlar ki beşikteki bebeği kesecek kadar kinli geliyorlar. Aradan yirmi beş gün geçiyor, Mekkelilerin kendi suları bitiyor. Cenab-ı Allah, rüzgârla çadırlarını yıkıyor ve Mekkeliler geri dönmek zorunda kalıyorlar. On bir ay sonra Efendimiz hutbeye çıkıp diyor ki: "Bir rüya gördüm. Rüyamda saçlarımızı tıraş ediyor, kurbanlar kesiyorduk.[63]" Bu hac demek, umre demek.

Ahzab Savaşı'ndan on bir ay sonra 1.400 sahabe, Mekke'ye gitmek için hazırlanıyor. Efendimiz (asm) Mekke'deki ahvali öğrenmek için oraya bir haberci gönderiyor. Haberci bakıyor ki Mekke'nin girişine attığını uzaktan ıskalamadan vuran ehabişler dizilmiş, Resulullah (sav) ve ashabını bekliyor, hemen bunu Allah Resulü'ne

62 Taberi, Tarih, II, 566.
63 İbn Hişam; Sîre, 3:336.

bildiriyor. Efendimiz ashabıyla beraber Asfan denen yere geliyor ve orada onlarla istişare ediyor.

"Ne yapalım, fikriniz nedir?"

İçlerinden birisi çıkıyor ve: "Ya Resulullah (sav)! Kıvrımlı bir yol, o yolda ise sivri, kızgın kayalar var. Oradan ne insan geçer ne de hayvan ama biz geçelim." diyor. Sahabenin aklında asla neticenin ne olacağına dair bir düşünce yok, onlar onunla ilgilenmiyor. İhramları üzerinde olan sahabeler sırasıyla o yolda kayaları kırıyor, ihramları beline kadar kan olan ekip geri dönüyor, bu sefer bir başka ekip geliyor, bu şekilde ilerliyorlar. Bugünse umreye gidenler, "otelden memnun kalmadım, alışverişten ibadete fırsat kalmadı, yürümekten canım çıktı, pasaport sırasında çok bekledik," diyorlar. Bana sorarsanız bir insan tavaf yaparken kanamayan bacaklarına bakarak, o günlerde başarılı olmamasına rağmen kanayan sahabe bacaklarını tefekkür etmezse bu iş olmaz.

Sahabeler kayaları kırmaya devam ederken Peygamber'in (asm) devesi Kasva dizinin üzerine çöküyor, bir yerde duruyor. Hatta sahabeler "Kasva bozuldu herhalde" diye kendi aralarında espri yapıyorlar. Resulullah (asm): "Fili durduran ayetler, Kasva'yı da durdurdu." buyuruyor. Efendimiz ve sahabeler Hudeybiye'de dinlenmeye geçiyorlar. Kıvrımlı olan bu bölgede hiçbir şey yok sadece bir tane kuru su kuyusu var. Allah Resulü o kuyudan abdest alınca kuru bölge komple suyla doluyor, böylelikle hayvanlar, insanlar herkes oradan besleniyor.

Allah Resulü'nün Hudeybiye'de konaklamasının bir sebebi var. Normal şartlarda Mekkeliler, Efendimiz ve ashabını nerede yakalasalar öldürecekler ama o dönem Mekke'de şöyle bir kural var. Mekke tüm ticaret yollarının geçtiği bir belde olduğu için Mekke'nin içinde birini öldürmek yasak. Bütün tüccarlarla bu anlaşmayı yapmışlar. Hudeybiye'de Mekke'nin içi sayılıyor, o yüzden Efendimiz ve ashabını da öldüremiyorlar. Ama boş da durmuyorlar Efendimiz'in (sav) bulunduğu yere, gece seksen tane suikastçı gönderiyorlar. Sahabeler o seksen suikastçının hepsini de yakalıyor. Resulullah (asm) suikastçilerin yüzlerini açıp Mekke'ye gönderiyor ki utansınlar.[64] Bizlerin buradaki psikolojiyi iyi anlaması lazım. Gönderdiği adamlar daha on bir ay önce bu sahabelerin çocuklarını kesmek isteyen adamlar. Hal böyle olunca sahabe "hep merhamet, hep vicdan nereye kadar" diye biraz ateşlenmeye başlıyor.

Gelişmeler üzerine Mekkeliler tekrar toplanıp "ne yapalım?" diye istişare ediyorlar. Taif'in reisi Urve'yi, Efendimiz'e (asm) gönderiyorlar. Urve yaşlı, kibirli bir adam. Geliyor Resulullah'a: "Biz koca bir kabileyiz! Siz ise üç tane o kavimden, beş tane bu kavimden toplanmış bir avuç adam. Bu kadar adamla mı yeneceksin bizi?" diyor. Sahabelerin "La İlahe İllallah" bağıyla bağlandığını anlamıyor.

Daha sonra Urve ile Peygamber (asm) meseleleri konuşmak için diz dize oturuyorlar. Bu bir Arap adetidir, dizler birleştirilir, dip dibe gelinir, konuşurken yaşı büyük olan küçük olanın sakalını çekebilir. Konuşma esnasında tam Urve elini uzatıyor, Peygamber'in (asm) sakalını çekecek, yukardan bir kılıç darbesi ile uyarı geliyor. Çekiyor elini ama alışkanlık, eli hep Resulullah'ın (sav) sakalına gidiyor. Aynı vaka üçüncü kez yaşanınca yukarıdan bir uyarı daha geliyor. "Bir dahaki denemende o elini bulamazsın." Urve kılıcı uzatanın kim olduğunu öğrenmek için dönüyor ki kılıcı uzatan kendi yeğeni Amr. Peygamber'e (asm) duyulan saygı zirvede.

Urve, Mekke'ye dönüyor ama Kureyşliler o kadar kibirli ki çoğu dinlemek bile istemiyor, "hepsini öldürelim gitsin" diyenler çoğunlukta, ileri gelenlerden birkaçı Urve'ye söz veriyor. Urve

---

64 Bkz, İbn Hişam; Sîre, 3:326; Taberî, 3:75-76.

diyor ki: "Ben çok kral gördüm ama yüzüne bakıldığında gözlerine bakılamayan, o konuştuğunda rüzgârın sesini kıstığı böyle bir zat hayatımda görmedim. Sakın savaşmayın! Deyin ki: 'Umreyi bir yıl sonraya erteleyin.' Savaşırsanız bunlar sizi yener.[65]"

Burada çok ince bir siyaset daha söyleyeceğim. Efendimiz ve ashabı 1.400 kişi, Medine'den geldiler, Bedir'de, Uhud'da, Ahzab'da savaştılar. Kureyşliler onları kıtır kıtır doğramak istiyor ama Taif'in reisi Urve gibi kibirli mi kibirli bir adam: "Bunlardan korkun, bunlar sizi yener." diyor. Bütün bu gerginliğe rağmen hala kılıç kullanılmadı, düşmana bir kılıç darbesi vurulmadı. O halde müjdeler olsun: "Taif'in gönlüne o korku, vicdanına ise o güven düşmüştür ve artık Taif bizimdir." Bir kılıç darbesi vurulmadan Taif bu şekilde fethedildi ve etraftaki kavimler de bunları gördü ya, demek onların da her biri artık bizimdir.

Urve'nin sözlerine rağmen Mekkeliler yine durmuyor bu sefer de "Hatübü-l Kureyş"i yani Süheyl'i gönderiyorlar. Tamamen İslam karşıtı olan bu adam hatip ve hiç susmadan her yerde İslam aleyhinde propaganda yapıyor. Efendimiz (asm) Süheyl ile oturuyor. Süheyl'in iki oğlu var biri Abdullah diğeri ise ebu Cendel. İkisi de Müslüman ama ebu Cendel dört yıldır zindanda babası tarafından işkence görüyor. Süheyl siyaseten büyük bir adam olduğundan oğlunun Müslüman olmasını kaldıramıyor onun için de işkence ediyor.

Süheyl tam Peygamber (asm) ile oturuyor: "Bu yıl olmaz, seneye gelin, umrenizi, haccınızı yapın." diye anlaşma yapacaklar, Hz. Ali, anlaşmaya Allah'ın Elçisi Muhammed, yazınca Süheyl diyor ki: "Ben bunu kabul etsem burada ne işim var? Silin o ifadeyi." Hz. Ali; ben silemem ya Resulullah deyince Peygamber (asm) Hz.

---

65 Taberî, Tarih, 3:74. Ahmed İbn-i Hanbel Müsned, 4:324.

Ali'nin işaret ettiği kısmı mübarek parmağıyla kendisi siliyor. Anlaşma şartlarından birisi bu. İkincisi ise Müslümanlar umreyi bir yıl sonra yapacaklar.

Şimdi bizim bu acıyı iyi anlamamız lazım! Düşünsenize ihramınızı giymiş tam adımınızı atacaksınız, biri size diyor ki: "Bu yıl gelme, seneye gel." Dayanması çok güç. Anlaşmanın bir diğer maddesi ise: "Mekke'den birisi Efendimiz'e teslim olursa Kureyşlilere iade edilecek.[66]" Tüm bu maddelerden sonra Hz. Ömer çok sinirleniyor. Tam o sırada Allah'ın hikmeti, dört yıl zindanda kalmış Süheyl'in oğlu ebu Cendel zindandan kaçıyor. "Ya Resulullah sana geldim." diyerek Efendimiz'e sığınıyor ama ne çare ki anlaşma imzalandığı için geri verilmek durumunda kalınıyor.

Ebu Cendel: "Ya Resulullah bana zulmetsinler diye mi, beni bunların eline veriyorsun?" deyince Allah Resulü: "Sabret ya ebu Cendel, Allah sana bir kapı açacak." buyuruyor. Hz. Ömer sinirden duramıyor artık, atının yanına gidip kılıcını alıyor, ebu Cendel'in yanına geliyor: "Vursana babanın müşrik kellesini şu kılıçla." diyor. Ebu Cendel: "Sen niye vurmuyorsun ya Ömer?" diyor. Hz. Ömer: "Bana Allah Resulü yasakladı." deyince ebu Cendel: "Allah Resulü'nün sana yasakladığını ben yapmaktan haya ederim." diyor. Hz. Ömer sinirden Peygamber-i Zişan'ın karşısına dikiliyor.

"Ya Resulullah sen hak peygamber değil misin?"

"Evet öyleyim."

"Bizim yolumuz hak, onların ki batıl değil mi?"

"Evet öyle."

"O zaman neden bu anlaşmayı imzaladık?[67]"

---

66 İbn Hişam; Sîre, 3:332; Ahmed İbn-i Hanbel Müsned, 4:325.
67 İbn Hişam; Sîre, 3:331; Ahmed İbn-i Hanbel; Müsned, 4:330; Müslim, 3:1412.

Hz. Ömer bu soruyu haşa Efendimiz'in (asm) peygamberliğinden şüphe ettiği için değil olayın mahiyetini anlamak için soruyor. Yaşadıklarını bir düşünsenize, Bedir var, Uhud var, 1.400 kişi bacakları kanayana kadar yürümüşler, seksen tane suikastçı gelmiş. Ebu Cendel'e işkence yapılıyor ve biz hiçbir şey yapamıyoruz. Efendimiz tüm bu yaşananlardan sonra "haydi dönüyoruz" buyuruyor ve üzeri ihramlı 1.400 sahabe haclarını yapamadan geri dönüyor. Dönerlerken bir yerde duruyorlar ve Efendimiz (asm): "Haydi saçlarınızı tıraş edin, kurbanlarınızı kesin." buyuruyor ama sahabelerin hiçbiri yapmıyor.

Allah Resulü'nün uğuruna canlarını veren sahabeler: "Semi'nâ ve ata'nâ, işittik ve itaat ettik." diyen sahabeler, "Allah onlardan razı, onlar Allah'tan razı" ayetine muhatap olan bu sahabeler Efendimiz'in (sav) buyruğunu yapmıyor. Peygamber (asm) Ümmü Seleme validemizi çağırıyor. Kendi bilmediğinden değil orada da bize istişareyi öğretmek istediğinden: "Ya Ümmü Seleme, sahabeler söylediklerimi yapmıyorlar, ne yapalım?" diyor. Ümmü Seleme annemiz: "Ya Resulullah sen kes onlar da kesecektir." diyor. Resulullah'ın (sav) saçını ve kurbanını kesmesi üzerine sahabeler de saçlarını ve kurbanlarını kesiyor.[68]

Şimdi size akılların almakta güçlük çektiği bir şey daha söyleyeceğim. Kurbanını kesen bu 1.400 sahabe bir de Efendimiz'in (sav) buyruğu ile kurban etlerini Mekke'ye gönderiyor. Sahabelerin psikolojisini tahmin edebiliyor musunuz? Yola devam ediyorlar. Hani Hz. Ömer olayın mahiyetini anlamak için Efendimiz'e (asm) sinirle bir sual etmişti ya, onun üstüne üç kere Allah Resulü'nün yanına gidiyor: "Ya Resulullah beni bir dinler misin?" diyor. Ama üçünde de Allah Resulü'nden cevap yok, dönüp bakmıyor bile. Bunun üstüne Hz. Ömer kafilenin en arkasına geçiyor. Ashaba dönüyor

68 Ahmed İbn-i Hanbel; Müsned, 4:326; Buharî, 3:182.

ve: "Anama söyleyin gayrı Ömer ölüdür." diyor. Resulullah'ın (sav) yüz çevirdiği ne olur ki başka?

Bir süre sonra Resulullah (sav): "Ömer'i çağırın." diyor. Hz. Ömer Allah Resulü'nün yanına geliyor ve şöyle naklediyor: "Ben Hz. Muhammed'i (asm) hiç bu kadar nurlu ve mutlu görmemiştim." Meğer Hz. Ömer Resulullah'ın (sav) yanına gittiğinde ayet iniyormuş ondan cevap vermemiş Allah Resulü. Hz. Ömer: "Ya Resulullah ne oldu, bu güzel haber de ne?" deyince Efendimiz: "Ayet indi ey Ömer! İnnâ Fetahnâ Leke Fethan Mubînâ. Şüphesiz biz Sana apaçık bir fetih verdik." buyuruyor.[69]

Peki ayet vereceğiz mi diyor, verdik mi diyor? Verdik diyor. Şimdi soruyorum size böyle bir durumda fetih görebilen var mı? Düşünün başlarına gelmeyen kalmamış, sıkıntı üstüne sıkıntı, suikasta uğramışlar, 1.400 kişinin ayakları kan revan içinde kalmış, ebu Cendel zulüm altında ve Hudeybiye Barış Anlaşması imzalanıyor, etler Mekke'ye gönderiliyor ve Allah ayetinde "fetih verdik" buyuruyor.

Bu anlaşmayla Uhud'da, Bedir'de inmeyen ayet iniyor. Çünkü Müslümanlara artık Mekke'ye girebileceklerinin müjdesi veriliyor. Bir Müslüman sabah nasıl uyanır, nasıl tebessüm eder, yanındakine nasıl tebliğ eder, gönlünü nasıl açar, ekmeğini nasıl böler? Bütün yaşantı ve hasletleriyle Mekkelileri kazanabileceklerdi. Zira mesele, vicdanlara girerek çözülecek bir meseleydi. İşte Mekke'nin fethi kılıç kullanmadan bu şekilde gerçekleşti.

Peki soruyorum size, Allah Resulü'nden başka biri, değil 1.400 adamı, beş adamı bu psikolojide tutabilir miydi? Dövün, kırın, işkence yapın, bu asla yapılabilecek bir şey değil. Peki Allah Resulü nasıl başardı? Fetih suresindeki bir ayet buna işaret ediyor:

69 Ahmed İbn-i hanbel; Müsned, 1:31; Tirmizî, 5:385.

"İmanlarını bir kat daha arttırsınlar diye Müminlerin kalplerine güven indiren ancak odur." (Fetih/4) Tebliğ nasıl yapılıyor görüyor musunuz? Bu dönemde tek amaçları bir yerlere sövmek birilerine saldırmak olan insanlar var. Bu insanlar neden böyle yapıyor çünkü vicdanlara, gönüllere girmek bir peygamber mesleğidir. Peygamber mesleği zahmetlidir çünkü cennet hiç de ucuz değildir! Çünkü müminin bir iş yaparken düşüneceği en son şey neticedir.

TEBÜK SEFERİ

İmtihan denilen olayda Allah, kulun önüne iki tane yol sunar. Seçeneğin bir tanesinde, dünyayı tatlı ve lezzetli bir şekilde gösterir. Kişi eğer dünyayı seçerse, keyfe mâ yaşa, istediği gibi rahatınca yaşar. Ötekinde ise Allah, kendisine daha çok yaklaştırabilecek bir adım sunar. Kişi o adımı seçerse Allah'a daha yaklaşmış olur. Yani imtihan denilen olay iki seçenekli olur. Kişi ya nefsinin, canının, hevasının istediğini seçer ya da Allah'a yaklaştıracak olan ikinci yolu tercih eder. Peki, Allah'a yaklaşmak ne demek? Mesela bir kişi maddeten Allah'a yaklaşabilir mi? Yaklaşamaz. Çünkü, Allah zamandan ve mekândan münezzehtir.

Peki insan manen, mertebe olarak, Allah'a yaklaşabilir mi? Haşa öyle de yaklaşamaz, çünkü Allah, mertebeden de münezzehtir. Haşa bir mertebesi olsaydı biz üç mertebe atladığımızda O'nun (cc) bir mertebesine yaklaşmış olabilirdik. Ama öyle kıyaslanabilecek bir mertebesi de mevcut değil. O zaman Allah'a yaklaşmak ne demek? Başımıza gelen imtihanlarda doğru tercihi seçersek, Allah'a yaklaşmış oluruz. Allah'a yaklaşmak, O'nu (cc) bilmekle yani marifetullah ile mümkündür. Marifetullah, önümüze çıkan seçeneklerde sürekli Allah'ın yolunu tercih etmemiz sonucunda O'nunla (cc) aramızdaki perdenin aralanmasına, kalben imanının terakki etmesine denir.

Bizler bazen başımıza imtihan gelmeden Allah'a çok yakın olduğumuzu zannedebiliyoruz. Ama Allah, O'na (cc) ne kadar yakın olduğumuzu gösterebilmek için bizi imtihana tâbi tutuyor. Allah bizim her halimizi biliyor ama o imtihanlarla bizi bize gösteriyor. Şimdi size yaşanmış bir hayat hikayesinden örnek vereceğim ki imtihan nasıl olur, Allah bu iki seçeceği kulunun karşısına nasıl sunar daha iyi anlayabilelim.

Amerika'da Caroline isminde bir bayan doktor varmış. Caroline'nin babası da dedesi de doktor, kendisi ateist bir ailede büyümüş. Bir gün Caroline'nin halasının vefat haberi gelmiş ve Caroline cenazeye Türkiye'ye gelmek zorunda kalmış. O zamana kadar Caroline baba tarafının Türk ve Müslüman olduğunu bilmiyormuş, babası daha önce bu durumdan hiç bahsetmemiş. Caroline Türkiye'ye halasının cenazesine geldiğinde diğer halası ona İslam'dan bahsetmiş ve Caroline orada iman etmiş. İsmini Ecem olarak değiştirip, dedesi ile Türkiye'de yaşamaya karar vermiş.

O zamanlar tevafuk, Hayalhanem, onun yaşadığı yere kermese gitmiş. Halası, Ecem'i alıp kermese getirmiş ve Ecem yarı Türkçesiyle halasından yardım alarak bizim kardeşlere aklına takılan her şeyi sormuş. Kermes sonunda tesettüre girmiş, Risale-i Nur külliyatı almış. Ramazan ayı boyunca beş hatim yapmış. Risale-i Nur külliyatını on ayda dört defa bitirmiş. Bu süreçte aklına takılan merak ettiği diğer soruları da Hayalhanem'in resmî iletişim hatlarından sorarak öğrenmiş. Kızının İslam'a girmesini bir türlü hazmedemeyen ateist baba onu bir şekilde Amerika'ya döndürmenin yolunu bulmaya çalışmış ama bulamamış. Ve bir gün Ecem'e Amerika'dan bir telefon gelmiş: "Acil gelmen gerekiyor, annen ve kız kardeşin trafik kazasında öldü."

Ecem apar topar Amerika'ya ailesinin cenazesine gitmiş. Annesi ve kız kardeşinin cenaze merasimi kilisede yapılıyor. Ecem herkesin içinde oraya tesettürle girince babası çıldırmış, onu tekme tokat dövmüş. Ecem'in sonrasında anlattığına göre; kafasına o kadar çok vurmuş ki, başörtüsündeki bütün iğneler kafasına batmış. İğneleri çıkardığında kafası kan revan içinde kalmış. Bir süre sonra Ecem tekrar Türkiye'ye dedesinin yanına dönmüş ama babası ona orada da sataşmaya devam etmiş. Yine bir gün babası Ecem'i acil Amerika'ya çağırmış. Ecem gittiğinde karşısında dedesi, babası ve birçok aile ferdinden oluşan bir konsey toplanmış ve ona: "Sen eğer o başındaki örtüyü çıkarıp, tekrar inançsız hale gelmezsen sana mirastan zırnık koklatmayız." demişler. Ecem onlara: "Yediğim bir tas yemek, içtiğim bir bardak su değil mi? Benim Rezzak'ım Allah değil mi? Siz de kimsiniz?" deyip tekrar Türkiye'ye dönmüş.

Allah insanı nerelerde seçime tâbi tutuyor anlıyor muyuz? Ecem'in babası annesinin vefatından sonra Amerikalı bir kadınla evlenmiş ve onu alıp Türkiye'ye gelmiş. Kızının İslam'a girmesini bir türlü sindiremeyen baba içmiş, Ecem'in evini basmış. Onu odaya kilitlemiş: "Sen o örtüyü çıkaracaksın, sen bu İslam'dan vazgeçeceksin." diye saçlarını yolmuş, kolunu bacağını kırmış ve hastanelik etmiş. Dedesi onu kurtarmaya gelince babası, onu da dövmüş ve en nihayetinde babayı darp suçundan hapse atmışlar.

Allah kendi yoluyla dünyayı tercih ettireceği esnalarda nasıl iki seçenek sunuyor ortaya, bunları anlıyor muyuz? Bizler bu imtihanları yaşamadan "Allah'a çok yakınım, imanım çok yüksek, aslında benim kalbimde bir iman var görsen şaşırırsın diye" bol keseden sallıyoruz. Bizler imtihan olmadan Allah'a yakınlığını konuşarak ispatlamaya çalışan insanlardan sıkıldık ve bıktık artık. Öyle insanlar var ki tüm muhabbet boyunca karşısındakine "kendisinin Allah'a ne kadar bağlı olduğunu" anlatmaya çalışıyor. Dakikalarca ne kadar sadık bir kul olduğunu ispatlama mücadelesine giriyor. Bizde maalesef böyle bir ahlak var, karşımızdakine kendimizi ispatlamaya çalışıyoruz Allah'a değil. Hakikaten inanılır gibi değil.

Allah'a dayan, sa'ye sarıl, hikmete ram ol. Yol varsa budur, bilmiyorum başka çıkar yol. (M. Akif)

Ben bu olayları gördükçe üzülüyorum, içim sıkılıyor ve daha üzücü bir şey söyleyeyim. Allah bu tür insanların birçoğuna artık ne durumda olduklarını dahi hissettirmiyor. Bu, günahtan daha büyük bir sıkıntı. İnsan bir günah işler, vicdan azabı duyar, buna çözüm yolu arar. Bu tür insanlar nasıl bir durumda olduklarının bile farkında değillerken halâ imanlarını muazzam bir şekilde görüyor ve bu imanın iki cihan saadetlerini garanti edeceğinin arkasına sığınabiliyorlar.

Biz nasıl bu hâle geliyoruz? Bizler sürekli sahabe anlatırken nasıl bu hâle geliyoruz? Çünkü bizler sürekli sahabe anlatıyoruz ama sorumluluk almıyoruz! Soruyorum size nasıl imtihan olmayı bekliyorsunuz? Bizler sürekli sahabe konuşup İslam adına bir tane bile sorumluluk almazsak ilk sıkıştığımız yerde işimizden, çek senetlerden, konforumuzdan değil de Allah'ın yolundan, namazdan, tesettürden vazgeçersek, sosyal ağlarda bir felsefecinin sözünü paylaşıp entelektüel konuşmalarla kendimizi İslam namına tatmin etmeye çalışırsak hem hiçbir şey yapmayıp hem de oturduğumuz yerden bir de mücadele edenleri eleştirirsek nasıl olacak?

Bizler sahabelerin yaşadığı imtihanların hiçbirini yaşamadan, tercihlerimizi Allah için kullanmadan nasıl oluyor da kendi imanımızdan bu kadar emin olabiliyoruz? Onların hangi yaptıkları ile bizim yaptıklarımız örtüştü ve biz az önce bahsettiğimiz Caroline kardeşin seçtiği hangi delikanlılığı tercih edebildik? Kaç tanemiz Ecem'in yaptığını yapar? Etrafımız, patronu sıkıştırdı diye namazını bırakan insanlarla dolu. Neden? Çünkü biz "müsait vakit Müslümanı" olduk. Vaktim varsa Allah için köşede bir şeyler yapabilirim. Ama masada sahabe konuşuyorduk, güzel güzel anlatıyorduk neden böyle oldu? Kimin sözünde samimi olduğunu bir olay olmadan anlamanın hiçbir imkânı yok. Biz konuşmayı ve "müsait zaman Müslüman'ı" olarak yaşamayı çok seviyoruz ama bir musibet bize dokunduğunda Allah'ı seçebilecek miyiz? Esas mesele bu.

Veda Hutbesi'nde 120 bin sahabe var ve bu 120 bin sahabenin sadece 5.000 tanesinin mezarı Hicaz bölgesinde. Kalan diğer 115 bini hicret etmişler, 20 bin kilometre Çin sınırına kadar dayanmışlar. Kıyas-ı nefsi ederek, "benim nasıl ihtiyacım varsa başkalarının da var" diye empati yaparak başka insanlara da bu bu iman hakikatlerini taşımışlar. Ve ilginçtir; Veda Hutbesi'ndeki 120 bin sahabenin sadece 500 tanesi hafız, 100-120 tanesi ise fakih idi.[70]

Hz. Ömer hafız değildi. Sahabelerin birçoğuna, şahadet öyle bir vakitte gelmişti ki, Kur-an'ın tamamını görememişlerdi bile. Musab bin Umeyr [(ra)] 16-17 tane ayetle Yesrib'i Medine'ye çevirmişti. Bugün milyonlarca hafız kardeşlerimiz var. Belki sahabelerin birçoğundan daha fazla malûmat ve bilgimiz var. O zaman neden onlarla aynı aksiyona giremiyoruz? Çünkü kalbimiz onların yanında pas tutmuş. Sahabeleri konuşuyoruz ama onların o manasını yaşayamıyoruz, yaşatamıyoruz. Onların öyle bir ortak özelliği varmış ki, başlarına hangi imtihan gelirse gelsin kalp ritimleri hiç değişmemiş. Tercihlerinde her zaman Allah'ın yolunu seçmişler. Önlerine gelen o iki seçenekli imtihanlarda her daim; "Allah böyle mi diyor? Resulullah böyle mi buyuruyor? O zaman Lebbeyk, Lebbeyk" diye hep Allah için olanı seçe seçe kalplerinde bir perde kalmamış. Sanki Allah bizzat onlara emir buyurur gibi hitap almışlar. Kalplerinin ritmi hep aynı atmış. Allah yolunda bir hakikat meselesi

70 Sahih-i Buhari şerhi; Tecrid-i Sarih, Terc. X, 396.

olduğunda tereddüt etmemişler. Bizler aylarca Allah'ın anlatıldığı meclislere girip çıkıyoruz ama bir tane bile sorumluluk almıyoruz. Bu ümmet proje ümmeti bunu anlamıyoruz. Yatak ümmeti gibi olmuşuz. Hevaperest, şehvetperest, haneperest, yatakperest... Böyle ölünür mü? Bir sorumluluk almadan, o sorumluluk elindeyken acı duymadan, imtihana girmeden, Allah'ı tercih etmeden ölünür mü?

Hicretin 9. yılı sahabeler Tebük Seferi diye bir imtihan yaşıyorlar. Efendimiz'e: "Rum hükümdarı Heraklius 40 bin kişilik ordu toplamış sizinle savaşacak." diye haber geliyor. Allah Resul'ü (asm) hemen Müslümanlara haber veriyor "toplanın" diyor. Sefer için 30 bin sahabe toplanıyor. Mesafe 700 km ve 10 bin tane de binek var. Yalnız Tebük Seferi'nin denk geldiği zamanda şöyle bir hassasiyet var, o dönem tam da hurmaların hasat zamanı. Sahabeler hurmalarını toplayacaklar ki bir yıl boyunca onunla geçinebilsinler. Hurma toplamak zahmetli bir iş olduğundan onu hanımları da yapamaz, kendilerinin yapması şart. Hal böyle olunca sahabeler Resulullah'a (sav) gidiyorlar ve: "Ya Resulullah, bize müsaade et sefere bir hafta sonra çıkalım." diyorlar. Efendimiz: "Hayır! Şimdi geleceksiniz." diye karşılık veriyor ve onlara istedikleri mühleti vermiyor.

Peki Efendimiz neden müsaade etmiyor? Çünkü imtihan denilen şey tam da böyle bir şey. İnsanın karşısına öyle iki seçenek gelecek ki nefsi için olanı mı yoksa Allah için olanı mı seçecek belli olsun. Biz "müsait zaman Müslümanları" namazımızı işimize feda ediyoruz. Türlü türlü bahanelerle çalışmak ibadettir deyip çalışma uğruna ibadetleri terk ediyoruz. İnsan hiç, çalışmak ibadettir deyip yaratılış amacı olan Rabbini tanıma ve O'nun (cc) istediği şekilde amel etmeyi elinin tersiyle iter mi? Böyle gaflet böyle akıl tutulması olur mu? Şu halimize baksanıza felçli tavuk gibiyiz. Hakikatleri biliyoruz, duyuyoruz, kabul ediyoruz ama amel edemiyoruz. Zaten kalpte bu kadar put varken nasıl "La İlahe İllallah" deyip amel edilebilir ki? Para putu, ev putu, rahat putu, yatak putu...

Efendimiz (asm) sahabelere savaş hazırlığı emreder, lakin sahabelerde bir isteksizlik hasıl olur. Çünkü hurmaların hasat zamanıdır ve ortada bir yıllık geçim derdi vardır. Ceziret-ül Arap gibi bir bölgede tam yaz mevsiminde herkesin aklındaki tek şey; "Bir hurma ağacının altına uzanayım, onun gölgesinde serinleyeyim" iken o anda savaş emri gelmiştir. Bu hal üzerine Allah Resulü (asm) dertlenmiştir ve Tevbe suresinden bir ayet nazil olmuştur -Tevbe suresindeki birçok ayet Tebük Seferi'ne binaen inmiştir- o anda inen ayet: "Ey iman edenler!" diye başlamaktadır. Bunu okuyan kardeşim, eğer sende iman edenlerdensen o zaman ayeti üzerine alınacaksın. Sadece sahabeye inmiş gibi düşünmeyeceksin. Bu imtihan sana geldiğinde hareket tarzını, nasıl davranacağını ortaya koyacaksın. Çünkü bu ayet bana indi, bu ayet iman eden herkese indi, en başta da sana indi. Sen kendini muhatap kabul etmedikten sonra diğer iman edenlerle de bir ilişkin kalmıyor, o yüzden üstüne alın. Biz hep bu ayetleri masada, sahabelere inmiş gibi konuşuyoruz ama bizim burada rolümüz, sorumluluğumuz nedir hiç düşünmüyoruz.

"Ey iman edenler! Size ne oldu ki, 'Allah yolunda savaşa çıkın!' denildiği zaman yere çakılıp kalıyorsunuz? Dünya hayatını ahirete tercih mi ediyorsunuz? Fakat dünya hayatının faydası ahiretin yanında pek azdır." (Tevbe/38)

Bizlere de olmuyor mu bu haller? Bu kadar sorumluluk var ama neden kıpırdamıyoruz yerimizden? Gerçekten ahirete böyle azıksız gitmeye, sadece konuşup Allah'ın karşısına çıkmaya yüreğimiz yetiyor mu? Banka hesap defterlerimizi ezbere biliyoruz, Kur'an'da nerede ne var bilmiyoruz. Allah Resulü'nün hayatını bilmiyoruz. O zaman biz dünyayı seçenlerden olmuşuz. Efendimiz (asm) ellerini açıyor ve Rabbine: "Ya Rabb, senin yolunda, senin uğrunda giden bu bir avuç insanı helâk edersen, yeryüzünde Sana ibadet eden kalmaz. Bizi affet, bize yardım et." diye dua ediyor.

Sahabeler, Resulullah'ın (sav) bu niyazını duyunca, hepsi canla başla yardıma koşmaya başlıyorlar. Tabi ki sefere hazırlık için mal infak edilmesi lazım. Hepsi mallarını infak etmek için telaşa düşüyor ve 4.000 dirhem Hz. Ömer, 4.000 dirhem de Hz. Ebubekir veriyor. Hz. Ebubekir'in 4.000 dirhem verdiğini gören Allah Resulü (asm): "Ya Ebubekir, 4.000 dirhem verdin ama sana ne kaldı? Hanımına çocuğuna ne bıraktın?" diye soruyor. Tevekkül abidesi sadık dost, Resulullah'a (sav) dönüyor ve: "Ya Resulullah, ben hanımıma ve çocuğuma Allah'ı ve Resulünü bıraktım." diye cevap veriyor. Bizler hiç, böyle bir tevekkülle evden çıkabildik mi? Ev haneme Allah ve Resulünü bırakayım, gideyim de Allah yolunda şu kenar mahallelere kurban dağıtayım, kimin neye ihtiyacı varsa onu gidermeye çalışayım diyebildik mi?

Hz. Ebubekir'den sonra Abdurrahman b. Afv gelir ve 8.000 dirhem verir. Hz. Osman ise 300 deve, 100 at, 8000 dinar bırakır gider. Peki varlıklı sahabeler bunları yaparken varlıklı olmayan sahabeler ne yaptılar? Tamam onlar verdi biz geri çekilelim mi dediler? Çünkü bizde böyle oluyor, 5-10 kişi koşturunca diğerleri bize gerek yok diye geri çekiliyor. Onlar öyle yapmamışlar. Utana sıkıla da olsa, gece gündüz Allah yoluna bir şeyler infak etmek için canla başla yarışmışlar. Sahabenin bir tanesi koşmuş sarığını infak etmiş. Bende de hiçbir şey yok aman evde rahatıma bakayım dememiş. Ebu Kays gitmiş sabahlara kadar su çekmiş. Ulbe bin Zeyd'in elinde bugünün parasıyla üç, beş liralık bir mal varlığı varmış. Ona bakıp sürekli: "Ben bunu Resulullah'a (asm) nasıl vereceğim, insanlar o kadar şey infak ederlerken ben bunu nasıl vereceğim?" diye utanmış ama yine de Resulullah'ın (sav) yanına gidip: "Ya Resulullah vallahi elimde sadece bu var. Bunları al Tebük için azık olsun." demiş.

Ertesi sabah Resulullah (asm) onu yanına çağırmış ve: "Sen sadakası kabul olunanlardansın." diye müjdelemiş. Biz bugün malımızı zaten infak etmiyoruz ama vaktimizi, rahat yatağımızı, Allah'ı öğrenmek için bir şeyler okumak adına gözlerimizi dahi infak etmiyoruz. Böyle gidersek nasıl yetişeceğiz sahabelere?

Ulema infakla nifak kökünü birbirine zıt saymış. Nifak, ayrılık, iki yüzlülük anlamlarına gelip münafık ile aynı kökten doğan bir kelime. Ulema diyor ki: "Kim ki malını, canını, gözünü, rahatını, uykusunu Allah için infak ederse, nifak ondan o kadar uzaklaşır." Peki bunun zıddı olursa ne olur? Bir insan hiçbir şeyini infak etmezse, münafıkla, iki yüzlülükle, riya ile aynı kökten gelen nifak o insanın kalbinde fazlaca yer bulur. Tebük Seferi'nde varlıklı sahabeler ne kadar fazla infak etse de bu infak 30 bin sahabeye yetmemiş ve Asr-ı Saadet'te ağlayanlar denilen yedi kişi Allah Resulü'nün yanına gelip: "Ya Resulullah, (sav) biz cihada gitmek istiyoruz ama vallahi elimizde avucumuzda hiçbir şey yok, bize binek ver ve biz de cihada gidelim." demişler. Allah Resulü (asm) üzülerek: "Vallahi bende de o binek yok." deyip onları mecburen geri göndermiş. Ve o esnada Tevbe suresinden bir ayet daha gelmiş: "Cihada çıkabilmek adına binek için sana geldiklerinde size verecek binek bulamıyorum dediğinde gözleri yaşla dolu geri dönenlere bir sorumluluk yoktur."

Durumu olmayanlar bile ümidi ve mücadeleyi hiç bırakmamışlar. Gelip sürekli yapılabilecek bir şey var mı diye sormuşlar. Bizler, varlık içerisinde Rabbini bulamayanlar, yokluk içerisinde bu kadar imtihanlarla Allah'a yaklaşabilenleri anlayamayız. O dönemin baş münafığı Abdullah bin Ubey ibni Selül, yine yerinde durmamış, münafıklığını yapmış ve: "-Haşa- Muhammed Roma'yı ne zannediyor? Heraklius onu esir alacak, onunla dalga geçecek, alay edecek."

diye başlamış etrafa korku salmaya. Aynı şeyleri günümüzde de yapıyorlar. Kim Allah için bir mücadeleye girecek olsa etraftan ona: "Aman ha dikkat et onların da altından bir şey çıkmasın, hiç bulaşma, gitme öyle yerlere." diye korkular vermeye çalışıyorlar.

Sabret kardeşim, duaların henüz kabul olmamışsa, İmtihanın devam ediyordur.

İşte günümüzde bu korkuyu vermeye çalışanlarla o dönemdeki; "yapamazsın, edemezsin, İslam için yürüyemezsin" diyen ibni Selüller aynı meşrepten. Tebük Seferi'nde seksen kişi bahane sunuyor ve özürsüz bir şekilde sefere katılmayı reddediyor. Hatta içlerinden bir tanesi gelip: "Ya Resulullah beni Tebük'e cihada götürme. Ben, Rum kızlarını görürsem fitneye düşerim." diyor ve bunun üzerine Tevbe suresinin 49. ayeti iniyor: "Onlardan 'Bana izin ver, beni fitneye (isyana) sevk etme' diyen de vardır. Bilesiniz ki onlar (böyle diyerek) fitnenin ta içine düştüler. Şüphesiz ki cehennem, kâfirleri elbette kuşatacaktır."

Ayetler inmeye devam ediyor.

"Allah'ın Resûlüne karşı gelerek (sefere çıkmayıp) geri bırakılanlar, oturup kalmalarına sevindiler. Allah yolunda mallarıyla canlarıyla cihad etmek hoşlarına gitmedi: 'Bu sıcakta sefere çıkmayın.' dediler. "De ki: 'Cehennemin ateşi daha sıcaktır.'" (Tevbe/81)

Allah bizlere onun yolunda koşturabileceğimiz bir kapı açtığında, bizler bahanelerle o kapıyı elimizin tersi ile itersek sonumuz bu ayetin sonu gibi cehennemle ikaz olur. Bir insan zamanında yapılması gerekenleri yapmadığında, bu hal onun kalbine büyük günahlardan daha çok zarar verir.

Tebük Seferi'ne katılmayanlardan üç sahabe çok pişman oluyor. Ben sizlere bu üç kişiden Ka'b bin Malik'i anlatacağım. Ka'b bin Malik sefer zamanı; "hurmaların hasadı gelsin, şu ağacın altında biraz daha gölgeleneyim" diye diye günlerce oyalanıyor. Ordu sefere çıkıyor, aradan bir iki gün geçiyor "peşlerine yetişirim" diye yine oyalanmaya devam ediyor. En sonunda bir bakıyor, ordu gitmiş kendisi geride kalmış.

Sefer sonrası Efendimiz (asm) mescid-i saadetlerinde iken sefere katılmayanlar özür beyan etmeye geliyorlar. Seksen sahabe o esnada hangi özrü beyan etse Allah Resulü: "Tamam, senin işini Allah'a havale ettim." diyor. Sıra Ka'b bin Malik'e geliyor. Bakıyor ki Allah Resulü kim ne söylese kabul ediyor ve işi Allah'a havale ediyor. Ka'b bin Malik: "Ya Resulullah, Senin yerinde karşımda kim otursaydı ben onu ikna edebilirdim. Ama ben bugün burada seni ikna etsem sen de kabul etsen, yarın Allah mahşerde sana hakikati gösterdiğinde, bana orada kızacaksın. Madem bana mahşerde kızacaksın, sen bana burada kız ama Allah beni affetsin.Ya Resulullah vallahi hiçbir zaman şimdiki kadar güçlü ve imkânlı bir şekilde hayat yaşamamıştım. Ben bu seferi ihmal ettiğimden kaçırdım, hiçbir bahanem yoktur." diyor.

Allah Resulü, Ka'b bin Malik'e ve bu şekilde itirafta bulunan diğer iki arkadaşına: "Size hüküm gelene kadar gidin. Medine'de hiç kimse size selam bile vermeyecek. Yasak." diyor. Allah Resulü'nün terbiye metodolojisine baktığımızda; Kendinden uzaklaştırarak bir sahabeyi terbiye ettiğini görüyoruz. Ka'b bin Malik için 50 gün sürecek bu süreç başlıyor. Hiçbir sahabe ona selam vermiyor. Kendisi diğer iki kişiye nazaran biraz genç olduğundan dolayı zaman zaman mescide iniyor, sahabelerle birlikte oturup kalkıyor. Namazdan sonra Resullullah'a ve sahabelere selam veriyor ve uzaktan: "Acaba dudakları kıpırdayıp selamımı alacak mı?" diye

Resulullah'ı izliyor. Bir hayal edelim, dünyada en sevdiğimiz insan bizi kendisiyle cezalandırıyor. Ne kadar zor. Ama size çok güzel bir şey söyleyeyim mi? Ka'b bin Malik ümidini hiç kesmiyor. Kur'an'a iman etmiş ve biliyor ki: "Allah'tan ümidini ancak kafirler keser."

Ka'b'ın, ebu Katade diye çok sevdiği bir amcaoğlu var. Bir gün onu çok özlüyor ve "acaba benimle konuşur, bana selam verir mi" diye amcaoğlunun bahçesine atlıyor, selam verip tebessüm ediyor. Ebu Katade onunla konuşmuyor ve sonrasında naklediyor: "Ka'b'ın sesini duydum, az kalsın dönüp ona bakacaktım. Eğer ona baksaydım dayanamazdım. Onu çok severim ve çok özledim ama eğer dayanamayıp onunla konuşsaydım bu seferde Allah Resulü'nün sözünü yere düşürürdüm ve sadakatimi kaybederdim." diyor. Her şeye rağmen doğru olanı tercih ediyor.

Ömrünüzde üst üste bu kadar doğru adımı atma, doğru imtihanda doğru tercihi seçmeyi yaşadınız mı hiç? Süreç devam ediyor. Gassan hükümdarı Cebele bin Eyhem, Ka'b bin Malik'in büyük bir şair olduğunu biliyor ve ona bir mektup gönderiyor. Bu kadar imtihan yaşamış bir insana bir hükümdardan mektup geliyor ve mektupta Cebele: "Ey Ka'b bin Malik, duydum ki sahibin sana zulmediyormuş. Sen bizim diyara Gassan'a gel. Senin gibi bir şaire layığınca hizmet edeyim." diyor. Tam da Allah Resulü'nün kendisiyle ve herkesle konuşmayı yasakladığı bir evrede karşısına çıkan imtihana bak. Ka'b bin Malik mektubu eline alıyor ve: "İmtihan herhalde." deyip yırtıyor, kalbi teveccüh bile etmiyor.

Biz "patron bir şey der, biri ispiyonlar, işimizden oluruz, aman memuriyetim, esnaflığım elimden gider" diye sohbet dinlemekten aciz bir hâle gelmişken koca hükümdarın mektubunu paçavra gibi ortaya atıyor. Bu imtihanda da yine Allah'ın tarafını seçiyor. Çilenin 40. günü, Allah Resulü (asm) bu kadar imtihan yaşamış bu sahabeye bir haber daha gönderiyor. "Haber verin, hanımı da evi terk etsin." Ka'b bin Malik emri ikiletmeden hanımını babasının yanına gönderiyor. Çileli ve ızdıraplı bir şekilde bu günlerin geçmesini bekliyor ama sadakatinden asla ödün vermiyor.

İşin sonunda 50 gün sonra Tevbe suresinin 118. ayeti nazil oluyor: "Allah, savaştan geri kalan üç kişinin de tövbelerini kabul etti. Yeryüzü bütün genişliğine rağmen onlara dar gelmiş, vicdanları da kendilerini sıktıkça sıkmış, böylece Allah'ın azabından yine O'na sığınmaktan başka çare olmadığını anlamışlardı. Sonra (eski hâllerine) dönsünler diye, onların tövbelerini de kabul etti. Şüphesiz Allah, tövbeyi çok kabul eden ve çok merhamet edendir."

Sabah, Zübeyr bin Avvam gelip Ka'b bin Malik'e müjdeyi veriyor, Ka'b sevincinden hırkasını çıkarıyor ve Zübeyr'e hediye ediyor. Sonra koşup bütün sahabeye sarılıyor onları doyasıya kucaklıyor. Tebük Seferi'nde sahabeyle birlikte 700 kilometre yol yapıldıktan sonra Heraklius'un kalbine korku düşüyor. Münafık ibn Selül'ün dediğinin tam zıddı oluyor ve Roma imparatoru korkup geriye dönüyor. Ama Tebük'ten önce bir vaka yaşanıyor, bu vakanın adına ise Mescid-i Dırar deniyor. Medine'de münafıklar toplanabilecek rahat bir yer bulamadıkları için, kendilerine bir mescid inşa ediyorlar ve Resulullah'a (sav) da: "Ya Resulullah, Medine'deki mescide ihtiyarlarımız gelemiyor, zorlanıyorlar. O yüzden bu mescidi yaptık ki onlar da cemaatle namazı kaçırmasınlar." diyorlar. Hatta Resulullah'tan (sav) bu mescide gelip kendilerine namaz kıldırmasını istiyorlar. Akıllarınca Allah Resulü'ne orada namaz kıldıracaklar böylece de devlet başkanı mescidin resmiyetini tanımış olacak.

Allah Resulü Tebük seferi dönüşü burada namaz kıldırmayı düşünüyor. Dönüşte Tevbe suresinden bir ayet daha nazil oluyor. "Ey Nebi! Bu mescitte sakın namaza durma." Allah Resulü bu mescidi yıktırıyor ve yıktırdığı bu mescide Mescid-i Dırar deniyor. Peki bizim buradan almamız gereken ders ne? Maalesef her şey göründüğü gibi değil. Her sakallıya dede diyemeyeceğimiz gibi uzaktan sureti güzel görünene de siretini bilmeden güzel diyemeyiz.

Tebük Seferi bir zorluk seferidir ve ufak tefek zorlukları gören bütün münafıklar bu seferde dökülür. Allah Azze ve Celle hamlarla hasları, altınla bakırı, elmasla kömürü ayıklamak için, onlar o zaman ne yaşadıysa farklı isim ve farklı şekillerde bize de o Tebük'ü her daim yaşatacak. Kimi zaman evimizin içinde, kimi zaman işyerimizde ciğeri üç kuruş etmez bir patrona tamah ederken, Allah'a layık olup olamadığımız ortaya çıksın diye yaşatacak. Kimi zaman "bu saatte yataktan kim kalkacak şimdi" diye uykuyla yaşatacak ama mutlaka bu imtihanlarla O'nu mu seçeceksin yoksa dünyayı seçip keyfe mâ yeşâ devam mı edeceksin bunu sana gösterecek. Zira Tebük Seferi bahanelerle bahanesi olmayanların ayrıldığı bir imtihanın adıdır. Kumaşımızın kalitesi nedir, bunu bize göstermenin adıdır.

Bizler böyle imtihanlar karşısında daha sorumluluk almamışken nasıl imtihan olabiliriz, ben soruyorum size. Gerçekten bu kadar boş mu yaratıldık? Tek derdimiz akademik bir kariyer mi, ailemizin bizi alkışlaması, "benim evladım da ne kıymetli ne kaliteli bir evlatmış" demesi midir? Yoksa "onların rızasının ve tebessümlerinin hepsi kabirde geçicidir benim için Allah'ın razı olması yeter" demek midir?

Bizler sizlere Allah'ı anlatan bu ilim meclisine, derslere gelsene dediğimizde, bir sorumluluk vermeye çalıştığımızda, sizler bunları elinizin tersiyle ittiğinizde kime benziyorsunuz farkında mısınız? Bizlerin inadına Akif gibi: "Allah'a dayan, sa'ye sarıl, hikmete ram ol. Yol varsa budur, bilmiyorum başka çıkar yol." demesi lazım değil mi?

Bizler şehirleri ve dünyada birçok ülkeyi geziyoruz. Bu hakikatleri gönül dünyasında duymaya muhtaç çok fazla insan varken bu uykular inanın bizlere haram. Allah, "onlara denk geldiğinizde yardım edin" diyor, biz de onları gördüğümüzde "Allah size yardım etsin" diyoruz. Allah bize "yap" diyor, biz de onları gördüğümüzde "hayır Allah'ım sen yap" diyoruz, haşa ortak gibi! Bu nasıl bir çelişki? Sorumluluk almak istemiyor musun? Dünyada rahat yatak, rahat döşek mi tercih etmek istiyorsun? Kabul. Şeytanın seni kandırmayı başarabildiği zamanlarda dünyadan istediğin lezzeti alabilirsin. Ta ki Allah belanı verinceye kadar!

ALLAH'I NASIL VE KİMDEN ÖĞRENİRİM?

Herkesin kalbinde Allah'a yakın olmak için veli olmak veyahut veli biriyle olmak hedefi vardır. Veli olmak muallim olmak demektir. Veli biriyle olmak demek de müteallim yani talebe olmak demektir. Bizim Allah'a adım adım yakınlaşmamızın yolu bu iki anahtar kelimeden geçmektedir. Muallim ve müteallim. Peki bir insan ikisi de olabilir mi? Olur, tabi ki olur. Bir insan bildiği şeyin muallimidir, başkalarına öğretebilir. Bilmediği şeyin de müteallimidir, başkalarından öğrenebilir. Demek her insan, bir cihette muallim bir cihette de müteallimdir.

Biz Allah'a yakınlaşma yolunda muallimlik ve müteallimlik yani öğretmenlik ve talebelik ederken iki cihette de çok ciddi yanlışlar yapabiliyoruz. Allah'a yaklaşacağız zannındayken, bunun menhecini, yolunu, yordamını, metodolojisini tam bilmediğimizden ötürü Allah'tan (cc) tahminimizin ötesinde uzaklaşıyoruz.

İlk olarak müteallim yani talebelik noktasında nasıl hatalar yapıyoruz, yolumuzda, iştahımızda nasıl sorunlar var onları görelim. Öncelikle talebeyle ilmin buluşmasının bir, yaşla; iki, başına gelen büyük bir olayla alakası yoktur. Bazen kişi bir karıncanın adımından Rabbini bulabilir. Altında bal olduğunu bilen bir karınca o mer-

merin üzerinde saatlerce dolaşır gezer. Burada bir karınca insanın mürşidi olabilir. İz bin Abdüsselam'ın yaşadığı küçük bir olayın kendisini nasıl büyük bir alim yaptığına gelin hep birlikte bakalım.

Birçok âlim küçük yaşlarda hıfzını, ezberini tamamlar ama İz bin Abdüsselam'ın öyle olmamış. Hicri 6. yılda kendisi 27 yaşında, Şam'da Emevi Camii'nin yanında o zamanlarda işçilerin kaldığı bir yer var, orada işçilerle birlikte kalıyor ve bir sabah rüyada ihtilam oluyor. Uyanınca, caminin hamamına ve çeşitli yerlere gitse de sıcak su bulamıyor. Mevsim kış, hava karlı, en sonunda buz gibi bir su buluyor onunla gusül alıyor. Tekrar odasına dönüyor, daha namaza iki üç saat var. O iki üç saat namazı bekleme esnasında tekrar uykuya dalıyor, tekrar uyanıyor, yine ihtilam olmuş. Tabi o buz gibi havada ikinci guslü alınca hastalanıyor, yataklara düşüyor.

Kendisi cami cemaatini kaçırmayan birisi olduğundan, Emevi Camii'nin imamı Şeyh Abdurrahim Efendi onun yokluğunu fark ediyor. İz bin Abdüsselam'ın yanına gidiyor. "Ne oldu sana, nedir bu halin, nasıl hasta oldun?" diye sorunca, İz bin Abdüsselam başından geçenleri anlatıyor. Hoca: "Sen bilmez misin böyle bir zaruret halinde teyemmüm almak da makbuldür." deyince İz bin Abdüsselam: "Nasıl yani ben şimdi dinimdeki ruhsatı bilmediğim için mi günlerdir yatakta yatıp, Rabbimden uzak kalıyorum." der ve 27 yaşında başından geçen kimilerine göre ufak sayılabilecek, bu incecik hadise ile tahmin edilmez bir âlim oluyor. Biz bir hakikati duymamak için; "işte çok yoruluyorum. Eşim izin vermiyor. Çocuk hiç durmuyor, onunla bir işe yapamıyorum ki. Bir hafta sonum var onu da kendime ayırıyorum. Sohbetin olduğu aklımdan çıkmış. Kar yağdı yollar kötüydü, gelemedim. Düğünümüz vardı. Ev kalabalıktı çok yoğun geçiyor günler. Arabam yok, dolmuşla da gelmesi zor oluyor..." diye bahaneler üretiyoruz.

Biz bu kadar bahane üretirken bir de Selman-ı Farisi'yi konuşalım. Acaba yüzümüze tokat gibi neyi vuracak? İranlı kendisi. Mecusi bir babanın evladı. Onun da bir yerden sonra kalbine ilim aşkı düşüyor ve başlıyor ilim yolculuğuna. En evvel Musul'a, daha sonra Musul'dan Mardin-Nusaybin'e, oradan Ammuriye yani günümüzdeki Afyon bölgesine oradan da Tebük'e gidiyor. Orada köle olarak Yesrib'e satılıyor ve ila ahir Efendimiz'le (asm) tanışıyor.

Gelelim hikâyenin en başına. Selman-ı Farisi ilk, Mısır taraflarına gidiyor ve Mısır'da bir rahibin dizinin dibine oturup: "Benim bu dünyaya niye geldiğimi öğrenmem lazım." diyor ve bunu dert ediniyor. Zira bu bir insanın dert etmesi gereken en mühim şey. Selman-ı Farisi ilim öğrenmek için dizinin dibine oturduğu rahibin yanlış işlerini görüyor. Böyle bir durumda biz olsak, zaten bu işlerden kopmaya bir bahane arıyoruz bu da üzerine gül gülistan olur ve namazı bile terk ederiz. Ama Selman-ı Farisi yanlış işler görmesine rağmen, o esnada merak ettiklerini öğrenecek başka hiçbir merci bulamadığından dolayı rahibin dizinin dibinde kalıyor ve alimin vefatından sonra da durumu uygun bir dille halka açıklıyor. Ondan sonraki serüvende de zaten köle olarak Yesrib'e satılıyor sonra da Efendimiz'le (asm) tanışıyor.

Bizim burada şunu anlamamız lazım; bir tarafta mücadele var, diğer tarafta ufacık bir bahaneyle şerit değiştiren bizler varız. "Bu dünyaya niye geldim?" sorusunun peşine düşüp mücadele eden Selman-ı Farisi gibi bir zata Allah yolunu göstermez olur mu hiç? İmkanı yok. Bunu niye anlatıyorum biliyor musunuz? Niye olmuyor bunu görelim. Hani bazıları kırkına, ellisine geliyor, o yaşa geldikten sonra ellerini başına koyuyor: "Allah Allah, ben ki on numara Müslüman olacak biriydim niye olmadı bu işler." diyor. İşte niye olmadığını biz buralardan anlıyoruz. Zira en ufak şeyde şerit değiştirenler nasıl muvaffak olabilirler ki...

Biraz da ebu Hureyre'yi, ebu Hureyre'yle istikrarı konuşalım. Ebu Hureyre, Efendimiz'in (asm) yanında sadece dört yıl kalmış ama en çok hadis rivayet eden, muksirun denen 7-8 sahabeden bir tanesi. Kendisine soruyorlar; "dört yılda bu kadar şeyi nasıl hıfzında tuttun" diye. Az önce Efendimiz'le namaz kılarken şu sureleri okudu diye, oradan başlıyor anlatmaya. Hiç kimsenin aklında değil ama onun aklında. Allah ona böyle bir hıfz vermiş. Ebu Hureyre'nin bu hıfzındaki en önemli sebeplerden bir tanesi istikrardır. Yani aynı şeyi devamlı yapmış, neyi takip edecekse zihnini sadece ona konsantre etmiş.

Peki soruyorum var mı bizde böyle bir konsantre? Yoksa zihnimiz bin parça her gün gereksiz olan her şeyi düşünüyor mu? Bizler hedefe kitlenme hali olmadan ebu Hureyre'nin meşrebinden olmayı bekleyemeyiz. Şimdi de Salim Mevla ebu Huzeyfe'ye gelelim. Bizde bilgi arttıkça kişi koltuğa yapışır. Bu sahabe, Allah Resulü'nün: "Şu dördünden Kur'an öğrenin." dediği zatlardan bir tanesi. O kadar kıymetli bir sahabe efendimiz; gün geliyor, Yamame Savaşı oluyor, en ön safta yer alıyor. Diğer sahabeler ona: "Sen bize Resulullah'ın (sav) emanetisin, ne yapıyorsun, en ön safta niye duruyorsun, sen bize Kur'an öğreteceksin." deyince: "Bugün Kur'an'ın lafzını koruma günü değil, bugün Kur'an'ın hakkını ve hukukunu koruma günü, ben bu mücadelede en önde durmayım da ne yapayım?" diyor ve Allah onu orada şehadete yürütüyor.

Şimdi bizler bundan ne anlıyoruz? İlim, vakti geldiğinde amelle taçlanmazsa, insan ne hallere düşer, sahabeler bunu biliyor, o yüzden ilmini ameliyle birlikte taçlandırıyorlar. Bizde neler eksik görüyor muyuz? Bizler bir şeyleri ezberlemeyi, yani malumatfuruşluğu ilim zannediyoruz. Bir şeyi ezberlemek ilim değildir. Tam yeri ve zamanı geldiğinde o malumatla mucibince amel edemezsen ona ilim denmez. O ancak gazete gevezeliği olur. Biraz önce konsantre, yoğunlaşma noktasını söyledik. Yani Allah'ı tanımak için bir insan, nazarını hep aynı yöne teksif eder, yoğunlaştırır. Biz bunu ebu'd-Derda'dan öğreneceğiz.

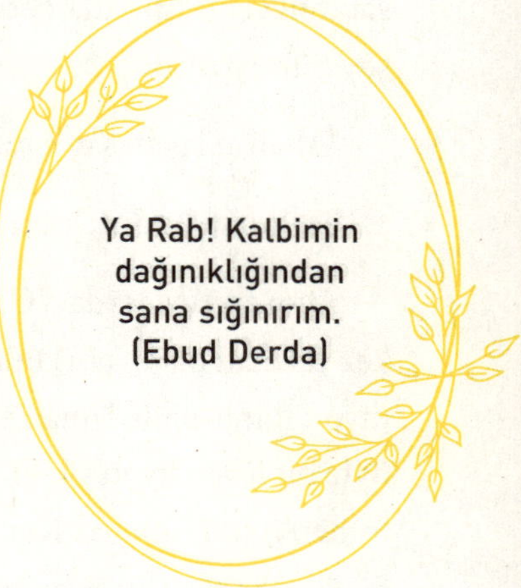

Kendisi Medine'de aktar işi yapan çok ciddi bir tüccar. Efendimiz'in (asm) Medine'ye geldiği dönemlerde, kendisi İslam'a önce mesafeli durmuş. Daha sonra arkadaşı Abdullah bin Revaha ona vesile olmuş. Vesile olduktan sonra ebu'd-Derda önce Efendimiz'i (asm) daha sonra Suffa meclisini, o ilim mektebini tanır. Suffa meclisini tanıdıktan sonra oraya gelir gider, gelir gider ve "böyle olmuyor, bir gönülde iki sevda barınmıyor" deyip dükkânını kapatıp kendini vakf-ı hayat eder. Ebu'd-Derda'nın dilinde sürekli aynı dua var: "Ya Rab! Kalbimin dağınıklığından sana sığınırım."

Etraftakiler ondan sürekli aynı duayı duyunca merak ederler ve sahabeler sorar: "Ya ebu'd-Derda bu kalp dağınıklığı dediğin nedir?" ebu'd-Derda: "Her işte parmağım, her tarlada ürünüm olsun istemek kalbin dağınıklığıdır." diye cevap verir. Bize buradan dersler, nasihatler, dikkatimizin ne kadar hızlı şekilde dağıldığı hakikati çıkıyor mu? Allah'la kurbiyeti, yakınlığı yakalamadıktan sonra medresenin bütün işlerini tek başına çevirsen bir kıymeti yok, ortaya çıkıyor mu?

Bu okuduklarımızda da ortaya çıkmıyorsa, bu dersler de bizi adam etmezse, dostum korkarak söyleyeceğim ama inan bizi adam edecek başka bir şey olamaz. Şu dersler de katılaşmış kalplerimize elmas kılıçları vurup o taşları kırmazsa bizim kalplerimizi yumuşatabilecek, intibaha getirecek, haşyet duydurabilecek başka bir şey bilmiyorum.

"Allah'a dayan say'e sarıl, hikmete ram ol.

Yol varsa budur, bilmiyorum başka çıkar yol.[71]"

Aynı ebu'd-Derda: "Cahile yani ilmi bilmeyerek yapmayana bir kez yazıklar olsun ama bilip de yapmayana yedi kez yazıklar olsun." diyor. İlimle ilgili; "iman etmek ve salih amel işlemek" noktalarında öyle bir hassasiyeti var ki, bilip yapmayanı mesuliyet cihetinde cahilden önde tutuyor. Kendisi Suffa'nın gözde bir müteallimiyken, gözde bir muallimi haline geldiğinden ebu'd-Derda'nın yanına ısrarla gelip sualler soran sahabeler oluyor.

Bir gün yine sahabelerden birisi geliyor soruyor, cevap alıyor; soruyor cevap alıyor derken, ebu'd-Derda o sahabeye: "Sen ne yapıyorsun? Benim sana verdiğim her cevap, ahirette sana şahitlik edecek. Sen bir soruya verdiğim cevabı amele geçirmeden, diğerini duymaya hazır mısın acaba?" deyip: "Hayır, önce duy amel et, sonra yenisini duymaya gel." diyerek onu gönderiyor, bize muazzam bir ders veriyor.

Konunun başında kişi muallim de olabilir, müteallim de demiştik. İşte bu tür insanların özellikle "hangi sıradan başlamalıyım, nereden tutmalıyım, nasıl bir dengeyle gitmeliyim" diye talebe olmaları yani talep etmeleri çok elzem. İlimde bilginin yanında, o yemeğin kıvamı lezzetli olsun diye amel gerekir, istikrar gerekir diye bahsettik ama bir konu daha var ki bir ilim talebesinde, olmazsa olmaz bir şart; iffet.

İnsan edindiği bilgileri zihninde düzgün bir şekilde, tam yerinde, sistematik olarak kullanmak istiyorsa bunun en büyük şartlarından

71 Mehmet Akif Ersoy.

bir tanesi de nazarını koruması yani iffetidir. Şeyhülislam Abdurrahim Efendi zamanında, 20'li yaşlarda Abdurrahman Efendi diye bir zat var. Bir gece Şeyhülislâm Abdurrahim Efendi'nin kızı saraydan dışarı çıkıyor ve oraya gideyim, burayı gezeyim derken yolda kayboluyor. O karda kışta gece vakti, yollarda gide gide en sonunda uzakta bir ışık görüyor, oraya gidiyor ve kapıyı çalıyor. Kapıyı 20'li yaşlardaki ilim talebesi Abdurrahman Efendi açıyor. Bakıyor ki karşısında soğuktan donmuş, tir tir titreyen, çok zor durumda bir kız.

Abdurrahman Efendi'nin evi bir göz odadan ibaret. Kızı içeri alıyor, kendisi bir köşede sabaha kadar ilim çalışırken evine aldığı genç kız ise diğer köşede ısınmaya çalışıyor. Gece boyu genç kızın dikkatini bir şey çekiyor. Abdurrahman Efendi, sabaha kadar hem uyanık kalıyor hem de ilim çalışırken masasını aydınlatsın diye duran muma, sürekli elini götürüyor, canı acıyor ve geri çekiyor. Sabah oluyor, kız Abdurrahman Efendi'ye teşekkür edip, saraya dönüyor, babasına durumu anlatıyor. Abdurrahim Efendi ilim talebesinin neden böyle bir şey yaptığına anlam veremeyip: "Çağırın onu bana." diyor.

Abdurrahman Efendi yanına gelince: "Evladım böyle bir vaka yaşanmış, Allah razı olsun eksik olmayasın kızımı evine almışsın ama kızım şöyle bir halden bahsetti. Senin masandaki ateşle münasebetin nedir?" diyor. Abdurrahman Efendi: "Şeytan bana o anda telkinde bulunup, konuşsana, bir yakınlık kursana, hatrını sorsana diyordu. Şeytan bana bunu her söylediğinde; elimi muma götürdüm ve ey Abdurrahman ateş var diyerek kendi nefsime cehennemi hatırlattım. Halim budur." deyince, Şeyhülislâm ben böyle bir iffet görmedim diye hayret ediyor ve kızını Abdurrahman Efendi'yle nikahlıyor.

Bir gün bir alime: "Çocukken ezberlediğin şeyleri daha ilk günkü gibi bize canlı canlı anlatıyorsun, nasıl oluyor bu hal?" diye soruluyor. Zamanın Osmanlı medreselerinde yetişmiş bu âlim: "Biz medreseye girdiğimizde bize ilimden evvel yolda nasıl yürünür, onu öğretirlerdi. Nazar dairesi haramdan uzak olduğunda fikirler, zihinler, hatıralar, ilk günkü gibi varlığını ve canlılığını koruyor." diye cevap veriyor.

Biz daha dün okuduğumuzu unutuyoruz. Demek nazar dairemizde bir problem var. Tüm bunlardan anlıyoruz ki ilmin muhafazası için bir şeyi bilmek bu işin en basit kısmı. Bu işin "iffetti nerede, takvası nerede, ameli nerede, yeri gelince savaşta ön safta durma kısmı nerede" buralara da bakmak zorundayız. Zira bu işin heveslisi çok ama sabredeni yok.

Hayalhanem'den içeri giren ve Hayalhanem'e mesaj atan insanları toplasak sayıları milyonu geçer. Gelen mesajlar, aramalar, şehir dışına gittiğimizde tanıyanlar, videoyu izleyenler derken milyonları aşkın bir sayı var ama koşturan insan sayısına baktığımızda aynı çokluğu göremiyoruz hiçbir zaman. Peki neden böyle oluyor? İşin sonunda neden hep bir avuç insan kalıyoruz? Demek ki, bir haz ile veyahut -abes olmazsa- bir gaz ile adım atan çok insan oluyor. Adımını ne için attığını bilmeyen meseleleri ya tam oturtamadığından ya da oturttuğu meseleler, nefsine ağır gelip, "hayır canım ben bu şekilde sizin gibi hareket edemem, bu hürriyet ile hayatımı kısıtlayamam" -dikkat edin bu hürriyet ile dedim çünkü asıl hürriyet Allah'a kul olmakta- diyenler, yolun ince esprisini yakalayamadan maalesef geri gidiyorlar.

İlginçtir ki öyle insanları ilk hevesle buraya getirten bilgidir ama bilginin put oluşudur. İyi de Mehmet kardeşim "bilgiden put olur mu" derseniz, olur tabi. Siz hiç dışarda sadece konuşmak için konuşan insanlar tanımadınız mı? Kendi nefsinizi de bazen yakaladığınızda sadece konuşmak için konuştuğunu görmüyor musunuz? Bir bilgiyi sadece öğreneyim, ezberleyeyim de bir yerde sunayım dediğini duymuyor musunuz? Uhuvvet Risalesi'ni ezbere bilen insanların kardeşleriyle anlaşamadığına, İhlas Risalesi'ni ezbere bilen insanların, insanlar arasına nifak tohumları ektiğine şahit olmuyor musunuz? Bediüzzaman'ın hakkını yani müspet hareketi savunma niyetiyle adım atan insanların, bu yolda tahribata en çok sebep olan insanlar olduklarına yer yer şahit olmuyor musunuz?

Demek ki burada bilginin putu var. Yani okuduğuyla amel etme kaygısı yok, içimden bir heves dökülsün var. Hatta bazı genç kardeşlerde şöyle bir olay bile vardır. Siyer alanına hususiyeti varsa akla ziyan hadisleri ezberler ya da Risale-i Nurlarla biraz ilişkisi varsa, atomu, partikülü veya entelektüel kelimeleri ezberler ve sürekli bu kelimelerle bir harman yapıp konuşmaya çalışır ki herkes onun bir âlim olduğunu anlasın.

İşte bu hal ve hareketlerin hepsinin tek sebebi vardır, ilmin o insanda put oluşu. Tüm bunlar geçici bir hevesten başka bir şey değildir. İnsan o hevesle kapıdan girdiğinde, bakar ki: "Bu işin arkasında sadece bilmek yok, bir sürü insanın nazını çekmek var. Kendi zihnini değişen gündemlerden soyutlama derdi var. Birçok insanın ailesi var, geçim derdi var. Bunların yanında uğraştığı bir sürü insanın derdi var, okuması, namazı, ezberleri derken derken... alması gereken mesuliyetler var. Bazen bir şey ağrına bile gitse alttan alması gereken meseleler var."

Tüm bu varlar birikince ne oluyor? O insan: "Aman canım ben sadece biraz bilgi öğrenmeye gelmiştim, bu ameller bana göre değil." deyip geri dönüyor. Bizim şu kısımları iyi anlamamız lazım; malûmatı çok olan değil, haşyeti çok olan alimdir. Yani biz öğrendiklerimizle Allah'ın azametini idrak edip haşyet duyamadıktan sonra, hani başta bahsetmiştik ya, bir kulun veli oluşu diye, bu rüyada bile bizim hayalimize hülyalarımıza ilişemez. Öyle bir mesele.

Bizler muhabbete başlarken; "Üstad Hazretleri gibi" cümlesini kullanıyoruz. "Kardeşim yapılacak işler var." dendiğinde, "kar yağdı, çamura battı, üstüm kir oldu, halam, dayım, teyzem evlendi, bugün saçımı kestirecektim gelemedim. Arabamı babam aldı..." gibi birçok bahaneler sıralanıyor.

O insanın "Üstad gibi" diyerek cümleye başladığı hayatı, hiç Üstad gibi değil. O zaman soruyorum size burada bir bilgi putu var mı, yok mu? Bir insanın ilmi arttığı halde ameli artmıyorsa, bu bir sorundur, insanın daha fazla mücadele etmesi gerekir. Bir insanın ilmi arttığı ölçüde kibri artıyorsa orada bırakması lazım ama İslam'ı, kulluğu değil haşa, kibrini şişiren hangi alkış, hangi önde olma sevdası, hangi dünya rahatıysa işte onların hepsini bırakması gerekir. Yoksa o kibir onu cennete bırakmaz. Bu işte, önde olmanın, bilmenin ve amel etmenin de üstünde başka bir mesele vardır, o da imanın iz'an'ı, tasdiki, Allah'a yakınlığıdır. Akrebiyetin sırrıdır. Zira bizler yatsıdan sonra iman edip, sabah namazı kılmadan vefat eden ve Efendimiz'in (asm): "Cennettedir." buyurduğu sahabeleri biliyoruz.

Bu dava az önce konuştuğumuz ilmin bile üstünde başka sırları barındıran bir dava. Peki nasıl olacak tüm bunlar? Bizlerin kalbi en ufak bir ayeti duyunca haşyet duyuyor mu, titriyor mu, mucibince amel edebiliyor mu bunlara bakacağız. Zira bir gün sahabelerden bir tanesi, Al-i İmran 92'de: "Sevdiğiniz şeylerden Allah yolunda harcamadıkça iyiliğe asla erişemezsiniz. Her ne harcarsanız Allah onu bilir." ayetini duyuyor ve hemen kendisini sorgulamaya başlıyor. Daha sonra en sevdiği ne varsa götürüp infak ediyor. Ve bunu duyar duymaz yapıyor. Yine ebu Talha bu ayeti duyar duymaz, hemen gidiyor bir kuyu infak ediyor.

Peki biz ne yapıyoruz? Biz bunları duyar duymaz yaşamak yerine birbirimize anlatır hale geliyoruz. Zira sayısız masada şahit olduk sahabeler konuşulduğuna ve yine sayısız masada şahit olduk o masadan kalkınca tartışmalara devam edildiğine. Peki bu yapılanın, sahabelerin o masada isimlerinin zikredilmesinin İslam'a ne faydası oldu? Demek biz duyduğumuzu, duyduğumuz gibi yapamıyor, yaşayamıyor ve yine bir ayete karşı geliyoruz. "Ey iman edenler! Yapmayacağınız şeyleri niçin söylüyorsunuz? Yapmayacağınız şeyleri söylemeniz. Bu Allah katında büyük gazap gerektiren bir iştir.[72]"

Bizlerin bu yolda bu endişeleri duyması gerekiyor. Bilgimiz arttıkça amelimizin artması ve bunlarla birlikte haşyetimizin, Allah'tan korkumuzun; "ya Rab, gerçekten benden razı oldun mu" diye endişelerimizin artması bazen uykularımızın kaçması gerekiyor. Ekonomik dengesi bozulunca gecelerce uykusu kaçan insanlar var. Hanımı doğum yapacak diye gecelerce hastanede nöbet tutan insanlar var. Bu kadar sebepten uykusu kaçan bunca insan varken, İslam'ın derdi ve kendi akıbetinle ilgili yılda birkaç gece uykun kaçmıyorsa gerçekten dertliyim deme.

Bir gün Hanzala isminde bir sahabe yolda Hz. Ebubekir'i görüyor ve: "Ya Ebubekir, Hanzala münafık oldu, Hanzala münafık oldu." diyor. Hz. Ebubekir, ne olduğunu anlamıyor: "Ne diyorsun ya Hanzala, neden böyle söylüyorsun?" deyince Hanzala: "Ya Ebubekir, ben Resulullah'ın (sav) yanında cennette yürüyor gibiyim, ama ondan uzaklaşınca o hallerim gidiyor, demek ki Hanzala münafık oldu." diyor. Burada Hz. Hanzala'nın tavrından daha ilginç bir şey vuku buluyor, Hz. Ebubekir'in tavrı. Çünkü Hz. Ebubekir bunu duyar duymaz: "Öyle mi?" deyip kendisinde de aynı hali görünce: "O zaman bunu, Resulullah'a (sav) soralım." diyor. Böyle bir insan bize gelse biz nasihat veririz ama Hz. Ebubekir hemen

72 Saff suresi 2-3.

ayine gibi dostundan görüp kendisinde de bunu hissediyor ve kendisini sorguluyor. Gidiyorlar, Allah Resulü'ne bu hali soruyorlar ve Efendimiz: "Ya Hanzala senin dediğin hal melek halidir, insanın hali ise bir öyledir bir böyledir. Eğer sürekli o halde kalsaydık, bir insan gibi irademizi ihtiyarımızı kullanamazdık." diyor.[73]

Hanzala evliliğinin sabahında dışarda Bilal bin Rebah'ın: "Haydi savaşa!" seslerini işitiyor. Daha guslünü almadığı için hanımı: "Nereye gidiyorsun böyle gidilmez." dese de: "Hayır bu çağrıya yetişmem lazım." diyor ve gidiyor. Hanzala gittiği gazvede şehit oluyor. Daha sonra: "Melekler ona gümüş tepsilerde abdest aldırdı." diye rivayet ediliyor. Çünkü o kendini bile unutacak kadar derdini seven bir şehit.

O halde tekrar soralım mı kendimize: "Sadece ilim yetiyor muymuş? Oturup konuşmak yetiyor muymuş? Yeri gelince en öne atılmadıktan sonra bu bildiklerinin kameti kıymeti neymiş?" Biz de şu an bir şeyler öğreniyor, bazı meseleler konuşuyoruz ve konuştuklarımız üzerimize bir vebal hükmünde artık.

Medine'nin ikinci senesi yani nübüvvetin 15. yılı, Bedir ashabı 313 karşı taraf ise 1000 kişi. Bizde 2 binek var onlarda 100, Allah nasip ediyor, böyle bir gazve kazanılıyor hatta kazanılmakla da kalmıyor müşriklerden 70 kişi esir alınıyor. Efendimiz (asm) birkaç tane sahabeyi yanına çağırıyor ve diyor ki: "Söyleyin bakalım ne yapalım bu esirleri?" Hz. Ebubekir: "Onlar bizim kavmimizden ya Resulullah (sav), bırakalım gitsinler." diyor. Efendimiz Hz. Ömer'e dönüyor: "Peki sen ne dersin ey Ömer?" diyor. Hz. Ömer: "Ya Resulullah (sav) ben Hz. Ebubekir gibi düşünmüyorum. Sen hepimizin akrabasını bize ver. Ali'ye kardeşi Akil'i, Hamza'ya abisi Abbas'ı, bana Benimahzum'dan olan dayılarımı, Ebubekir'e oğlu Abdurrahman'ı,

73 Müslim rivayet etti, Riyâzus-Sâlihîn s. 140. 14. bab, 151. hadis.

Osman'a Beniümeyye'den kim denk gelirse onu ver. Hepimiz kendi akrabalarımızı öldürelim Allah'a asabiyetimizle ilgili hiçbir problem olmadığını ispat edelim." diyor. Ömer, Ömer'ce düşünür tabi.

Allah'ım, bana kendi sevgini ve senin yanında sevgisi bana fayda verecek kimsenin sevgisini ver.

Hadisenin inceliğine bakar mısınız, bilgi ve bilgi konuşmanın çok ötesinde, yeri geldiğinde çok ilginç meseleler oluyor. En son Efendimiz (asm) yaptığı istişarelerle: "Esirleri birine okuma yazma öğretme karşılığında serbest bırakıyor.[74]" İnsan bir mevzuda yeri gelince muallim oluyor, yeri gelince de müteallim. Bundan önceki satırlarda müteallim olmada, bir şeyi talep etme, talebe olma noktasında, iffetimizde, istikrarımızda, dikkatimizde, hırsımızda, amelimizde ve bir mesele ortaya atıldığında en önde olma noktalarında problemlerimizi gördük. Şimdi biraz da muallim vasfındaki kişilerin hatalarını, yollarındaki sorunları görelim.

"Gerçek Allah dostu olan şeyh ile şeyhlik iddiasında bulunup şeyhlik taslayan kişilerin arasındaki farklar nelerdir?"

Bizler de dahil olmak üzere çoğu insan bir muhabbette ya anlatıcı ya da dinleyici konumunda. İnsan yeri geliyor bazen birilerine bir şeyler anlatıyor, yeri geliyor bazen de birilerinden bir şeyler dinliyor. Peki insan her önüne geleni dinlemeli mi? Elbette hayır. Kişinin aldanmaması için gerçek veli, şeyh ile şeyhlik iddiasında yani "ben şeyhim, bana ittiba edin, beni dinleyin" diyen şeyhi birbi-

74 Müslim, Cihâd, 58.

rinden iyi ayırması gerek. Bir insanı, bir ekolü, bir grubu dinlerken ayrım yapması gerek.

Öncelikle şunu iyi anlamalıyız, Allah'a hakiki manada dost olan mürşid-i kâmil her daim var olan eti kemiği ile bedenen karşımızda duran olmak zorunda değildir. Bazen hasbi bir cemaatin, hasbi bir ekolün, hasbi bir gurubun şahsı manevisi de veli, kâmil hükmünde olabilir. Zira bu noktada aldanan ve mürşid-i kamili bedenen arayan çok insan tüm umutlarıyla bir insana gidip, bütün umutları ile o insanın ya da o ekolün elinde boğulup kalabiliyor. Çünkü gittiği yeri mürşid-i kâmil biliyor ama bir şeyi bilmiyor;

"Her mürşide el vermek yolunu sarpa sardırır,

Mürşid-i kâmil olanın gayet yolu asan imiş."

Demek ince bir ayrım var. Tevazulu, vakarlı olanı bulunca bırakmamamız gerekiyor. Çünkü bizzat toprak gibi mahviyette olmazsa onun üzerinde gül bitmez. Zira Âlem-i İslam'ın bunca derdi varken hala insanları birbirine düşüren kişiyi her gün Kabe'nin en ön safında görseniz bu yine de aradığınız makul mürşid-i kâmil olmayabilir.

Hakiki şeyhin maksadı, meslek ve meşrebi değil, o mesleği ve meşrebini, yani tabelasını bir vesile yaparak oradan İslam'ın umumuna hizmet etmektir. Ama şimdi bazen bazı yerlerde meslek ve meşrep İslam'ın önüne geçiyor. İslam içerisinde tekfir sayılmayacak meseleler, o meslek ve meşrepten tekfir ediliyor ve bazı gruplar: "Bu yolu bu şekilde yapan haindir. Bu yolu şu şekilde yapan bizden değildir." diye sürekli tahakküm altında bırakılıyor." İnsan tabi ki belli bir çatı altında koşturabilir. Ama koşturduğu yerin tabelası asla Ümmet-i Muhammed tabelasının önünde olamaz. Ancak onu cem etme noktasında bir vesile, bir araç olabilir. Demek ilk kriter; kişi meslek ve meşrebini İslam'ın önünde tutarsa, meslek ve meşrep noktasından sürekli insanların arasını bozarsa o kişi veya gruptan mürşid-i kâmil olmaz.

İkinci kriter ise, mesleği muhabbet olacak. Mesleği muhabbet olan bir insan birileriyle fıtratı, mizacı uyuşmuyorsa bile Allah'ın hatırı için, onları sever bağrına basar. Sevgi nasıl ispatlanır? Sevdiğin zatın uğruna ne kadar şeye sabrediyor ve dişini sıkıyorsan sende o zatın o kadar hatırı, senin de o kadar ona sevgin vardır. Demek ki bir zatın bu noktada yol açması, önde gitmesi, saffı evvelden olması için, mesleği muhabbet olacak. Zira ışıkla karanlığın aynı anda aynı yerde bulunamayacağı gibi, muhabbetle düşmanlık da aynı anda, aynı kalpde bulunamaz. Yani muhabbet olmuyorsa o zaman düşmanlık vardır ve düşmanlıkla insanlara hırçın hırçın saldıran birisini takip etmek uygun değildir. Bu da aradığımız mürşid-i kâmil olamaz.

Bu arada bu söylediklerimi illa zat olarak düşünmeyin olur mu? Şahsı manevi düşünün, ekol, grup, size nasihat eden hocanızı, annenizi babanızı düşünün. Çünkü biz şu an bir nasihat almanın yerini konuşuyoruz, asla şahıs konuşmuyoruz. Sıfatları konuşuyoruz. Sıfatları oturtmamız lazım.

Üçüncü kriter olarak; hakiki şeyhin nefsî çıkarı olmaz. Bazen öyle insanlar görürsünüz ki dünya ona birçok kapı açmışken hepsini geri tepmiş, sabah akşam insanlarla uğraşıyor. Zaten öyle insanları görseniz pamuk gibi olur onlar. Çünkü naz çekeler. Naz çekmek peygamber mesleğidir. Gün gelmiş Resulullah'ın boynundaki cübbeyi çekmişler, bunu bilen vazifedar insanlar da naz çekiyor.

Şimdi öyle insanlara bakıyorum dünya namına yapabilecekleri birçok şey varken nefisleri namına yapmıyorlar, bir tane lezzetleri oluyor o da yemek. Bana hoş geliyor. Masada içli köftenin, çiğ köftenin, lahmacunun kavgasını yapıyorlar, diyorum ki: "Şu insanın dünya namına yapabileceği o kadar iş varken bunların hepsini elinin tersiyle itiyor, insanları bir araya getiriyor, masada dur şu çiğ köfteyi ben yiyeyim, dur son lokmayı ben alayım, bu kelle paça da ne güzelmiş muhabbeti yapıyor." O kadar hoş geliyor ki bunlar bana. Nefsi olarak çıkar olmayan bir insan profili.

Dördüncü kriter olarak mahviyet gelir. Mahviyet, mahvolmaktan gelir, tevazu, toprak gibi. Yani meşrebi mahviyet olmayan toprak gibi üzerinde gül bitiremez. Ama bunun zıddı çok görünüyor maalesef. Demek ki kibir bu yolda olmaz. Bu arada kibirle vakarı lütfen karıştırmayın. Her dik durmak, kibir değildir. Mesela Hz. Ömer için: "El vakkaf indel hak!" yani hak söylendiği vakit hemen durup ona itaat eden diyorlar ve hak karşısındaki o duruşu ne güzel tasvir ediyorlar. Demek ki her dik duruş kibir değildir.

Beşinci kriter; bir insan kendi güzelliğini başkalarına çamur atarak ortaya koyuyorsa, o insanı dinlemeyin. O insandan da mürşid-i kâmil olmaz. Bir şeyi tahrip etmek bir dakika, tamir etmek yıllar sürüyor. Sizlerin mücadelesiyle birçok insanın emeğiyle yapılmış bu medresenin tahribi bir dakika. Bir dakikada burası yerle yeksan olur ama "haydi tekrar yapalım" desek bu yılları alır. Bir insanın kendini tanıtması, ortaya güzellikler koyarak olmalı, böyle şahs-ı maneviye ittiba edilmesi lazım. Başkalarına laf sokarak çirkinleşmiş kişilere ittiba edilmez.

Anadolu'da çok güzel bir laf vardır; babasını asarak delikanlılığını ispatlıyor derler. Niye biliyor musunuz? Çünkü bir erkeğin dışarda tanıdığı kimse kahrını çekmez. Yan baksa tokadı yer dışarda. Ama babası onun kahrını çeker, o da babasının kahrını çekeceğini bildiği için, babasını asarak, erkekliğini ispat eder. Ne kadar zalimce bir tavır. İşte bu şekilde, ona kendisi gibi dil uzatmayacağını bildiği Müslüman kardeşlerine çamur atarak kendini göstermeye çalışanların peşinden gidilmez. Mesela bazı yerlerde: "Bunlardan nefret etmedikçe beni sevemezsin." mantığı var. Baktığınızda orasının ne olursa olsun, doğru yolu bulma çabası içinde olanların yeri olması gerekirken maalesef değil. "Şunları sevmiyorsun değil mi? Bak onları sevmiyorsan beni sevebilirsin." düşüncesindeler. Ne acı tavırlar...

Altıncı kriter, bir kişide yahut bir yerde parçalanmaya sebep olan taraftarlık varsa oradan da mürşid-i kâmil çıkmaz. Çünkü orada Allah'ın hatırı, peygamberin yolu gözetilmez. Ben bu formayı üstüme giyerek etrafın teveccühünü kazandım ve etrafı galeyana getirmem için taraftarları coşturmam lazım, onları coşturmasının yolu ise herkesi birbirine düşürmek. Bu zihniyetin olduğu yerde mürşid-i kâmil olmaz.

Yedinci kriter; kendini gıybetle nazara veren kişiden de hakiki mürşid olmaz. Mesela bazen bir yerde oturursun tam muhabbet edecekken içlerinden birisi bir ona laf söyler bir diğerine. Bu sefer mecliste bazıları o konuşanı: "Demek bu kişi bunları bilen bir zat." diye görmeye başlar ama onun derdi İslam değil gıybetle kendini ortaya çıkarmak, nazara vermektir. İşte böyle insanların da eli tutulmaz. Buna da el verme.

Bir insanın mezurası başta 1 metreyi 90 santim gösterirse o saatten sonra ölçtüğü her şey yanlıştır. Yani bir insan bu işi ilk öğrendiği anda birinden; "kardeşim İslam dediğin şuna düşmanlıktır, bunu kıracaksın, bunlarla ayrımlara gireceksin" diye öğrense, o saatten sonra yapmak istediği şey yıkımdır. Başka bir şey değildir. Demek ki can suyu, hayat suyu dediğimiz ilk öğrenme çok önemlidir. İnsan ancak ilk bilgileriyle mezura 100 santim midir, 90 santim midir, 80 santim midir, orada öğrenir. O öğrendiği doğruyla bundan sonraki içtihatlarını ortaya koyar. İlk birinden muhabbeti değil de husumeti öğrense, öyle gider. Birçok insana: "Kardeşim bu cihattır!" diye yalanlar söyletiyorlar. İftiralar attırıyorlar. "Savaşta bunlar caizdir, bizde şu an manevi bir cihatta değil miyiz" diyorlar. Yazık ki gencecik çocuk, İslam'ın daha ilk adımında şefkati, merhameti, adaleti, tevhidi öğrenmeden bunları öğreniyor. "Savaş hiledir." deyip bunları anlatıyorlar.

Bedir'de Huzeyfetül Yemane'yi, geç geldiği için müşrikler yakalıyor ve nereye gidiyorsun diye soruyorlar. Huzeyfetül Yemane: "Medine'ye pazara gidiyorum." diye cevap veriyor. Müşrikler ondan orda pazara gittiğine dair söz alıyorlar. Sonra Huzeyfetül Yemane arkadan dolanıyor ve Efendimiz'in (asm) yanına gidiyor. Bedir'de 313 kişiyiz yani çok azız. Buna rağmen Efendimiz: "Bir Müslüman verdiği sözü tutar." diyor ve Huzeyfetül Yemane'yi savaşa almıyor, Medine'ye gönderiyor. Onlar sözlerinde bu kadar sadıklar ama şu an bazı şahıslar, bazı gruplar "yalan caizdir, iftira atabilirsin" diye Müslüman'ı, Müslüman'a kırdırıyor. Ahir zaman nasıl da ortaya çıkıyor.

İslam'a ilk adımlarda el verdiğin şahıs ya da şahsı manevide can suyu çok önemlidir. Bir tohum ekerken de öyledir, can suyu vermedik mi devamı gelmez o işin. Peki can suyu verilirken insanın bu yolda adım atması gereken ilk basamaklar nelerdir? Öncelikle öğrenme sırasında üç basamak vardır. Birinci basamak, sağlam bir rehberden akaid yani imanı öğrenmek. Bu her zaman şahıs değildir, bazen de çok hasbi bir cemaatin, bir grubun oluşturduğu şahsı manevidir. İşte burası sağlam olmadı mı maalesef devamının gelmesinin imkânı yok. Çünkü kâinatta ilk ve en önemli şey iman hakikatleridir. O hakikatlerin ilki ise marifetullah yani Allah'ı tanımadır. İnsan O'nu (cc) tanımadan inanamaz.

Akaid neden önemli biliyor musunuz? Çünkü tevhidsiz lütuflar şirk hesabına geçer. Ve insan daha başta kaybetmeye başlar. Örneğin bende on tane şükür kutucuğu var diyelim. Bunun üç tanesinde lâ teşbih Allah yazıyor. Kalan yedisine daha Allah'ı yazamamışım. Yani iman, tevhid seviyem bu kadar. Ali bana bir şey verdi, birinci kutucuk doldu ve ben bunu Allah'tan bildim. Mahsum bir şey verdi yine Allah'tan bildim ve ikinci kutucuk doldu üstünde Allah yazıyor. Sonra Yusuf verdi üçüncü kutucuk da doldu ve yine Allah yazıyor. Bu sefer Uğur verdi ama benim kutucuğumun üç tanesinde lâ teşbih Allah yazdığı için bu sefer ben dördüncüyü Uğur'dan bildim ve kutucuğun üzerine Uğur yazdım ama onu da veren Allah. Beşinciyi Fatih verdi kutucuğa Fatih yazdım. Altıncıyı Murat verdi, kutucuğa Murat yazdım...

Tevhid olmadığından gelen lütuflar şirk hesabına geçti çünkü nereden geldiğini bilemiyorum. İşte akaid bunun için çok önemli. Birçokları ahirette şaşıracak: "Ya Rab ben çocuğumu severken mi seni unuttum?" Ona denecek: "Evet öyle oldu." Yine birçoğu şaşıracak: "Ya Rab, ben eşimi sen verdin diyordum." Ona denecek: "Sen onu düğünden önce dedin, sonra Allah'ı unuttun." Birçoğu dile gelecek: "Ya Rab, ben bu sağlığı sen verdin zannediyordum." cevaben denecek: "Hastalanıp yatağa düştüğünde öyle dedin ama sağlığına kavuşunca unuttun. Bar, meyhane devam ettin." Yani lütuflar şirk hesabına geçecek.

İkinci basamak; mükellefiyetlerini yerine getirecek kadar fıkıh bilmek. Kekin hamurunu güzel yaptın ama kalıpsız fırına koydun. Oldu mu? Olmadı. Belki namazın içi dolu ama güzel pişmesi için kalıp da lazım. İşte onun için ihtiyacın olduğu kadar da fıkıh bilmen icap ediyor.

Üçüncü basamak; istihdam yani amel. İhlasın içerisinde bir sır var, istihdam sırrı. Yani: "Ya Rab senin yolunda koşmak istiyorum." diyorsun ya hani, işte ihlâsı edinirsen Allah koşturuyor ve koştuğun yerde mucibince amel edersen o ihlâsı da muhafaza etmiş oluyorsun. Allah sana çok ilginç tevafuklarla; bazen kartla, bazen bir videoyla, bazen bir selamla, bazen yolda görmeyle bir kapı açıyor.

"Gel, bu kapıdan gir." diyor, bizim girdikten sonra oranın hakkını vererek amel etmemiz gerekiyor.

Şimdi bir insanın muallim ve müteallim olması için her şeyin hakkını saydık ama bu ikisi olmak için gerekli bir şey daha var. Onun da hakkını unutmayalım. Nedir? Mektep, medrese. Medresenin hakkı vefadır. Dikkat edin birlikte yol yürümeye çalıştığınız insanlar Allah'a sorumluluklarını yapmadıklarında vefa duyguları gelişmiyor ve size karşı da vefayı yansıtamıyorlar. Çok şahit olmuşsunuzdur buna. Namazı, okuması, aklınıza gelen, üzerine vacip olan ne varsa bunlar sarkıyor. Onlar sarkınca vefa duygusu da gidiyor. Allah'a vefasız olan birisi size de vefa gösteremiyor. Bu bir fıtrat okumadır. Peki neden böyle oluyor? Çünkü hadisi şerifte şöyle geçiyor. "Vefa, imandandır.[75]"

Bir insanın vefası imanıyla aynı ölçüdedir. Said Nursi Hazretleri mahkemeye giderken gölgelendiği bir ağacın altında dönüşte tekrar gölgeleniyor. Talebeleri: "Neden tekrar gölgeleniyorsunuz Üstad'ım, şimdi hava öğlen değil ki." deyince: "Benim ona vefa borcum var, ödemeyeyim mi?" diye cevap veriyor. Bir gün Zübeyr Abi, Üstad'ın kırılan kaşığını tamir ettirmeye götürürken çöpe atıp yenisini alıyor. Üstad, Zübeyr Abi'ye: "Sen beni kaç yıllık dostumdan mı ayırdın Zübeyir koş bana kaşığımı getir" deyince, Zübeyr Abi o kaşığı tekrar tamir ettirip getiriyor. Bu vefa değil de nedir? Bir ağacı, bir kaşığı bile Allah'tan bilip vefa duyan bir zat, insanlara vefasız olur mu hiç? İnsanlığa vefası olan bir zat Allah'a vefasız olur mu hiç? İmkanı yok.

Demek medreselerin vefalı dostlarla örülmesi lazım. Çok ilginç bir şey soralım. Tebük Seferi dönüşünde Efendimiz (asm), münafıkların toplanmak için yaptırdığı Mescid-i Dırar'ı yıktırmıştır. Peki

75 Hâkim enNisaburi; Müstedrek.

Resulullah (sav), o mescidi yıktırmak yerine, içine tekrar bir şeyler yapsaydı da İslam'a faydalı şekilde kullansaydı olmaz mıydı? Olmazdı. Neden olmazdı biliyor musunuz? Temelinde nifak olan bir yerde bereket olmaz. Resûlullah (asm) o mescidi yıktırmış, belki çatısı bile tam olmayan Kuba Mescidi'nde devam etmiş. Nifakla başlamış bir mescitten bereket beklememiş. Yani bir medresenin ilk niyeti çok önemli. O medresenin niyeti çarpıksa maalesef devamında da bereket beklenmiyor.

Vefa nedir bir daha özetleyelim; bir medresede, bir yerde bir şeyler öğrendiysen onlar hatırında kaldıysa yürüdüğün yolları unutmamak, yadırgamamak vefadır. Ben zaten bunları biliyorum, dememek vefadır.

Bir şeyi daha konuşalım. Bir şeyin daha hakkı var. Yol arkadaşının. Yol arkadaşının ise hakkı sadakattir ve sadakat maç bitmeden belli olmaz. Hz. Ebubekir neden sadık mahlasını almış? Çünkü yolun sonuna kadar hatta Efendimiz (asm) Darü's Selam'a göçtüğünde dahi o yolu terk etmemiş, bırakmamış. Sadakatle O'nun yanında, O'nun yolunda, O'nun (asm) ayak izleriyle devam etmiş. Bize düşen de bunlar. Bu vasıfları ne için anlattık? Nasıl muallim, nasıl müteallim olunur? Nasıl bir şahsı maneviden beslenilinir? Bunları öğrendik. Ve tekrar unutmayalım ki:

"Her mürşide el vermek yolunu sarpa sardırır.

Mürşid-i kâmil olanın gayet yolu asan imiş."

BİR MÜSLÜMAN'IN TİCARET AHLAKI

"Onların işleri aralarında şûra (danışma) iledir." (Şûra/ 38)

Hanefi mezhebinin bir diğer ismi de şûra mezhebidir. Çünkü İmam ebu Hanefi bütün naslara talebeleriyle yaptığı müzakereler sonucunda ulaşmıştır. Bizlerin bugün gönül rahatlığıyla şöyle olduğunda abdest kabul olur, böyle olduğunda abdest bozulur diye ezbere bildiğimiz hükümlerin her birisi sabahlara kadar talebelerle müzakereler sonucu elde edilmiş ve o müzakereler topluma tebliğ edildiğinde dışarda sevinçten Allahuekber nidaları gelmiş.

Bir gün ebu Hanefi ve talebeleri, Efendimiz'in (asm) bir hadisi hakkında müzakereye başlarlar. "Kim musarra bir koyun almışsa muhayyerlik hakkı vardır." Musarra birkaç gün sağılmamış koyun demektir. Pazara koyun getirenler bazen hayvanı üç dört gün sağmadan getirirler ki koyunun memeleri şişsin sütü çok görünsün. Hal böyle olunca koyunu satın alan kişi aldanır ve eğer alıcı, koyunu alıp eve gittiğinde iki gün dolu dolu süt gelip üçüncü gün sütün aslında o kadar çok olmadığı açığa çıkarsa, böyle bir durumda "alıcı aldatıldığından dolayı koyunu iade etmekte muhayyerdir yani iade hakkı onda saklıdır ve koyunla birlikte bir sa' hurma bırakmalıdır." buyurur Efendimiz.

Birçok imam içtihad noktasındaki bu hadisi duyduktan sonra hepsi birden belli başlı birçok noktada ortak kanıda oluyorlar. Mesela satıcı aldatmıştır ve satıcı bu cihette günahkardır. Alıcı ise aldandığından dolayı koyunu iade edebilir. Ama hadisin sonundaki "bir sa' hurma versin" kısmı imamlar arasında görüş ayrılığına sebebiyet vermiştir. İmam ebu Hanefi: "Burada bir sa' hurma vermek hükmü herkes için geçerli olamaz." demiş. Birçok imam da bu noktada İmam ebu Hanefi'ye "olur mu öyle şey hadiste böyle beyan edilmiş" diye muhalefet etmiştir. İmam ebu Hanefi ise onlara neden olmayacağını şöyle açıklamıştır. O koyun bende üç gün kaldı, ben onu üç gün boyunca sağdım ama o üç gün boyunca da koyunu ben yedirdim, o zaman süt karşılığı neden hurma veriyorum, birinci sebep bu. İkinci sebep, hurmanın fiyatı şehirden şehre fark eder ve benim verdiğim hurma o süt parasına karşılık gelmeyebilir. Çünkü hurma bir ülkede çok ucuzken başka bir ülkede ithal edildiğinden çok pahalı olabilir. Bu ise İslam'ın adalet yapısına uymaz. Üçüncü sebep ise, keçide bir kilo süt iyiyken inekte bir kilo süt azdır. Benim pazarda aldığım hayvan günlük bir kilo süt veren keçi de olabilir, on kilo süt veren bir inek de. Böyle bir durumda ikisinin aldatılma karşılığı bir olmaz ve benim hangisini sağsam bir sa' hurma vermem tazminatların dengeli olması kaidesine uymaz. O zaman böyle bir hadiseyi Resulullah (sav) bu şekilde çözmüş olabilir ama bu Efendimiz'in (asm) o vakaya hususi bir içtihatta bulunmasıdır, bu içtihat genellenemez.

İmam ebu Hanefi bu kanunu camide talebeleriyle yaptığı müzakereler sonucu koyuyor ve insan böylesine derin içtihatları görünce şunu daha iyi anlıyor, fıkıh ilmi tıp ilmine çok benziyor. Çünkü fıkıh ilminde de tıp ilmi gibi bir alanda ihtisaslaşma, kesb kazanma var ama diğer alanları da ihmal etmeden. Mesela tıp ilminde kimisi böbrek, kimisi beyin, kimisi de kalp alanında hususileşir ama böbrekte ihtisaslaşan böbreği kurtarayım derken kalbi, damarları ve diğer organları da unutmaz çünkü unutsa hasta ölür. İşte İmam ebu Hanefi'nin yaptığı da tam böyle bir profesyonelliktir. Bir sa' hurma meselesini ince ince tartarken diğer hükümlerin tamamını da aklında tutarak yapıyor bunu yani böbreği kurtarayım derken kalbi, damarları, beyne giden kanı unutmuyor.

Bugün sizinle derinlemesine girmek istediğim mesele, ticaretteki haram uygulamalar, yanlış kanaatler olduğundan dolayı İmam ebu Hanefi'nin bu içtihadı ile birlikte İslam'da ticaretin ne kadar hassas dengeler üzerine inşa edildiğini verdiğim bu örnekle de görmüş olalım istedim.

Efendimiz'in (asm) ticarete atılma serüveni ilk nübüvvetle başlamaz. O önce dedesinin sonra da amcasının vasıtasıyla çok daha evvelinden tâ on iki yaşında ticaretin içine dahil olur. O'nun (asm) ufak yaşlarda ticarete atılmasının en büyük sebeplerinden biri bulunduğu bölgenin ahvalinin böyle olmasıdır.

Mekke yaklaşık 5.000 tane iç 7.000 tane de dış çevreden toplam 12.000 volkanik dağlarla örülü bir coğrafyadır. Böyle bir diyarda ziraat yani tarım olmuyor, tarımın olmadığı yerde hayvancılık da olmuyor. Onun için orada yaşayan insanlar mecburen ticaret yapıyorlar. Mekke hem dini bir merkez hem de ticaretin bel kemiği olması hasebiyle oradaki insanlar daha küçük yaştayken kendilerini kervanları ve ticareti öğrenir halde bulurlar. Efendimiz'in (asm) 21. göbekten dedesi olan Adnan'dan itibaren Mekke coğrafyasında ticaret güçlenerek devam eder. Beşinci göbekten dedesi Kusay'a kadar Mekkeliler bütün ihtiyaçlarını dışarıdan alırlar ama dedesi Kusay, oğullarını Yemen'e, Suriye'ye, Mısır'a, Necran'a göndererek büyük ticari bağlantıları kurar ve oradaki ticaret hacmini olabildiğince genişletmeye çalışır.

İşte Efendimiz'in (sav) dedelerinin bu mücadelesi sonucu Mekke ticareti Haşimoğlularına yani Efendimiz'in (sav) sülalesine geçer. Mekke'nin ticari bir merkez olmasının kader noktasında da muazzam bir isabeti vardır. Mekke ticaret merkezi haline gelmiş ve bütün fuarlar bu cihette orada oluyor. Kervanlar Mekke'ye geliyor. Bu durum tebliğin yayılmasına da ciddi etken oluyor çünkü o dönem bir insanın bir diyara haber ulaştırılabilmesi için internet, gazete, telefon hiçbirisi yok ve o dönemlerde bir diyardan öbür diyara haber göndermenin en kolay yolu ticarettir.

Mekke'ye o kadar ticaret kervanı geliyor ki beş ay sonra orada ne konuşulmuşsa dünyanın üçte biri bu haberleri duyuyor. İşte Mekke'nin ticari bir merkez olmasının bir hikmeti de Efendimiz'in (asm) nübüvvetinden beş ay sonra dünyanın üçte birinin bu haberi duymuş olmasıdır. Zira ebu Zer el-Gıffar ta Gıffar'dan, Selman-ı Farisi, Fars diyarından ve bu şekilde birçok sahabe farklı farklı diyarlardan bu haberlerden sonra gelirler. Demek ki Allah, ticaret kervanlarını o döneme o kadar güzel bir şekilde kader noktasında denk getirmiş ki adeta bizim bugün kullandığımız Twitter'ın, gazetelerin, postaların işlerini ticaret kervanları yapmış. Hem de beş ayda dünyanın üçte birine duyuracak kuvvette.

Efendimiz (asm): "Ben Peygamberim bu elimdeki de hak kitaptır." dedikten sonra orada onu inkâr eden adamların birçoğunun inkâr etmesinin temel sebebi, yine ticaret olmuş. O insanlar ticari rantım kesilir düşüncesiyle Resulullah'ı (sav) inkâr etmişler. Mesela Halit bin Velid'in babası Velid bin Muğire, ayetler indiğinde o ayetlerin hak kelam olduğunu ilk anlayanlardan birisi olmuş ama hemen: "Ben bunların doğru olduğunu anladım." dememiş. Köşeye geçmiş hesap kitap yapmış. Hasbi davranmamış hesabi davranmış, adım atmamış geri durmuş: "Ben bu ayetleri kabul etsem gelecekte ne olur?" demiş. Aklınca hesap kitap yapa yapa bakmış ki ticaretine ket vurulacak. Hemen şer planların yuvası olan Darü'n Nedve'ye geçmiş ve: "Hayır bizim bu Muhammed'i (asm) durdurmamız şart! Yoksa geleceğimiz kararacak." diye oradaki insanları organize etmeye başlamış. İşte onun gibi birçok insanın da Efendimiz'i (asm) kabul etmemesinin temel sebebi ticari rantlarına ket vurulma korkusu olmuş.

O zaman buradan şu sonucu çıkarabiliriz. Mekke'nin ilk döneminde Allah Resulü'nü kabul etmeyen tüccarlar da var kabul eden tüccarlar da. Mesela Hz. Ebubekir çok iyi bir tüccar. Abdurrahman bin Avf, Osman bin Affan, Talha bin Ubeydullah, ebu Ubeyde bin Cerrah, eşi Hatice validemiz bunların hepsi Resulullah'ı (asm) doğrulayan esnaf ve tüccarlar. Efendimiz (asm) ticareti bir tebliğ argümanı olarak kullanmış ve ismini zikrettiğimiz bu güzide sahabeleri İslam'a kazandırarak tüccarların üstünden bir davet yürütmüş. O dönemlerde davete uymayanlar ise en çok: "Yetişin! Muhammed'i engelleyelim yoksa putlar elden gidecek." diye bağırmış. Halbuki elden gidenler gerçekten putlar mıydı? Elbette hayır. Putların üstünden kazandıklarıydı ama onlar "putlar elden gidiyor" diye bağırıyordu.

Peki ben tüm bunları size neden anlattım biraz da ondan bahsedelim mi? Birisiyle masada oturduğunda bakıyorsun ki sanki o kişi hayatında gördüğün en büyük mücahitlerden Şeyh Mansur Cahar Dudayev, Şamil Basayev, Emir Hattablardan birisi. Daha sonra o kişiyle ticari bir işe giriyor, menfaatine aykırı tırnak ucu kadar bir iş yapıyorsun, o kişinin içinden bambaşka bir insan çıkıyor. Ve sen orada şunu anlıyorsun; bu insanın canını alabilirsin ama parasını asla.

Peki bizler neden bu haldeyiz? Etrafınıza bir bakın ortaklığı devam eden kaç tane "iki" Müslüman görüyorsunuz? Dikkat ederseniz üç ortak demiyorum bile iki Müslüman diyorum. 20-30 yıldır ortaklıkları devam eden kaç Müslüman var etrafımızda? Her birisi ortağından kazık yemiş sayısız insan var. Bu hal muhal yani iki tarafta haklı olamaz ama hangi adamın zülfüyârına dokunsan; "sorma ya ben hep ona iyilik yaptım ama ortağım beni al aşağı etmeye çalıştı" diyor. Neden bu haldeyiz?

İnsan kendisiyle Allah arasındaki ilişkiyi tevhitle, kendisi ve toplum arasındaki ilişkiyi ise adaletle sağlar.

Az önce Mekke döneminin o ticaret ile nasıl yoğrulduğunu, tebliğin ticaret ile nasıl yayıldığını anlatırken şu kösteklendiğimiz yere bakar mısınız? Daha ortağımızla anlaşamıyoruz. Küçücük menfaatimize aykırı bir iş olduğunda ahirete Allah Azze ve Celle'ye havale edip "insanların huzurunu kaçırmayalım, insanların İslam'a, esnafa, düşmanlığı artmasın, güveni zedelenmesin" diyemiyoruz ama biz az önce masada mücahittik, en iyi züht bizdeydi hani ne değişti?

Bizler şu kısmı çok kaçırıyoruz, gece evde koltukta oturan insandan zahit olmaz. Çarşıda, pazarda, insanların içerisinde hakkı tutup halkın arasına karışarak olacak bir iştir zahitlik. İnsanın elinde milyonları olacak o milyonlar elinden çıksa da elinde artsa da kalbi oynamayacak, biz işte buna zahit diyeceğiz. Çünkü bizlerin zahitlik için şunu anlaması şart: "Kişinin eli kârda, gönlü Yar'da olacak." Bizler ticareti ancak bu şekilde tebliğ için argüman olarak kullanabiliriz.

Peki iyi tüccar nasıl olur? Biraz da bundan bahsedelim. Kişinin sağlam bir imanı olmalı ki yeri gelince ticarette putlarını kırabilsin. Çünkü insanın karşısına eskiden müşriklerin yaptığı işler gibi ahvaller çıktığında: "100 de eksik koy ne olacak kim anlayacak, 100 gramdan bir şey olmaz." dendiğinde tam orada putları kırmak için tevhid lazım, iman lazım. Yine iyi tüccar olabilmek için helal ve haram dengesini bilmek lazım. Tabi ki her insan helale harama dair her şeyi en ince ayrıntısına kadar bilemeyebilir, işte o durumda da: "Kişinin şüpheli şeyleri terk etmesi dininin güzelliğindendir." buyuran Efendimiz'e (asm) ittiba etmesi lazım. Mesela bir aile şirketiniz var, 3 kişi ortaklaşa gidiyor, aile şirketinizi büyütmek için faizle yeni bir araç alıyorsunuz ve sen diyorsun ki: "Benim diğer iki ortak istiyor, ben de onları kıramadım bu işe bulaştım, çektiğimiz kredi bana da faiz olur mu?" Olmaz olur mu? Oradan kazandığın lokma senin, evdeki hanımının çocuğunun boğazından geçmiyor mu? Yattığınız yatak o faiz parası ile alınmıyor mu? O zaman o faiz belası sana da bulaşacak demek.

Hz. Ömer: "Dinde derinliği olmayan çarşımızdan alışveriş yapmasın." diyor. Çünkü dinde derinliği olmayan, faiz ne vade ne bilmeyen ahiretinden olur. İyi bir tüccar olabilmek için diğer bir kriter ise yanlışa yanlış diyen sadık dostlarınızın yanınızda olmasıdır. Çünkü şakşakçı yani paran varsa yanında olan insanlar sen ne yapsan "çok doğru bir karar" diyecek her fırsatta seni alkışlayacak. Ama ahiretini düşünen sadık bir dostun olsa: "Yapma dostum, yapma ahiretimizi yakmayalım." diyecek. Çünkü dost dediğin ahiret için yanandır yoksa öteki türlü dost, paranın dostudur. Paran varsa vardır, paran yoksa ışık hızından bile daha hızlı kaybolduğunu görürsün.

Aziz ve Celil Allah buyurdu ki: "İki ortaktan birisi diğerine ihanet etmediği müddetçe Ben onların üçüncü ortağıyım. İhanet olursa aralarından çıkar giderim.[76]" Eğer insan bu şuurda olsa hem ticaretindeki ahlak hem de parayı kullanış şekli değişir ve der ki: "Madem ortak Allah Azze ve Celle, o zaman kırkta bir zekât böyle ticaretlere yakışmaz. Kırkta bir, cimri zekâtıdır. Hem kazanıyoruz,

76 Kudsi hadis; Kenzu'l-ummal, 9295.

biriktiriyoruz ne için kullanacağız? İslam'ın inkişafı için olmayacak da ne için olacak? Bugün değil de hangi gün olacak?"

Bir gün akrabaları Hz. Ömer'den gelip savaş ganimeti noktasında bir şeyler istiyorlar. Hz. Ömer onlara: "Bedir'in ashabı dururken size mi vereyim?" diyor. Bizler bu noktalarda İslam'ın inkişafı dururken paramızı nerelere veriyor, nerelere kullanıyoruz?

Peki ticarette Allah ile ortaklık nasıl olur?

Birisine sormuşlar.

"Nasıl zengin oldun?"

Demiş:

"Allah verdi ben verdim.

Allah verdi ben verdim.

Allah verdi ben verdim.

Yarışılır mı, O kazandı."

Ne muazzam bir ifade. Rızkımızı veren Allah'ı bilmiyoruz işte, tanımıyoruz. Nasıl bir Allah olduğunu bilsek ticaretimizin maddi çokluğu değil bereketinin önemli olduğunu da anlayacağız. Zira eğer bir ticarette maddiyatta artış ama lezzet ve hazda azalış var ise işte bunun adı bereketsizlik oluyor. İnsan ortağının kim olduğunu, o malı nasıl değerlendireceğini bilse tulum peynirinden baklava tadı nasıl gelir onu da anlayacak da yapmıyor, yapmayınca da anlaşılmıyor.

Bizlerin ticarette iyi olması için unutmaması gereken diğer bir kriter ise, ölüm. Ölümü unutmamak zorundayız. Kabirleri ve camileri şehrin dışına atan kültür bizim kültürümüz değil. Cami çok şeyler içine alan, içinde barındıran demektir. Ecdat zamanında camiyi her iş için kullanmış. Osmanlı zamanında toplantılar camide yapılır, mahkemeler camide kurulur, misafirler camide ağırlanırmış. Biz ise şimdi camiyi sadece mescit olarak kullanıyoruz. Halbuki orası bir muhabbet yeri, bir toplanma yeri. Cami o genellemenin adı ama biz içini boşaltmışız, o noktada anlamını yitirmiş bizde. Eskiden cami şehrin merkezinde olurmuş ve insan günlük yapacağı işleri saat dilimine göre değil, vakit dilimine göre ayarlarmış. "Öğle vakti ile ikindi vakti arasında şu işimi bitireyim. İkindiden akşama kadar şunu yapayım, akşam vaktine de şuraya yol alayım." Şimdi ise vakit, zaman oldu. Merkezdeki camilerin yerini saat kuleleri, alışveriş merkezleri aldı. Peki biz tekrar o eski güzel günlere nasıl döneceğiz? O günleri geri getirmenin yolu daha çok cami yapmak mı? Hayır hayır içi boşaldıktan sonra çok olmasının bir anlamı yok.

Bizler tekrar o eski şuuru kazandığımızda camiler de yükselecek, içindeki sesler de gençler de şuurlar da yükselecek inşallah. Yani yine bizim en temeldeki sorunu iman zafiyetini çözmemiz lazım. Demek ticaret yaparken kabir ve cami unutulmaması gereken iki unsurdur. Bu kadar anlatılan şeyde biraz insafı varsa tüccarın şunu anlaması lazım: Nice yerlere tebliğ ticaretle ulaşmıştır yani içinde bulunduğum ahvalin, mesleğin, tüccarlığın bu kadar ciddi bir önemi var. O halde ben yaşatmak için yaşamalı ve elimdeki bu argümanı bu uğurda kullanmalıyım, yoksa dünyada az az güler ahirette bütün bütün ağlarım.

Efendimiz Yesrib'e gittiğinde takribi 3.600 gün kalmış ve bu süreçte Yesrib'i Medine yapmış. Bu 3.600 günün 600'ünün savaşlarda geçtiğini düşünürsek Efendimiz (asm) kalan 3.000 günde Medine'de bir medeniyet inşa etmiş ve ilk inşaya da ismini değiştirmekle başlamış. Yesrib karıştırmak, zarar vermek manasına geldiğinden Resulullah (sav), menfi çağrışım yapan isimleri beğenmediğinden, Yesrib'i Medine'ye yani medeniyete çeviriyor. Bizlerin, Efendimiz'in (asm) Medine'de yaptıklarını çok iyi tefekkür etmesi lazım. Allah

Resulü Medine'nin pazarına geldiğinde Medine'de 1.000 tane Ensar var ve Resulullah (sav), 500 Muhacir ile geliyor, toplamda 1.500 Müslüman oluyorlar. Onların dışında ise 6.000 Arap, 4.000 Yahudi var.

Efendimiz böyle bir zorluğun içine gidiyor ve bu zorluk içerisinde teklifsiz tenkit asla yapmıyor. "Bizim niye buyumuz yok, niye şuyumuz yok..." dediği ne varsa onu yaptıktan sonra söylüyor. Zira İslam, dünyanın en büyük alternatifi ve Efendimiz (asm) bunu ameliyle defalarca vurguluyor. Müslümanlar Medine'de önce Mescid-i Nebevi'yi inşa ediyor, yanına da bir ev yapıyor. Daha sonra mescidin arkasına mektebi yani Ashab-ı Suffa'yı koyuyor ve böyle böyle medeniyetin inşası başlıyor. Tüm bunlar bitince Efendimiz Medine çarşısını gündeme getiriyor ve oradaki tüm insanları özellikle Müslümanları, Yahudilere bağımlılıktan kurtarıyor. Ondan sonra ise Medine'ye istihbarat, askeriye, zabıta ve daha nicesini getiriyor ve böylelikle bir medeniyet inşa ediliyor.

Bir de bize bakın, 10.000 metrekarelik alanda bir alışveriş merkezi yapıyoruz mescit nerede bul bulabilirsen. Bulunca içine gir girebilirsen, ayağın kaymazsa abdest al al alabilirsen, bir de secdeye var o kokudan dur durabilirsen. Demek orayı yapanın kalbi de bu haldeki mescidi o şekilde yapmış. Çünkü bir insanın telefonunda araba resmi olsa, evinde araba posterleri olsa, dilinde hep araba olsa kalbinde araba olduğunu anlarız. "Bu insanın arabaya ilgisi var, kalbinde arabanın büyük bir yeri var." deriz.

Bir insan dev gibi yerler yapsa ama mescide on metre ayırsa kalbindeki mescidin yerini de buradan anlarız. Efendimiz (asm) o dönem elli iki maddelik Medine Vesikası diye bir şey çıkarıyor, bu vesikaya tarihte ilk yazılı anayasalardan bir tanesi diyebilirsiniz. Bu anayasa ile Efendimiz; Müslümanlar, Araplar ve Yahudiler arasındaki hukuku düzenliyor. Hatta Yahudiler birini buldu mu kanını öyle emiyor ki, Yahudi'nin biri ticarette diğer Yahudi'den bile iki kat para aldığından dolayı onlar arasındaki hukuku bile düzenliyor. Bu yüzden Müslümanların nüfusları az bile olsa ortaya böyle bir adalet konulduğunda hiçbiri hayır diyemeyeceğinden dolayı 10.000 kişilik nüfus 1.500 kişilik Müslüman toplumun ortaya koyduğu anayasayı kabul ediyor.[77] Muazzam bir olay.

İşte bunu sağlayan şey adalettir. Demek ki bizim temelde ticaretle birlikte konuşmamız gereken diğer bir mesele de adalet meselesidir. Çünkü bir kul kendisiyle Allah arasındaki ilişkiyi tevhidle, kendisi ve toplum arasındaki ilişkiyi ise adaletle sağlar. Yani senin tevhidin arttıkça Allah'la arandaki ilişki artacaktır, ziyadeleşecektir; adaletin arttıkça da toplumla irtibatın artacaktır, enginleşecektir ve insanların böyle bir davete karşılıksız kalmasının imkânı yoktur. Eğer biz bunu bugün gösterebilsek bütün dünya şunu anlayacak: Dünyanın tek alternatifi var o da İslam.

Peki biz bunu gösterebiliyor muyuz? Maalesef bu noktalarda iki yakamız bir araya gelmiyor. Normal şartlarda yeryüzünün petrol, doğalgaz rezervleri Müslümanlarda olduğu için en yüksek kalitede hayat standardına da onların sahip olması, Müslümanlardan doğalgaz ve petrol almak için gayrimüslimlerin sıraya girmesi gerekiyor ama gelin görün ki durum hiç de böyle değil. Bütün bu zenginliğe rağmen en üzücü halde olup, en çok ezilen, en mazlum yaşayanlar yine Müslümanlar yine Müslüman coğrafyalar. Zira insan biraz gözünü Suriye'ye, Arakan'a, Çeçenistan'a, Filistin'e, Doğu Türkistan'a çevirse bunu rahatlıkla görebilir. Eğer bizler bir gün ticaret ahlakımızı Resulullah'ın (sav) ticaret ahlakına benzetebilirsek dengelerin bizim elimizde olduğu o güzel günleri de göreceğiz de ah bir çevirebilsek...

---

77 Buhari, 56/181; M.Tayyib Okiç, İslamiyette İlk Nüfus Sayımı, Medine Vesikası; S.M. Ahmed Nedvi- S.S.Ansarî, I, 64; Muhammed Hamidullah; el-Vesâiku's-Siyasiyye, Dâru'n-Nefâis, s. 57- 73.

Medine'de çarşı, altın, faiz, deri işletmeciliği üç Yahudi kavim üzerinden dönüyor. Bunlardan Beni Kaynuka kuyumculuk ve faizcilik, Beni Nadir tarımcılık ve özellikle hurma piyasası, Beni Kurayza ise dericilik yapıyor. Yahudiler kalan yerleri ise Araplara çok yüksek kiralara veriyor. Bu hali gözlemleyen Efendimiz (asm): "Bu iş böyle gitmeyecek. Bizim bunların pazarına alternatif pazar kurmamız lazım." diyor.[78]

Allah Resulü'nün yaptıklarına baktığımızda giriştiği mücadelede hep alternatif yol oluşturduğunu görüyoruz. İşte siyer budur! Siyer Efendimiz'in (asm) ayak izlerine basma çabasıdır. Biz kronolojik sıralamadan 3-5 tane yeri ezberleyip birbirimize anlatmaya siyer diyoruz ama o değil işte. Siyer karşı cenah ne yapıyorsa bunlara bir alternatif bulma çabasıdır. Efendimiz'den görüp gayretini ve himmetini bu noktada teksif etmenin adıdır siyer yoksa anlatma noktasını herkes yapıyor. İman etmeyen de anlatabiliyor ama yapma noktasında, amel noktasında işte orada iman devreye giriyor. Efendimiz'in (sav) pazar kurma isteği üzerine ticareti iyi bilen muhacirlerle ziraatı iyi bilen ensar bir olup hemen alternatif bir pazar kuruyor.

İlk çarşı Bakuyyuz Zübeyir'de kuruluyor ama ertesi gün Kab bin Eşref gece gelip çadırların iplerini kesiyor, ateşe veriyor. Efendimiz (asm) sabah uyanıyor bir bakıyor ki kurduğu pazar yerle yeksan olmuş. Durum karşısında tebessüm ediyor ve: "Demek yaptığımız iş doğrudur." diyor. Kab bin Eşref, pazarı yerle yeksan edince Efendimiz (asm) hemen birisinden arsa satın alıyor, iki tane devenin karşılıklı geçebileceği şekilde yolları kendisi belirliyor. Pazar yerini: "Vergi yok, sabit pazar yeri yok, ilk gelenindir." diye veriyor. Çünkü tekelleşmeyi engellemek istiyor. Ondan sonra pazar yeri öyle bereketleniyor ki çok kısa bir süre sonra ticari üstünlük Müslümanların eline geçiyor.

78 İbn Ebû Şeybe, IV, 488; VII, 248; el-Müsned, III, 322, 339, 492.

İlginçtir Efendimiz'in (asm) aldığı pazar yerinde kabirler var ve o bu şekilde: "Ölümü düşün ey Müslüman! Ticaretine zeval verme, aklına şeytan girmesin, girdiği anda bak dibinde kabir var. Bunların hesabının olduğunu bil, öyle davran." mesajı veriyor. Devamında Efendimiz (asm) faizi kaldırıyor ve stokçuluğa yaptırım uyguluyor. O dönem Rume kuyusu Yahudilerin elinde ve Yahudiler kuyudaki suyu Müslümanlara para ile veriyor. Efendimiz hiçbir yere bağımlı kalmaktan hoşlanmadığından oranın satın alınmasını istiyor ve Mescid-i Nebevi'nin ilk yılları bir konuşma yapıyor.

"Kim cennet karşılığında Rume kuyusunu satın almak ister?[79]" diyor. Osman bin Afvan: "Ben alırım." bile demeden direkt alıyor. Çünkü onun ameli sözünün her zaman önünde. Hz. Osman, su kuyusunun sahibi olan Yahudi ile pazarlığa giriyor. "Şu su kuyusunu almak istesek ne kadara olur?" diye soruyor. Yahudi: "Kuyuyu sana satmam" deyince Hz. Osman da: "O halde yarısını sat bana." diye karşılık veriyor. Adamı satmaya böylelikle ikna ediyor. Sonra fiyat için pazarlık başlıyor. Adamın: "Tamamı için elli bin dirhem." demesi üzerine pazarlık ede ede en son kuyunun yarısını on iki bin dirheme alıyor ve aralarında, kullanım hakkı bir gün Hz. Osman'da bir gün Yahudi'de olacak şekilde anlaşıyorlar. Daha sonra Hz. Osman gidip hemen Müslümanları haberdar ediyor: "Sizler benim su kuyusuna sahip olduğum günde suyu çekin ama Yahudi'nin su kuyusuna sahip olduğu günde sakın parayla almayın." diyor. Müslümanların hepsi de buna "tamam" diyor ve bize buradan "Müslümanların birliğinin ne kadar önemli olduğu" dersini çıkarmak kalıyor.

Aradan zaman geçiyor, kuyunun yarısına sahip olan Yahudi para kazanamaz oluyor. Hz. Osman'a gelip: "Durum böyle böyle sen kuyunun diğer yarısını da al." diyor. Hz. Osman: "Olur alırım. Ne kadardı?" diye soruyor. Yahudi: "12 bin dirhem." deyince Hz.

79 Buharî, Fezailu'l-Ashab, 47.

Osman: "Olmaz o önceki fiyattı." deyip en nihayetinde kuyunun kalan yarasını da 8 bin dirheme alıyor. Böylece Hz. Osman 50 bin dirhemlik kuyuyu 20 bin dirheme almış oluyor.[80] Kuyuyu Müslümanlara vakfediyor.

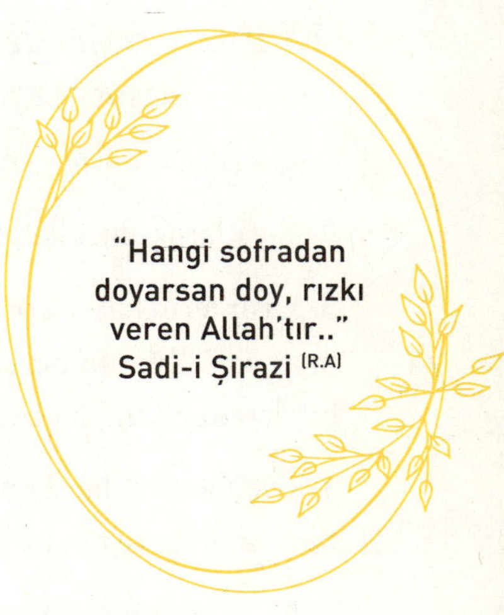

Bu örneklerde de görüyoruz ki bizim en büyük eksiğimiz: "Biz insanlara doğru yolu anlatıyoruz ama gösteremiyoruz." Çünkü gösterebilecek bir alternatifimiz yok. Yolu yapmadan yol gösteriyoruz çoğu zaman. Bu yüzden de sünnete ittiba edemiyoruz, Efendimiz'in (asm) derin ufkunu, sahabelerin giriştiği mücadeleyi anlayamıyoruz. Ticarette birlik olmalarının bile Allah'ın ismini bütün cihana duyurmak için giriştikleri mücadelenin bir parçası olduğunu anlayıp idrak edemiyoruz. İşte bu yüzden zaaflarımız var.

O dönem yine Efendimiz'in (asm) ticarete hediye ettiği bir kurum var, "Hisbe Teşkilatı" zabıta benzeri bir yapılanması var. Bu teşkilatta görevli olanlar çarşıda, pazarda insanların ticaretini denetliyorlar. Efendimiz bir dönem muhtesib olarak Hz. Ömer'i, başka bir dönem Abdullah bin Said'i Medine çarşısı için, fetihten sonra ise Said b. Âs'ı Mekke çarşısı için görevlendirmiştir. Ayrıca Efendimiz'in (sav) iki hanım sahabeyi de çeşitli zamanlarda bu alanda istihdam ettiğini görmekteyiz. O hanımlardan bir tanesi Şifa bint Abdullah, bir diğeri ise Semra bint Nüheyk'tir.

80 Üsdül-Gâbe, III/ 586; Suyutî, 165; H.i.Hasan, Tarihu'l-Islâm, I/256.

Muhtesibler çarşı pazarda neleri kontrol ediyorlardı, görevleri neydi?

1- Çarşı ve pazarın genel nizamını kontrol etmek.

2- Fiyatları kontrol etmek.

3- Ürünlerin kalite kontrollerini yapmak. Islak hurma altta mı üstte mi? Kurusu nerede, onlara bakmak ve sürekli: "Aldatan bizden değildir." hadisini hatırlamak.

4- Ölçü ve tartıları kontrol etmek. "Ölçek, Medine'nin ölçeği, tartı ise Mekke'nin tartısıdır."

5- Neceşe yani müşteri kızıştırmaya engel olmak.

Veda Haccı'nda bir hanım sahabe, Efendimiz (asm) Safa Tepesi'nden inerken soruyor: "Ya Resulullah, ben bir malı satarken malın ederi on iken on beş istiyorum. Bir malı alırken de malın ederi onsa da beş teklif ediyor en son 7-8'e alıyorum. Bu yaptığım doğru mu?" Efendimiz, kadını bu yaptığına karşılık: "Sakın sakın böyle yapma." diye uyarıyor. Evet pazarlık yapmak sünnet ama Efendimiz'in (sav) bahsettiği şekilde. Yoksa üç kuruşluk dünya menfaati için çizgiden çıkmak doğru değil. Nasıl bizim asrımıza bakan bir mesele.

1- Çok ve gereksiz bir şekilde yemin edenleri uyarmak.

"Vallahi gelişi bu kadar, çocuklarımın yüzünü görmek nasip olmasın bu fiyata aldım." Biz günümüzde bazen yemin dinlemekten hangi malı alacağımızı unutuyoruz.

2- Haram kılınmış malların alım ve satımını engellemek.

Hilfü'l Fudul (faziletli sözleşme, erdemliler hareketi)

Efendimiz (asm) 20, Ebubekir (ra) 18 yaşında iken Yemen'den Zebidî isminde bir tüccar malını satmak için Mekke'ye getirir.

Mekke'nin ileri gelenlerinden As b. Vail, Zebidî'nin mallarını alır fakat parasını ödemez. Adam, Safa Tepesi'ne çıkıp: "Ey Mekkeliler hiç mi içinizde adil adam yok!" diye bağırır. Bu çağrıya ilk icabet eden Efendimiz'in (sav) amcası Zübeyir ibni Abdülmuttalip olur ve buna binaen faziletli insanlar bir araya gelerek Hilfü'l Fudul isminde bir sözleşme yaparlar. Efendimiz ilerde bu antlaşma için: "Ben bir şerefli anlaşmaya davet edildim, şimdi de çağırılsaydım yine giderdim." buyurur. Bu antlaşmanın maddeleri,

1. Kim olursa olsun, mazlumsa, hakkı gasp edilmişse, onun yanında yer alacağız.

2. Mazlumun yanında zalimin karşısında yer alacağız.

3. Hira Dağı yerinde durdukça verdiğimiz söze sadık kalacağız.

İyi de tüm bunlar İslam'ın ilk kaidesi değil mi zaten? Bugün İslam'ın hangi meselesini konuşursan konuş; evlilik, ticaret, başka hukuklar konuş, senin ilk uyman gereken kaide mazlumun yanında, zalimin karşısında olmak. Mazlumun yanında olurken dinine, diline, ırkına kimdendir diye bakmamak; zalimin karşısında olurken de acaba benden midir diye bakmamak. Bizim çok unuttuğumuz meseleler.[81]

Memuriyet

Ticaretten derinlemesine bahsetmişken biraz da yönümüzü memurluğa çevirelim. Aslında bununla ilgili ebu Zer el-Gıffari'nin nefislere dokunan çok beyanları var ama biz o ifadelerin hepsini özetle toplayacak olursak şunları söyleyebiliriz. Bizce memur arkadaşların memurluklarının yanında bir altın bileziğinin daha olması lazım. Bu, ister pazarda meyve satıcılığı olur, ister hayvancılık fark etmez. Nedeni ise; olur ki bir gün çalıştığı yerde dinine ait bir sı-

81 Hilful Fudul; Ahmed b. Hanbel, I,190, 193.

kıntı ile karşılaşırsa, şerefine, onuruna ama en çok da dinine ait bir suiistimal olursa onu sineye çekmemesi için ikinci bir altın bilezik şarttır. Elbette herkes her işin adamı olamaz ama herkes bir işin adamıdır. Kimisine bakarsın ülkeleri, devletleri yönetir ama bir bakkal versen belki onu idare edemez. Kimisine de bakarsın bir bakkalı mükemmel idare eder ama bir aileyi idare edemez. İnsanların kabiliyetleri bu cihetlerde farklılık gösterir. İşte memurların da bu noktada kendi kabiliyetlerini keşfedip ikinci bir altın bilezik edinmeleri gerekir.

Ticaret ile ilgili hadis-i şerifler

"Gerek satarken, gerek alırken kolaylık gösteren ve hoşgörülü davranan kişiye Allah rahmeti ile muamele etsin.[82]"

"Bizi aldatan bizden değildir.[83]"

"Kim kusurunu açıklamadığı bir malı satarsa Allah'ın gazabı ve meleklerin laneti altındadır."

Son hadis günümüz toplumu için oldukça dikkat çekici. Çünkü bakıyorsun bir araba ticaretinde, adamın arabasına "uçak çarpmış!" ama "dosta gider" diyor. "Çizik var mı?" diyorsun. Araba üstten kaynaklı, ikiye kesip başka arabayla kaynak yapılmış, eksper bile anlayamıyor bu değişimi. Ama adam kusurunu anlatacağına: "Sen benim kardeşimsin, dosta gider." diyor. O zaman biz bu hadisi nasıl anlıyoruz? Bu hadis bize bakmayan bir hadis mi? Nereye koyacağız bu hadisi? Nasıl ticaret yapacağız? Biz bir adamı dolandırmak, kandırmak için: "Aman şu adam malı alsın da ondan sonra ne olursa olsun. " diye kırk takla atıyoruz. Çünkü tevekkülsüzüz. Allah'a imanımızda sorun var. Rezzak'ın Allah olduğunu bilmiyoruz.

82 Ahmed ibn Hanbel; Müsned, I, 58.
83 Müslim; İman, 164.

"Eğer siz Allah'a hakkıyla tevekkül etseniz, kuşlar gibi rızıklandırılırsınız. Onlar aç gider, tok dönerler.[84]"

Biz böyle bir şeye inanmıyoruz ki: "Evet böyle bir Allah var, ben o Allah'ı özel günlerde hatırlarım ama onun haricinde Rezzak da benim, patron da. Müdebbir de benim, mürebbi de. Hepsi benim." diyoruz. Önümüze geleni kazıklıyor, yalan dolanla iş yapıyoruz. Ondan sonra da Efendimiz'in (asm) hayatını okuyup, imrenerek böyle bir ticaret hayatımız olsun diye bekliyoruz.

Bir gün birisi Allah Resulü'nün yanına geliyor: "Ya Resulullah ben kendimi kontrol edemiyorum." diyor. Efendimiz (asm): "Bir kişinin boğazına haram lokma girerse o kişi azalarını kontrol edemez." buyuruyor. İnsan sürekli yalan ticaret yaptığında: "Vallahi Allah'ın emirlerini, namazı, orucu yapmak istiyorum ama ayağım meyhaneye gidiyor." diyor. Çünkü haram yediğinden azalar kişinin kontrolünden çıkıyor başka bir yere, başka bir ufka gidiyor.

Borç yiğidin kamçısıdır

Toplum olarak bizde bir de böyle bir yanılgı var. Kişiler evlenecek, belki hayatının baharını yaşayacak ama evlenmeden önce akrabalarımın, arkadaşlarımın gönlünü yapayım diye diye 5.000 ₺ geliri olan kişi 50.000 ₺'lik borca giriyor. Altı ayın sonunda bu kişiler, "ayrılalım" diyorlar. Eğer borç yiğidin kamçısı olsa, onlar altı ay sonra bu hale düşer mi? Bizim muhabbet ettiğimiz insanlar gece rüyalarında çek defteri görüyor. Borç yiğidin kamçısı olsa, Resullah'ı (asm) görür, çek defteri görür mü hiç? Demek bu da uydurma bir söz.

Efendimiz (asm) insanları borçtan öyle bir sakınmış ki: "Allah'ım küfre düşmekten ve borca düşmekten sana sığınırım." demiş. Hani

84 Tirmizi, Zühd, 33; İbn Mace, Zühd, 14; İbn Hanbel,1/332.

borç kamçıydı, hani onda yiğitlik vardı? İşte bizler Kur'an'ın yiğitlik kavramına bakmazsak, başka şeyleri yiğit olarak anlar, aldanırız.

Bir dönem Efendimiz'den (asm) bazı kişilerin cenaze namazını kıldırmasını istediklerinde Efendimiz borcu olmayan kişinin cenaze namazını kıldırıyor. Borcu olup borcunu karşılayacak mal varlığı olan kişinin cenaze namazını da kıldırıyor ama hem borcu olup hem de borcunu karşılayacak mal varlığı olmayan kişinin cenaze namazını kendisi kıldırmıyor.

Efendimiz (asm) bir gün cenaze namazı kıldıracakken kişinin borçlu olduğu öğrenilince ebu Katade o kişinin borcunu üstleniyor ve Efendimiz (asm) ancak ondan sonra o kişinin cenaze namazını kıldırıyor. Hatta Efendimiz cenaze namazından hemen sonra ikindi namazında ebu Katade'ye soruyor: "Borcunu ödedin mi?" "hayır" diyor ebu Katade. Efendimiz akşam namazında tekrar soruyor yine "ödemedim" cevabını alınca: "Öde de adam cennete girsin, borcunu ödemediğin için kapıda bekletiliyor." diyor.

Bizler arkadaşımızdan kitap alıyoruz umurumuzda değil. Halbuki o da o aynı şey değil mi? Birinin bir şeyini kullanıyoruz, sanki İslam'da herkesin malı ortakmışçasına, oysaki öyle bir şey yok. Kardeşlik başka, bir şeyi rica etmeden almak bambaşka bir şey. Bir bardak bir şahsa aitse ona sormadan biz o bardağa dokunamayız. Nerede sahabelerdeki incelikler, nerde bizim içinde bulunduğumuz tavırlar. Onlar dinden konuşmuşlar ama dinden geçinmemişler. Portakal satmışlar, limon satmışlar, süt satmışlar, hurma satmışlar ama dinlerini satmamışlar. Allah bizlere de aynı adımları nasip eylesin.

EN ZENGİN ÜÇ MÜSLÜMAN (TİCARET AHLAKI)

Bizim başımıza gelen en büyük dertlerden bir tanesi İslam'ın namaz, oruç, hac, zekât, umre gibi birkaç kavramın içine sıkıştırılmasıdır. İslam bu kavramların içine sıkıştırıldığında insanlarda artık şöyle bir algı oluşmaktadır: "İslam sadece bu kavramlar içerisindedir. Aile ahlakı, kişiler arasındaki düzen, ticaret gibi konulara karışmaz." Bizlerin bu yanlışı revize etmesi lazım. Ticaret kesinlikle ve kesinlikle namaz, oruç, umre, hac, zekât gibi İslam'ın başka bir cüzüdür. Madem ticarette İslam'ın bir cüzüdür o halde o ticaretin Allah'ın dilediği şekilde olması zorunludur.

Peki çoğu insan neden İslami hassasiyet denilince namazı, orucu, umreyi, misvakı değer yargıları içerisine alıyor da ticareti almıyor? Çünkü insanlar namaz, oruç, misvak gibi alanlarda öyle ya da böyle bir başarı elde edebilir. Ama ticarette İslam'ın ahlakını, Resulullah'ın (sav) emirlerini uygulayabilmek her yiğidin harcı değildir. Bir insanın camide veyahut bir mecliste sahabe hayatları ya da Efendimiz'in (sav) başından geçen olayları dinleyerek efkârlanması, ağlaması inanın bana kolay bir şeydir. Her birimiz hayatımızın bir evresinde Efendimiz'in (sav) adı geçince gözyaşı dökmüşüzdür. Ama bir insanın ticaretini Efendimiz'in (sav) emirlerine göre düzenlemesinin ne kadar zor olduğunu bu asırda bir yıl içerisinde üç kez alışveriş yapmış her insan anlar. Nereye gitseniz en çok yitirilmiş ahlakın ve değerin bu ahlak ve değer olduğunu göreceksiniz.

Halimizin böyle olmasının sebebi de yine aynı şey; üç beş tane değer yargısını alıp köşeye koyarak İslam böyle yaşanır zannetmemiz ve İslam'a zulmetmemiz. Bu algıdan dolayı da insanların kafasında oluşan bir yanılgı var. Camiye gittiğimizde Müslümanız ama camiden dükkâna geçtiğimizde kapitalist. Ne kadar garip; sanki camide uyduğumuz Allah ile bize iş yerinde yalanı, haramı, faizi, insanları dolandırmayı yasaklayan Allah aynı Allah değilmiş gibi.

Peki hiç düşündük mü bir insan camiye gittiğinde muazzam bir mümin haline bürünse, dükkânına gittiğinde ise kurnaz bir tüccara dönüşse kimin ahlakı ile ahlaklanır? Her girdiği mecliste başka bir kıyafet giymek münafıklık alametidir ve Allah bazı kullarının gönderdiği imtihanlarda nasıl bir rol oynayacağını anlamak için bazen kapılar açar bazen de kapatır. Ve üzücü ki biz kendisine kapı açılan bazı insanlarda şu hallere çokça şahit oluruz. Dünyası darken, elinde imkânlar yokken namazları hiç sarkmayan, etrafındaki insanlara karşı dünya tatlısı bir insan, dünyanın kapıları kendisine açıldığında bırakın namaz kılmayı, girmediği haram, etrafına etmediği zulüm kalmıyor.

Kısacası para ve makam o insanı değiştiriyor. Hayır hayır bu da çok büyük bir aldanma. Para ve makam insanı değiştirmez, gerçek yüzünü ortaya çıkarır. Eğer para ve makam insanı değiştirseydi biraz sonra örneklerini vereceğimiz bazı varlıklı sahabe efendilerimizin de değişmesi gerekirdi. Madem herkes para ve makamla değişiyorsa onlar niye değişmedi haşa onlar insan değil miydi? Demek olay para ve makamda değil bizim bakış açımız yanlış. Biz kendimize mihenk olarak Efendimiz'i ve sahabe efendilerimizi almazsak yaptığımız muhakemelerde aldanırız. Zira camileri İslam'a, ticarethaneleri Avrupa'ya benzeyen bir toplum bu aldanmışlığın en büyük delilidir bu hal bir şizofrenliktir.

İslam bizim hayatımızda sadece evde Kur'an okumamıza ve namaz kılmamıza müdahale etmez. Bir insan nerede oksijen çekiyor karbondioksit veriyorsa İslam'ın orada söz hakkı vardır. Dükkân ticareti de buna kesinlikle ve kesinlikle dahildir. Zira bizler bu işleri sadece camilere sıkıştırırsak İslam'a en büyük zulmü yapmış oluruz. Efendimiz (asm) hariç bütün peygamberler dinlerini bir seferde almışlardır, Efendimiz ise yirmi üç senede almıştır. Çünkü O'na (asm) indirilen din, o saatten kıyamet vaktine kadar insanlığın tamamının her alanını kapsayacaktır ve bu yüzden de insanların yaşayışında temellendirilmedik hiçbir yer bırakılmaması lazımdır.

Peki İslam dininin altında hangi meseleler yirmi üç yılda tamamlanmıştır? Faiz, Veda Hutbesi'nde yani 23 yılın sonunda yasaklandı. Zekât ve oruç on beşinci yılda, tesettür on altıncı yılda farz kılındı. Peki bunlar için neden böyle aşamalar beklenildi? Sebebi belli. Bir insan "iman, inanç, ahiret, Allah beni ne için yarattı, benim bir kul olarak ne yapmam lazım, ahlakımın hangi dengede olması lazım" gibi noktalardan yaşantısını temellendiremezse az önce saydığımız hiçbir şeyde de başarılı olamaz. Bu yüzden bu az önce saydığımız meseleler emir olarak gelene kadar ki süreç içerisinde Efendimiz (asm) iman ahlakını, tevhid ahlakını onlarda sürekli temellendirdi.

Bir insan tevhid meselesinde kalben şirke uğramazsa eğer, camide kendisine namazı emreden Allah ile ticarette rızkı ona müşteri eliyle gönderen Allah'ın aynı Allah olduğunu bilir, camide bir hata yapmadığı gibi ticaretinde de bir hata yapmaz. Ama bu meselelere dualite mantığı ile "aman onun yeri ayrı onun yeri ayrı" diye bakılırsa insanların bildikleri İslam, İslam olmaktan çıkar, o İslam değildir başka bir şeydir.

Yine en çok karşılaştığımız vakıalardan birisi de şudur. Çoğu insan bir yer ile ilgili fikir beyan edeceği zaman: "Şu beldede bir imam efendi var, öyle güzel sesi var ki sanki o belde İslam'ın en güzel diyarlarından birisi." diyor. Peki soruyorum size bizim o beldenin imamına baktığımız kadar, esnaflarına, tüccarlarına, orada yaşayan insanların ahlakına da bakmamız gerekmiyor mu? Neden bakış açımız bu kadar sığ? İslam sadece Kur'an'ın güzel okunması demek değildir. İslam sadece bir bölgede güzel hafızların yetişmesi demek de değildir. Bizler olabildiğince hafız yetiştirelim eyvallah ama o bölgenin ahlakına ve ticaretine müdahale etmezsek bir süre sonra o hafızların yetişmesi için bağışlanan paranın hangi yollarla kazanıldığını bilemeyiz.

Bir hadis-i şeriften bahsetmek istiyorum. "Allah'ım cehenneme gitmeme sebep olacak fitnelerden, cehennemin azabından, zenginliğin ve fakirliğin şerrinden sana sığınırım.[85]" Olay işte tam da burada düğümleniyor. Demek ki hadis-i şeriften öğrendiğimize göre fakirliğin de zenginliğin de hem iyi yönü var hem de şer yönü. İlk olarak zenginliğe bakalım mı?

Bazı insanların ağzı Karun gibidir. "Ben yaptım, benim hayat filmimi bilmiyorsun, ben elde ettim, ben zekâmla yaptım..." cümleleri ağzından hiç düşmez. Hatta bu cümleleri kuran insanlara bakın demagojik alt yapıları da hazırdır. "Herkes benim sırtımdan geçindi." Böyle insanlar o nimetleri kendisine gönderenin Allah olduğunun bile farkında değildir. Bu arada bizim burada eleştirdiğimiz şey Karun'un malı değil, malı olan Karun'un ahlakıdır. Problem oradadır.

İnsanın mal varlığının nerden geldiğini bilmesi çok önemli bir şeydir. Bir yere gidildiğinde parayı kullanım izni muhasebeciye

85 Ebu Dâvud, Vitr 32.

verilir ama o muhasebeci parayı dilediği gibi harcayamaz. Çünkü paranın kimin olduğunu bilir. Biz de mülkün kimin olduğunu bilsek ve kimin olduğunu bildiğimiz mülkü hep Allah yolunda infak etsek, Allah için verdiğimiz o mülk altımızda Darü's Selam'a götürecek bir Burak olur. Böylece biz malımızın mahkûmu değil hâkimi oluruz.

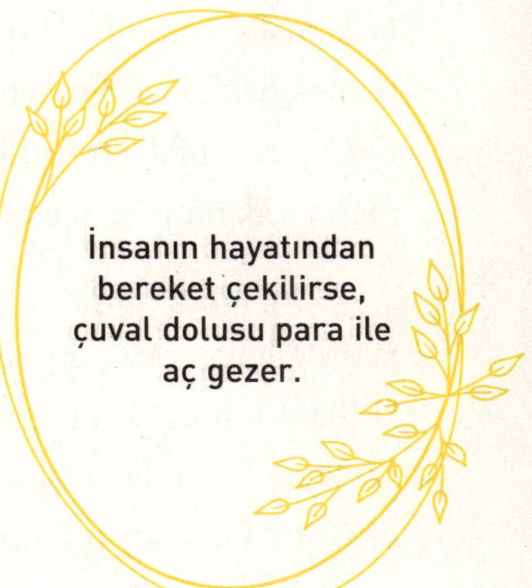

İşte bu hadiste bahsedilen güzel zenginliktir. Bir de zıddını konuşalım mı? Zenginsin ama elindeki malı kaybetme korkusuyla biriktirip duruyorsun ve biriktirdiğin mala bir de ömür boyu bekçilik yapıyorsun. Hiçbirimizin binalar kadar boyu yok, her birimizin midesi yumruk, bedeni 1,70-1,80 cm kadar ama mallarımıza bekçilik edeceğiz diye çektiğimiz zahmet dağlar boyu. Peki siz hiç biriktirenlerin bitamamiye mallarını yiyebildiğine şahit oldunuz mu? Ben olmadım. Hep arkadan gelenlere bırakılıyor ve o gelenler de bir güzel hiç ediyor onca emeği.

İşte bu hayırsız bir zenginlik ve bu hayırsızlığın da sebebi şu: "Zengin kişi kendisine o malın neden verildiğini anlamamış." Düşün ki seninle bir pikniğe gitmişiz ve piknik masası da ortada. Ben senin önüne bütün domatesleri, başkasının önüne tüm salatalıkları, diğer bir kişinin önüne de bütün poğaçaları koyuyorum. Şimdi böyle bir durumda benim senin önünü koyduğum domateslerin hepsi senin mi demek? Tabi ki hayır: "Bak ben domateslerin hepsini senin önüne koydum ki sen bunları dağıtasın diye." demek. Aynen bu misaldeki gibi nasıl senin önüne konan domateslerin hepsi senin demek değilse bu dünya imtihanı ve terazisinde de bir insana fazla mal verilmesi "al bu malların hepsi senin, tamamını ye bitir" demek değildir. "Bu malları sana verdim ki sen de başkasına ver, dağıtmayı, infak etmeyi bil." demektir. İşte insan kendisine fazla mal verildiğinde bu mesajı anlamazsa bu hayırsız bir zenginlik olur.

Zenginliğin hayır ve şer yönünden bahsettik şimdi biraz da fakirliğin hayır ve şer yönlerinden bahsedelim mi? Fakirsin ama: "Elhamdülillah ki benim rızkım bu kadar, Allah bana fazla mal verseydi belki de nefsim azacaktı. İyi ki Rabbim benim nefsimi biliyor da her şeyi en güzel dengede veriyor." diyorsun. Bunun yanında çok önemli bir denge olan hasedi de gözetiyor, kimseye kıskançlık beslemiyor ve Allah'ın sana verdiği her şeye şükrediyorsun ya, işte bu hayırlı fakirliğin ta kendisi oluyor. Lakin fakirsin ama eline geçmeyen her şeye isyan ediyorsun. Kendini başkaları ile kıyas ede ede: "Allah ona niye verdi de bana vermedi." diye düşüne düşüne kıskançlık edip kendini yiyorsun ya, işte bu da hayırsız fakirlik oluyor.

Böyle insanların gündeminde Allah olması lazımken gündemleri hep etraflarındaki varlıklı insanlar oluyor. O varlıklı insanların tatile gidememesi, işlerine sekte vurulması gibi başlarına gelen ufak sıkıntılar bile haset sahibi hayırsız fakiri mutlu ediyor. Velhasıl başına gelen imtihanlardan aldığı mesaj bile hasedi kadar oluyor. Şükür ve küfür, Habil ve kabil gibi iki kardeştir. İnsan şükür halinde değilse bilmeli ki küfür halindedir. Allah bizden verdiği nimetlere karşı şükrü cinsinden istemektedir. Güzel bir konuşma kabiliyeti mi verdi şükrünü de aynı cinsten, İslam adına hakkı konuşarak, her daim Allah'ı anlatarak isteyecektir. Mal, mülk mü verdi? Şükrünü de aynı cinsten Allah yoluna infak etme ile isteyecektir. Bir imza yetkisi, medrese çizme kabiliyeti, bir zekâ mı verdi işte verdiği her şeyin şükrünü de aynı cinsiyle isteyecektir.

Bir Müslüman'ın dünya malına düşman olup, elinde hiçbir şey olmaması değildir mesele. Eğer öyle olsaydı Allah İslam'ın beş şartından ikisinin gerçekleşmesini paraya bağlı kılmazdı. Zira Müslüman'ın zenginliği güzeldir ve duamız o ki, Allah eli kârda gönlü Yar'da olan varlıklı Müslümanların sayısını artırsın. Artırsın ki bu gönlü güzel Müslümanlar, istihdamı, en güzel ahlakı sağlasın, işçi hakkını, borçlar hukukunu ve daha nice değerleri hakkıyla gözetsin. Bizler bunun duasını çokça ediyoruz ve bir gün olacağına da canı gönülden inanıyoruz. Çünkü Müslüman'ın bu şekilde maddi güce sahip olmasında sorun yok, sorun Müslüman'ın dünyevileşmesi ile başlıyor. İşte bu ayrım sırattan ince olduğundan Müslüman'ın en büyük imtihanı da şimdiye kadar hep mal ile olmuş. Hatta bizim buralarda bir söz vardır. Adamdan malını isteyince "gardaş can değil ki verek" der. Yani can olsa kolay verecek ama mevzu para olunca işler değişiyor.

Size de oldu mu hiç, bazen yoğun Kur'an okuduğunuzda eliniz işe gitmez, dünyadan müstağni bir hal yaşarsınız. "Onlar, dünya hayatını âhirete tercih eden, Allah yolundan alıkoyan ve onu eğri göstermek isteyenlerdir; işte onlar derin bir sapkınlık içindedir." İbrahim suresi üçüncü ayetini okursunuz "aman ya Rabbi benim dünyadan elimi eteğimi çekmem lazım" diye bir düşünceye dalarsınız. Sonra bir bakarsınız, yüz yirmi bin sahabe efendimiz dünyanın muhtelif yerlerine gitmişler. Tüccar olan sahabe efendilerimizi okursunuz bu sefer de "acaba benim dünyaya tamamen dalmam mı lazım" dersiniz. İşte bizim böyle anlarda, bu ikisinin arasında hakkı tutup halkın arasında nasıl yaşayacağımızı öğrenmemiz için bir rehbere ihtiyacımız var. Çünkü bizler ruhban değiliz. Bir köşeye çekilip, İslam hayatın hiçbir yerinde var olmamış gibi yaşayamayız. Bizler kapitalistte değiliz. Malı elimize alıp Allah'ın emirlerini camide bırakıp o malı istediğimiz gibi de kullanamayız.

İşte insan bu ikisi arasındaki ince çizgiyi yakalayıp hem dünyayı hem ahireti kazanmak istiyorsa, altın kurunu takip ettiği gibi Efendimiz'in (sav) emirlerine riayet edip o emirleri de takip etmek zorunda. Çocuğunu okula yazdırırken hangi okul ucuz hangisi pahalı, ev yaparken enflasyonun parası, dolar kuru takip ettiği gibi o emirleri de takip etmek zorunda. Bir insan milyon dolarlık araba alacakken bin liralık bandrol hesabını takip edip yıl sonu araba alımı yapmıyorsa, araba alırken bu kadar ince hesap yapıyorsa ticarette haram helal hesabını da aynı şekilde yapmak zorunda. İşte bu insan bu hesapların en uygun şekilde yapılanını bulmak için Efendimiz Muhammed Mustafa'nın (asm) rehberliğine muhtaçtır. Yoksa bu işin sonu dünyada az gülüp ahirette bütün bütün ağlamakla sonlanacaktır.

Bizlerin bütün bu uyarılardan sonra kendimize çıkaracağımız iki tane ders var. Birincisi dünya bizde puta dönüşmemelidir. Zira bir insan vermesi gereken yerde veremiyorsa, dünya onun için puta dönüşmüş demektir. Almamız gereken ikinci ders ise güçlü Müslümanlık hata değildir. Esas güçlü Müslüman gördüğümüzde onu yermemiz veyahut içimizdeki hasedi ona kusmamız hatadır.

Bakara suresinde üç tane ayet vardır.

"İnsanlardan öyleleri vardır ki, sadece ey Rabbimiz! Bize dünyada ver diye yalvarırlar böylelerinin ahiretten hiçbir nasipleri yoktur." (Bakara/200)

"İnsanlardan öyleleri de vardır ki, ey Rabbimiz! Bize bu dünyada da iyilik ver öteki dünyada da iyilik ver bizi cehennem azabından koru, derler." (Bakara/201)

"İşte kazandıklarından bir payı olanlar bunlardır. Allah hesabı çok çabuk görür!" (Bakara/202)

Ne güzel bir denge... Ama yazık ki kimileri ya dünyayı put yapıyor ya da elinde imkân olmadığı için her var olanı kötülüyor haset ediyor.

Sahabe efendilerimizin her birinin mizaçları birbirinden çok farklı. Her birisi Efendimiz'den aldığı dersi kendi mizacına göre bir tercih yönünde kullanmış ama kimseye kendi mizacını dayatmamış. Kimisi ebu Zer'ce yaşamış, kimisi Abdurrahman bin Avf'ca. Peki soralım size, sizce her ikisinden hangisi daha doğru? Böyle bir soru olmayacağı gibi bunun cevabı da olamaz. Zira onlardan her biri mizaç, fıtrat ve Allah'ın onlara yarattığı kader planına göre mükemmel bir idealdir. Hz. ebu Zer de mükemmel bir idealdir Hz. Abdurrahman bin Avf'ta.

Sahabeleri birbirleriyle yarıştırmak, aralarında bir tercih yapmaya çalışmak bu meseleyi anlamamak demektir. Medine sokaklarında kime ahiretten bahsetse o insana sanki cennet sokaklarında dolaşıyor gibi hissettiren, dünyada yaşarken aslında dünyada yaşamıyor da ahirette yaşıyor gibi bir hayat süren kişidir ebu Zer el-Gıffar. Bu sahabe efendimize vefatına yakın bir zamanda, çadırında hanımıyla kalırken bazı misafirler gelir ve: "Ya ebu Zer, tamam böyle bir hayat yaşıyorsun ama bari biraz kalacağın eve mal mülk alsan olmaz mı?" derler. Ebu Zer onlara: "Ben zaten evime mal mülk alıyorum." diye karşılık verir ama onlar anlamazlar. Nasıl diye sorarlar, o güzide sahabe: "Ben o mal ve mülkleri ahiretteki evime alıp orayı döşüyorum." diye cevap verir.

Bir gün Sad bin ebu Vakkas çok hastalanır, yatağa düşer ve Efendimiz (asm) onu ziyarete geldiğinde: "Ya Resulullah (sav) ben herhalde gidiciyim malımın tamamını sana versem olur mu?" der. Efendimiz onun bu teklifine "olmaz" diye cevap verir. Sad bin ebu Vakkas yarısını vermeyi teklif eder, Allah Resulü yine olmaz der. Son çare Sad efendimiz o zaman üçte birini vereyim deyince Efendimiz tamam alırım der ve alır. Vefatından sonra Sad bin ebu Vakkas'ın sayısız gayrimenkulü ve iki yüz elli bin dirhem nakit parası kalır.

Bizlerde ebu Zer hazretlerinin ufku olduğu gibi diğer sahabe efendilerimizin de ufku var. Efendimiz (asm) bu yiğit sahabe efendilerimize yürü demiş ve her birine onların ufkuna göre davranmış. Gelelim Resulullah'ın (sav) sadık dostu Hz. Ebubekir'e. Öyle bir insanmış ki her fırsatta infak etmiş, malını, parasını öyle dağıtmış ki en son halife olduğu dönemde evinin geçimini bazı bölgelerde süt sağarak sağlamış. Bu durumu duyan Hz. Ömer: "O bir halifedir, bu şekilde olmaz." deyip karşı çıkmış da ona Beytülmalden maaş bağlatmış ama Hz. Ebubekir o paranın en zaruret miktarını kullanıp gerisini yine İslam için bir testi içinde toplamış. Vefatından sonra testi kendisine teslim edilen Hz. Ömer, gözyaşları içinde şu hakikatli cümleyi kurmaktan kendini alıkoyamamış. "Ey Ebubekir sen kendinden sonrakilere çok ağır bir yük bıraktın.[86]"

Peki sahabeler bu şekilde hayat sürerken Efendimiz geçimini ne ile sağlıyordu? Efendimiz çocukluğundan beri ticaretle uğraşmış ve ticari anlamda çok ciddi bir kabiliyeti var. Ama Medine dönemine geçtiğinde siteyi İslam'ı kurmanın mücadelesinden dolayı artık ticaret yapamamış. Üçüncü yıl Uhud'a kadar yani savaş ganimetleri kendisine gelene kadar evine gelen hediyelerle geçinmiş. Ama şu kısma dikkatleri çekmek gerekir ki Aişe validemizin: "Üç ay döndü de ocak yanmadı." diye rivayeti var. Yani Efendimiz kendisine gelen hediyelerden zaruret miktarını aldıktan sonra kalanını yine infak etmiş. Hatta hicretin dokuzuncu yılına doğru ganimetlerin çok yüksek olduğu dönemler Efendimiz (asm) eşleri ile hanesinde karşı karşıya gelmiş ve İlâ hadisesi yaşanmış. Eşleri: "Ya Resulullah (sav) bize birer tane elbise alsan olmaz mı?" dediklerinde Efendimiz bu isteklerinden dolayı bir ay boyunca evi terk edip Mescid-i

86 Hâkim, III, 66/4410; Süyûtî, Târîhu'l-Hulefâ, s. 81.

Nebevi'nin yanında bir çadırda kalmış. Yani Efendimiz kendisine gelen ganimetler veyahut eski dönem hediyeleri ile düşünüldüğü gibi yüksek kalitede rahat bir hayat yaşamamış. Zira Efendimiz'in (sav) vefatında cebinde beş, altı dirhemi varmış ve Efendimiz onun bile bir kısmını hemen dağıttırmış iki, üç dirhemi de Aişe annemize ve onun eliyle diğer hanımlarına bırakmış.

Peki Efendimiz (asm) birçok sahabe ısrar etmesine rağmen onların mallarının üçte birini alırken neden Abdurrahman bin Avf'dan, Hz. Hatice'den, Hz. Ebubekir'den mallarının tamamını almış? Çünkü o sahabe efendilerimiz ellerindekini infak ederken sormamışlar bile. Hz. Ebubekir kırk bin dirhemin otuz beş bin dirhemini köle azad ede ede öyle infak etmiş ki gün gelip elinde parası kalmadığında hiç kimse fark etmemiş bile.

Efendimiz'in (asm) istidadına ve hayat ufkuna göre birçok sahabe efendimizin varlıklı olmasına nasıl müsaade ettiği ve hoş karşıladığıyla ilgili bir de Osman bin Affan'dan örnek verelim. Hz. Osman'ın babası Suriye ticaretinden dönerken yolda vefat eder ve kendisine dudak uçuklatacak bir servet bırakır, üç milyon dirhem. Aradan birkaç sene geçer ve Hz. Osman Müslüman olur. Müslümanlığının beşinci senesinde Habeşistan'a gider ve gittiği Habeşistan'dan yedi yıl sonra döner. Düşünsenize bir insanın bu kadar malı olacak ve efendisinin tek bir emriyle o malı geride bırakıp efendisi nereye yürü dediyse oraya yürüyecek. Aklınıza ve kalbinize böyle bir kahramanlığın büyüklüğü sığabiliyor mu hiç? Neden Hz. Osman Zinnureyn iki nur sahibi ve neden Peygamberimiz ona iki kere kızını veriyor anlıyor musunuz?

Hz. Osman bu kadar ciddi bir serveti Efendimiz'in (sav) gösterdiği ufuk doğrultusunda rahatça bırakıp gidebiliyor. Bir de bize bakın. İki yüz metre karelik evlerimizi bırakıp Allah yolunda hazır rahat koltukta sohbete gelemiyoruz. Hz. Osman Medine'ye döndüğünde

Resulullah (asm) soruyor: "Rume kuyularını cennet karşılığında kim alacak?" "Ben!" diyor Hz. Osman. Efendimiz yine soruyor: "Zorluk ordusunu Allah rızası için kim donatacak?" Yine: "Ben!" diyor Hz. Osman ve otuz bin kişilik ordunun on binini tek başına donatıyor. Neden Hz. Osman Hz. Osman anlıyor muyuz?

Seksen iki yaşında devlet başkanı iken şehit edildiğinde arkada bıraktığı servet 35.500 dirhem, 150.000 dinar, 1.000 deve, 200.000 dinar kametinde de gayrimenkuldür.[87] Bir şeyleri anlamamız lazım. Bir insanın mülkiyeti fıtri bir haldir ve fıtratla savaşmaya gerek yoktur. Ama o Müslüman dünyevileşiyorsa, verilmesi gereken yerlere veremiyorsa, git gide dünyada kökleşiyorsa bu onun ahiretini bile yiyip bitirecek berbat bir hastalıktır ve bu işin sonunda hem dünyayı hem ahireti kaybetme riski vardır.

Velhasıl ideal bir değildir! Sadece bir hayatı ideal alırsak Efendimiz'in (asm) fıtrata yön verişini ve o mahir sanatını anlamamız mümkün olmaz. İnsan bu meseleleri derinlemesine bilmeyince, bu ufku göremeyince haram helal nedir bunların ayrımı da o insanda olmuyor. Özellikle bu hastalıkla bu asırda fazlasıyla karşılaşıyoruz maalesef. On esnafla ticaret yapıyor, on doktora muayene oluyorsak bunun yedi sekizi aldatıcı bir sonuçla sonuçlanıyor. Hala nefes alıyorken ve tövbe kapıları bizlere kapanmamışken bu geçici dünya işlerini terk edip, dünyaya ahiretimizi satmayalım, aldanmayalım inşallah.

87 Ahmed b. Hanbel, IV, 75; Vâkıdî, megazi., III, 991; İbn Ishak, İbn Hişâm, Sîre, IV, 161.

DUYGULARIMA NASIL YÖN VEREBİLİRİM?

Her insanın kalbinde yön vermek istediği nice duyguları vardır ama insan çoğu zaman düşüncelerine hâkim olamaz. Mesela aklı insana der ki; "burada sinirlenmemen lazım" ama insan avazı çıktığı kadar bağırıp öfkelenir. "Şu insanlar sana zarar veriyor, görüşmemen lazım" ama insan o kişileri görmediği zamanlarda kendini güçsüz zanneder. "Bu buluşmaları yapmaman lazım, bunlar seni hep harama götürüyor" ama insan ne kalbine ne de aklına bir türlü yön veremez.

İşte birazdan okuyacağınız satırlar aklın ve kalbin dizginini insanın eline vermeyi bitamamiha öğreten çok sırlı satırlar. Kim kalbine yön vermek isterse bu hakikatleri bilmesi lazım. Çünkü bu ders; insanın aklına, kalbine, hayatına nasıl hükmedeceğini öğreten çok esrarlı bir ders. İnsanlık tarihinde kendisine hükmedebilen birilerini gösterin deseler şüphesiz akla gelen ilk isim Efendimiz ve sahabeleri olurdu. Acaba sahabeler Resulullah'tan (asm) nasıl bir ders almışlar ki; akıllarına, kalplerine, hayatlarına ve biiznillah ahiretlerine yön verebilmişler bizim bu mesleği edinmemiz lazım.

Bunun en güzel örneklerinden birisi de Vahşi b. Harp. Efendimiz'in (asm) canı ciğeri olan amcası Hz. Hamza'yı şehit eden kişidir. Bu şehadetten sonra Efendimiz (asm) ona iki kez haber ulaştırıp onu imana davet etmiştir ama o ikisinde de: "Benim gibi günah işleyen biri affolunmaz." diye karşılık vermiştir. Bunun üzerinde Allah Zümer suresi 53. ayetini indirmiş ve Efendimiz ona gönderdiği son haberde bu ayeti iletmiştir: "De ki: 'Ey kendi aleyhlerine olarak günahta haddi aşan kullarım! Allah'ın rahmetinden ümit kesmeyin. Allah dilerse bütün günahları bağışlar; doğrusu O çok bağışlayıcı ve çok merhametlidir.'" Hz. Vahşi bu ayeti duyduktan sonra iman ediyor ama iman etmesine rağmen Efendimiz (asm) ondan bir ricada bulunuyor: "gözüme gözükme zira seni gördükçe amcam Hamza'yı hatırlarım, eğer onu hatırlarsam sana olan vazifemi tam yapamam." Öyle bir Peygamber ki burada bile tek endişesi ona karşı olan vazifesini eksik yapmak.

Hz. Vahşi'den sonra tâbiinden bir zat olan Hasan-ı Basri hazretlerinden bahsedelim. Hasan-ı Basri hayatı boyunca son derece hassas yaşayan, ne zaman cehennemi duysa hıçkıra hıçkıra ağlayıp, küt diye bayılan evliyaullahtan bir zat. Şimdi bir tarafta ulemanın tabiri ile sahabenin -haşa- en düşüğü olan Vahşi b. Harb var diğer tarafta ise tâbiin imamlarından zirve bir isim olan Hasan-ı Basri. İmam-ı Rabbani'ye bu ikisinin kıyası sorulduğunda: "Hasan-ı Basri, Hz. Vahşi'nin atının ayağındaki toz olamaz." diyor. Bu nasıl bir makamdır.

İşte bizim bu satırlarda bu mertebeyi bu makamı anlamamız lazım. Çünkü hayatımıza, kalbimize yön vermek, doğruları daha seri bir şekilde yapmak için önce sahabelerin hayatını ama ondan da önce onların büyüklüğünü anlamamız şart. Yine ufak bir mesele anlatarak konumuza devam edelim.

İmam Celaleddin Suyuti'nin sahabe tarifi şudur: "Efendimiz zamanında inanarak sohbetinde bulunma şerefine ermiş kişiler." Burada önemli olan kelime "inanarak"tır çünkü ebu Cehil de Efendimiz'i görmüş, sohbet etmiş ama inanmamış bu yüzden de sahabe değil. Neden Celaleddin Suyuti'nin tarifini aldığımı da beyan edeyim. Celaleddin Suyuti İslam alimlerinin büyüklerindendir ve Said Nursi Hazretleri Risale-i Nur'da onun için şu ifadeyi kullanır: "Uyanık haldeyken çok defa Peygamberle görüşmüştür." Biz Efendimiz'i (asm) rüyamızda bir kere görsek, o hatırayı ömür boyu saklamaya çalışırız. Ama Celalettin Suyuti rüyada bile değil yakazaten yani uyanık bir halde birçok kez görüştü deniliyor.

Şimdi aynı soruyu tekrar soralım; Celalettin Suyuti yakazaten birçok kez Efendimiz'le görüşmesine rağmen, Efendimiz'in (sav): "Gözüme çok gözükme amcam Hamza'yı hatırlarım..." dediği Hz. Vahşi'ye yetişebilir mi? Cevabımız yine aynı: "Hz. Vahşi'nin atının ayağındaki toz bile olamaz." Neden olamıyor peki? Sahabeyi bu kadar yüksek bir mertebeye çıkaran sır nedir? Gelin sizinle bunu derinlemesine inceleyelim.

Efendimiz'in (asm) insanlarla iki şekilde görüşmesi vardır. Birisi, hayattayken nübüvvet yani peygamberlik makamında görüşmektir. Öteki ise vefatından sonra velayet nokta-yı nazarında görüşmektir. Efendimiz, sahabelerle bizzat peygamberlik makamından görüşüp onları çok yüksek bir mertebeye çıkarırken Celalettin Suyuti gibi zatlarla nübüvvet makamından değil velayet makamından görüşmüş onun için onlar sahabenin atının ayağındaki toza yetişememiştir. Çünkü Efendimiz'i dünya nazarında bir kez görmek uykudayken bin kez görmenin üstündedir. Mesela ben size uykudayken bin lira versem mi daha iyi yoksa uyanıkken on lira versem mi daha iyi? Tabi ki uyanıkken on lira vermem daha iyi. Ya da ben size uykudayken kebap mı ısmarlayayım yoksa uyanıkken peynir ekmek mi? Elbette uyanıkken peynir ekmek. Çünkü baktığınızda bu ikisinin arasında dağlar kadar fark var. İşte nasıl uyku ve uyanıklık arasında bu kadar fark varsa, bir insanın Efendimiz'i (asm) bizzat nübüvvet makamından görmesiyle velayet makamından görmesi arasında da böyle kapanmaz farklar var ve sahabenin sahabe olmasının altında yatan en büyük sır işte burada.

Velayet mertebeleri

Veli, Allah dostu demektir ve veliliğin de kendi içinde mertebeleri vardır. Mesela Abdülkadir Geylani hazretleri bir Allah dostudur, sahabeler bir Allah dostudur ve siz de isterseniz bir Allah dostu olabilirsiniz ama Allah'a dost olan bu kişilerin dostlukları arasında ciddi bir mertebe farkı vardır. İşte biz bu mertebe farkında sahabeleri anlayacağız, onların kametini, kıymetini, hangi mertebede olduğunu öğreneceğiz, ondan sonra da: "Demek ki ben şu özelliklerle kalbime, aklıma, dünyama, ukbama yön ve şekil verebilirim." diyeceğiz.

Velayetin üç mertebesi vardır.

1. Velayet-i suğra; veliliğin küçük mertebesi manasındadır. Tasavvuf ehlinin yolu bu yoldur. Dileyen herkes oradan gidebilir ve bu yoldan giden bir öğretmen veyahut sokaktaki bir simitçi velayeti suğra ile hiç görmediğimiz insanların daha üstünde bir mertebeye sahip olabilir. Bu mertebe çalışmayla elde edilebilir.

2. Velayet-i vusta; veliliğin orta mertebesi manasındadır. Bu mertebe birçok insanı aşan, aklın almayacağı yüksek bir mertebedir. Tâbiinin, tebe-i tâbiinin bazı imamları gibi insanlar velayeti vusta mertebesindedir. Bu mertebe çalışmayla elde edilemez. Kalpteki mükemmel samimiyet sonucunda ikram-ı İlahi ile ancak elde edilebilir.

3. Velayet-i kübra; veliliğin en büyük mertebesi demektir. Sahabeler ve onların yolunu takip eden müçtehidler, kutuplar, mezhep imamları bu mertebededir.

O halde bir soru soralım: "Bazı insanlar kimi sahabelerden daha fazla ömür yaşamış belki daha fazla namaz kılmış, Kur'an'ı daha fazla okumuş ama nasıl oluyor da onlar bu mertebeye ulaşamazken sahabeler ulaşıyor?" Bu sorunun cevabını öğrenmemiz için öncelikle şu üç kelimeyi bilmemiz gerekiyor. İnsibağ, İn'ikas, İncizap...

Hiçbir büyük günah, tövbe ve istiğfar edildiği takdirde, büyük kalmaz. Ve hiçbir küçük günahta ısrar edildiği takdirde küçük kalmaz.

İnsibağ

İnsibağ, boyanmak demektir. Hatta ayet-i kerimede "Sibğatallah" yani "Allah'ın boyası" diye bir tabir vardır ama burada da şöyle bir incelik var. Sibğa boyanma manasını verirken insibağ eklendiğinde şu hal olur; kişi boyandığının farkında olmaz, içten gelen imanla gayr-i irâdi olarak boyanır. Yani insan kimlerle gezse, ne tür sohbetlere gitse, o insanların boyasıyla boyanır. Mesela kişi sürekli iddia kuponu konuşulan bir meclise gitse ve kendisi de futbolu iyi oynayan biri olsa aradan aylar geçince "bir kupon da bana yaz" der. Kişi sürekli Allah hakkında konuşan insanlarla bir arada olsa, aradan biraz zaman geçince "bir seccade de bana ser" der. Çünkü etrafındaki insanlarla boyanır.

İnsibağ ile birlikte iki kelime daha öğreneceğiz. Latif ve kesif. Etrafındakilere etkisi olmayan katı şeylere kesif, etrafına etkisi olan şeylere ise latif denir. Mesela masa kesifken, ışık latiftir. Sobanın demiri kesifken içinde yanan ateş latiftir. Latif maddelerde kendi arasında yarı nurani ve tam nurani diye ikiye ayrılır. Bizim görebildiğimiz latif şeyler yarı nuraniyken, göremediğimiz latif şeyler ise tam nuranidir. Misal güneş yarı nurani iken, ruh tam nuranidir. O halde ben aynaya taş tutsam bu taş aynaya özelliğini veremez çünkü kesif bir maddedir. Ama ben aynaya güneş tutsam bu güneş aynaya özelliğini verebilir çünkü yarı nurani olduğundan aynayı hem ısıtır hem ışıtır.

Demek ki bir şey yarı nuraniyse etrafını boyayabiliyor. Peki yarı nurani olan güneş etrafını ısısıyla, ışığıyla boyayabiliyorsa tam nurani olan ruh boyayabilir mi? Elbette boyar. İşte bizim bulunduğumuz meclisin veyahut karşılıklı konuştuğumuz insanın, ruhundan aldığımız boyama haline insibağ deniyor. Sahabelerin, Efendimiz'in (sav) huzurunda iken O'nun (asm) boyası ile boyanması gibi. İşte Efendimiz'in (sav) nübüvvetten gelen insibağı yani boyaması, bir insanı bir anda sahabe yaparken; velayetten gelen insibağı bir insanı sahabe mertebesine götüremiyor. O yüzden dünyadaki bütün insanlar toplansa bir sahabeye yetişemiyor. Çünkü sahabeler, Resulullah'ın (sav) ruhu ile boyanmış.

İn'ikas

Aksetmek, yansımak demektir. Mesela aynaya tutulan ışığın yansıması bir in'ikas örneğidir. Normalde bu kelime "akese"den gelir. Akese yansımak demek ama kelime in'ikas halini alınca, gayr-ı irâdi bir yansımayı kastediyor yani kişi istese de yansıyacak istemese de. Mesela bir arkadaşımızla gül bahçesine gitsek beş dakika oturup çay içsek, gül kokarız. Gülün kokusu bize yansır. Hem de istesek de yansır, istemesek de. Çünkü biz o ortamda bulunuyoruz.

Şimdi bir de insibağ örneği ile in'ikası birlikte düşünelim. Misal ben elimde Wi-Fi'li harici bir diskle bir medreseye girsem ve bu medresenin modemine bağlansam, o modeme bağlanmaya insibağ, o modemden çekim gücüme ise in'ikas deniyor.

Sahabeler de dahil tüm Müslümanların Efendimiz'e bağlı olduğunu düşünelim ama hepimiz aynı oranda çekmiyoruz. İşte Efendimiz'e (asm) bağlanmamıza insibağ denirken, kişinin hard disk büyüklüğüne göre veri indirmesine de in'ikas deniyor. Mesela biz üç arkadaş modeme bağlansak üçümüzün de bağlanması insibağ olurken, benim elimde 1 GB'lık çekim gücüm varsa benim in'ikasım 1 GB oluyor. Diğer arkadaşlarım da kapasitelerine göre in'ikas sağlıyorlar. 1 terabaytı olanın in'ikası 1 terabayt olurken, 10 MB olanın in'ikası 10 MB oluyor. Lakin kişi modeme bağlanıp insibağ gerçekleştirmesine rağmen elindeki hard disk bozuksa o zamanda in'ikas sağlanamıyor ve kişi küfür üzere kalıyor.

İncizap

Birden merkeze çekilmek demektir ve incizapta bir cezbe hali vardır. Örneğin bir insanın kendisini bilgisayar oyununa kaptırıp 40-50 saat oyun oynaması bir cezbe halidir ve o kişi oyunda birden merkeze çekilmiştir ya da başka bir insanın kumara kendisini kaptırıp evini barkını, çoluğunu çocuğunu unutması, onları bile masaya koyması bir cezbe halidir ve o kişi kumarda birden merkeze çekilmiştir. Birden merkeze çekilen insan çekildiği merkezin halini alır yani onun cezbesiyle dört döner.

Şimdi günümüze bakan çok önemli bir örnek daha verelim. Mesela iki yıl önce içki içen bir insan medresede oturuyor, onu gören ukala bir insan da: "Ya bundan nasıl Müslüman olur? Haşa Allah bunu nasıl iyi bir Müslüman yapacak?" diyor. Ben de size diyorum ki değil böyle iki yıl önce içki içen bir insanın Müslüman olması, Efendimiz'i öldürmeye gelen insan sahabe olmuş ve tüm dünya toplansa o sahabenin atının ayağının tozu olamamış.

Avres b. Haris diye bir kumandan Bedir'in intikamını almak için Efendimiz'i (asm) takip ediyor. O esnada Efendimiz (asm) bir ağacın gölgesinde gölgeleniyor. Avres birden Efendimiz'in (sav) önüne çıkıp, kılıcını çekiyor ve: "Söylesene şimdi seni benim elimden kim kurtaracak?" diye bağırıyor. Efendimiz ayağa kalkıp: "Allah kurtaracak!"

diye nida edince Avres korkudan kılıcı düşürüyor. Efendimiz kılıcı yerden alıyor. "Söylesene Avres, peki şimdi seni benim elimden kim kurtaracak?" Avres titremeye başlıyor, Efendimiz'den beni affet diye eman diliyor. Efendimiz (asm): "Seni affettim." buyuruyor ama Avres hala korkuyor, panik halinde: "Nasıl beni affettin ben seni öldürmeye geldim. Sen ise şu an beni öldürebilirdin ama öldürmedin, iyi de neden?" diye merak edip soruyor. Efendimiz: "Biz insanları öldürmek için değil, ebedi hayatla müjdelemek için gönderildik." buyurunca Avres ayağa kalkarken kelime-i şehadet getiriyor ve Müslüman oluyor.

İşte Avres bu hale incizap sırrıyla geliyor. Efendimiz'le görüşüyor bu insibağ, Efendimiz'in (sav) ruhundan ona aksediyor bu in'ikas ve bu vakanın sonunda birkaç dakika görüşme ile birden velayet-i kübraya çekiliyor işte bu da incizap oluyor. Bu arada incizabın sırrı sahabe olma adayı birisini merkeze çekip cezbederken, sahabe olmaya yakışmayan birisini de dışarı atıyor. Yani incizapta iki sır var. Birincisi, merkeze çekme, ikincisi dışarı atma.

Sahabe döneminde Efendimiz'in (sav) zuhuru ile bütün zıtlar birbirinden ayrılıyor. Mesela şuraya birisi timsah, öbürü tavus kuşu iki tane yumurta koysak, yumurta olarak bunlar yan yana durabilirler, sıkıntı yok. Çünkü daha mahiyetleri ortaya çıkmamış. Ama onları kuluçkaya yatırdığımız zaman insibağ, in'ikas, incizabın sırları kuluçkada onlara geçer ve yumurtalar kırılır. Birinden timsah, öbüründen tavus kuşu çıkar ve artık bunlar yan yana duramazlar.

Aynı şekilde Efendimiz (asm) gelmeden önce de iki Ömer yan yana durabiliyordu. Birisi Ömer b. Hattap dediğimiz Hz. Ömer, öteki Amr (Ömer) b. Hişam dediğimiz, ebu Cehil. Çünkü ikisinde de karbon vardı ama Efendimiz daha zuhur etmediğinden karbonlar henüz dizilmemişti. Gün geldi Efendimiz (asm) zuhur etti, artık insanlar istese de isteme de O'nu (asm) gördü insibağ sırrı ile boyandı,

O'nun (asm) ruhu insanlara istese de istemese de in'ikas sırrı ile aksetti ve işte ondan sonra ruhtaki karbon dizilimleri başladı. Daha önce dizilmemiş karbonlardaki ruhlar yan yana durabiliyorken birden Efendimiz'in (sav) zuhuru ile karbonlar dizilmeye başlayınca ebu Cehil'in karbonundan kömür çıktı, aşağı düştü. Hz. Ömer'in karbonundan elmas çıktı, yukarı yükseldi. Çünkü insibağ, in'ikas ve incizabın sırrını almış zıtlar dizilimlerini tamamlar ve artık yan yana duramazlar. Ne muazzam bir sır. Yoksa ilk dönemde ebu Cehil ile Hz. Ömer'in bir farkı yoktu. Ebu Cehil de Hz. Ömer gibi Mekke'de putlarla ilgili ticaret yapan bir adamdı ama Hz. Ömer cennetin en güzel yerine giderken ebu Cehil cehennemin dibine gitti.

Kurbiyet, akrabiyet

Şimdi buraya kadar önceki satırlarda sürekli sahabelerin incizapla merkeze çekilmelerinden bahsettik ama o merkez dediğimiz nedir ki nereye çekilmişler, bundan hiç bahsetmedik. İşte bizim o merkez denilen yeri anlamamız için şu iki kelimeyi bilmemiz lazım; kurbiyet ve akrabiyet.

Kurbiyet, Allah'a yakınlık demekken, akrebiyet ise Allah'a daha da yakınlık demektir. Kurbiyet mesleğinde kul mertebeleri atlaya atlaya Rabbine yaklaşmaya çalışır. Taptuk Emre'nin dergahında 40 yıl odun taşıdıktan sonra Yunus Emre'nin, Yunus Emre oluşu kurbiyet yani mertebe mertebe Allah'a yaklaşma haline güzel bir örnektir. Bir de insanın "Allah (cc) bana şah damarımdan da yakındır" deyip bunu fark etmesi ile birden o mertebeye yükselme hali vardır işte bu da akrebiyettir. Yani kurbiyette mertebe mertebe Allah'a yaklaşman gerekirken, akrebiyette bir anda Allah'a yaklaşırsın.

Güneşe 4 bin senede gittiğinizi farz edelim. Bir gün güneşe yaklaşmak isterseniz eğer, güneşe ulaşabilmeniz için 4 bin sene mesafe kat etmeniz gerekir. Bu kurbiyet mesleği olur. Bunun aksine aynı güneş size bir anda yaklaşır, her yerinize yakındır ve siz bunu fark ettiğiniz anda güneşin size yakınlığı siz de inkişaf eder, işte buna da akrebiyet mesleği denir. Yani sizin Allah'a yakınlaşma çabanızla mertebe yükselmeniz kurbiyet, Allah'ın size yakınlığını fark etmeniz ise akrebiyet mesleği olur. İşte sahabeler bir saat içerisinde dünyada hiçbir insanın yetişemeyeceği bir mertebeye akrebiyet-i İlahiye ile çıkmışlar.

Sahabelerin kerameti var mıdır?

Allah dostu veli zatların kendilerine özel çok fazla keramet halleri vardır. Hatta Allah'ın onlara bildirmesiyle gaybı da bilebilirler. Allah onlara gelecekten bir haberi bildirir ve bu onlara malum olmuş olur. Mesela Abdülkadir Geylani hazretlerinin de birçok kerameti var. Bir gün bir talebesi riyazete kapandığı için yemek yemiyor. Talebenin annesi, oğlunu kuru ekmek yerken görünce anneliğin vermiş olduğu şefkat duygusundan üzülüyor ve gidiyor Abdülkadir Geylani hazretlerinin yanına. Bakıyor ki oğlu kuru ekmek yerken şeyh tavuk yiyor: "Ya imam! Sen burada tavuk yiyorsun ama benim oğlum içerde kuru ekmeğe talim ediyor. Bu nasıl hal?" diyor.

O esnada Abdülkadir Geylani hazretleri tavuğunu yemiş, bitirmiş, kemikler önünde duruyor. Şeyhin tavuğa bakarak: "Kum biiznillah!" demesi üzerine tavuk tekrar canlanıyor ve Geylani hazretleri kadına: "Ne vakit senin oğlun da bu dereceye gelirse o zaman o da tavuk yesin." buyuruyor. Akıl alır gibi kerametler değil. Aslında Sahabelerde de keramet var ama çok az. Onlardaki keramet hangi noktada samimiyet göstermişlerse, o noktadan zuhur ediyor. Mesela Hz. Ali namazda çok hassas bir sahabe efendimiz. Kendisi Allah'a: "Ya Rab namazımı huşuyla kılmam için bana iki tane ifrit, yani cin nöbetçi ver." diye niyazda bulunuyor ve namazları esnasında iki tane cin ona nöbetçi kalıyor. İşte Hz. Ali'nin namaza hassasiyetinden dolayı kerameti de namazdan geliyor ve kendisine saplanan bir oku: "Namazda çıkarırsanız ben hissetmem." diyerek namazda çıkarttırıyor.

Hz. Ömer'in en çok yoğunlaştığı meselelerden birisi İran ve Bizans'a asker göndermek. On buçuk yıl hilafetinde, bunlarla mücadele etmiş. Hatta bir gün namazı yanlış kıldığından sehiv secdesi yapıyor. Onu görenler: "Ya Ömer hayırdır? Sen neden sehiv secdesi yapıyorsun?" dediklerinde: "İnanın o an zihnimde İran'a ordu gönderiyordum." diyor. Yani namazda sehiv secdesi yapması bile hep proje üretme meselesinden. Hz. Ömer yine bir gün Mescid-i Nebevi'de hutbeye çıkmış, cuma hutbesi okuyacağı esnada Sariye isminde bir kumandanı İran cephesinde savaşıyor. Hz. Ömer tam hutbe verecekken birden bağırıyor: "Ey Sariye el cebel, el cebel! Dağın arkasından asker geliyor düşman geliyor, dikkat et!" diyor ve ona oradan sesleniyor. Sariye o sesi duyup savaşı kazanıyor, Medine'ye dönüp, insanlar onu tebrike geldiğinde ise: "Neden beni tebrike geliyorsunuz! Ömer seslenmese biz mahvolmuştuk." diyor.

Sahabeler nerde yoğunlaşmışlarsa kerametleri orada zuhur ediyor ama aynı Ömer, Firuz sırtından hançerleyecekken onu fark edemiyor ya da Hz. Ali bir harici tarafından şehit ediliyor ama bunu hissedemiyor. Hal böyle olunca da insanların aklında şöyle bir soru oluşuyor. "Veli kullarda bu kadar keramet varken, meselelere bu kadar vakıflarken, madem sahabe onların çok üstü bir mertebededir hatta ve hatta Hulefa-i Raşidin yani Hz. Ebubekir, Hz. Ömer, Hz. Osman ve Hz. Ali hiçbir insanın yetişemeyeceği bir mertebededir. Nasıl olur da o dört güzide insanın üçü şehit edilmiş ve onlar kimin şehit edeceğini bilememişler?"

Hiçbir müfsid ben müfsidim demez, daima sûret-i haktan görünür.

Daha önceden doğru olan ve doğru bir şekilde çalışan bir sistemin bozulmasına fesat denir ve bu kelime yeryüzünde bozgunculuk çıkaranlar manasına gelir. Sahabeleri şehit edenlere de müfsit denir. Yani fesat eylemin adı, müfsit ise eylemi yapan kişidir. Sizler buradaki fesat çıkaranları oyun kurucular olarak düşünebilirsiniz. Bizlerin müfsitlerle ilgili kesinlikle şunu anlaması gerekir ki, "Hiçbir müfsid ben müfsidim demez. Daima sûret-i haktan görünür." Fesat çıkaran insanı, insan bir bakışta anlayamaz. Çok aldatıcıdır onlar. Zahirden bakıldığında suret-i haktan görünür, belki en güzel en tatlı Müslüman onlar gibi dururlar ama hakikatte böyle değildir. İslam'ın bir parça büyümeye başladığı zamanlarda dahi sadece Uhud'a giderken bile 1000 kişinin 300'ünü fesada uğratır bu insanlar. Zira Mekke fethinden sonra İslamiyet birçok yere ulaşıyor. Hz. Ömer, İran'ın hidayetine vesile oluyor ama yine aynı Hz. Ömer, Safeviler eliyle birçok zahmete ve bozguna uğratılmaya çalışılıyor.

İran, Hz. Ömer'e düşmanlık etmek için adeta yarışıyor. O dönemlerde bile bunun oranları ve rakamları tahmin edilmez sayılardayken, bir de fitne zamanı olan bu ahir zamanı düşünsenize... Bunu düşününce içimize fitne girmesinin insanların fesada uğramasının artık bizleri çok şaşırtmaması gerekiyor. Fesadın yani oyunu kuranların temelinde ise yine aynı şey; sûret-i haktan görünme hadisesi var. Öyle bir çatal dili var ki o insanların, zehirlediği belki aylar belki yıllar sonra İslam adına hiç hareket etmediği görüldüğünde ancak anlaşılır.

Bu insanlar zehri ile tuzağına düşmüş kişileri istediği doğrultuda sevk ederler. Kendisine gelen kişiye iradesini ipoteklemeden, güzel ahlakı, adaleti, ibadeti, şefkati, merhameti, insanlığın ne kadar önemli olduğunu, toplum ahlakını, tâ hayvanlardan bitkilere kadar gösterilen hassasiyetin aslında Allah'a duyulan saygının bir çeşidi olduğu öğretmesi gerekirken; o insanı eline düşer düşmez, haset ettiği bir güruha yönlendirir. "Bak onlarda böyle bir kusur var, bunlarda şöyle bir şey var." diye cerbeze ile muhtelif zamanlardaki parçaları toplayıp, bunlardan bir komplo teorisi kurar gibi kurar insanı.

Burada müfsitten kasıt ise münafıktır. Mesela Bediüzzaman Said Nursi gibi insanlığın imanını kurtarmaya çalışan, sosyolojik yaşantıya, toplum hayatına bu kadar katkıda bulunan; kalplerde kılıçsız devrim yapabilen, ahiretle alakalı meseleleri insanlara aklen ispat edip kabullendiren, yanından geçtiği karıncayla ilgilenmeyi ihmal etmeyen ve unutmayan, imanlarına koşmaya çalıştığı çocuklar tarafından taşlandığı halde onlara dua eden bir insan, nasıl olur da insanlar tarafından korkulacak bir hale gelebilir? İşte bu müfsitler sayesinde. Çünkü hakiki güzelin kaderi budur.

Bir müminin niyetinde bozukluk olamaz ama amelinde olabilir. Bazı insanlar, güzel müminlere kem gözle bakıyorlar ve ben onlara hayret ediyorum. Bu kadar saf niyetle toplanmış, her insan gibi kusurları, hataları amelde olabilen ama niyette olmayan böyle güzide insanlara çatal dilliler neden hücum ediyor diye soruyorum kendime ve diyorum ki: "Akrebin tabiatında sokmak, yılanın tabiatında zehrini akıtmak var, şaşırmamak lazım." Sonra da dua ediyorum Allah'a ki inşallah bizim tabiatımız Muhammedî olur. Silahlarımız onlarınkine benzemez. Tüm bu olaylarda insanlara düşen temel kaide ise basiret sahibi olmak için hem çabalamak hem de Allah'a bol bol dua etmek. Çünkü böyle zamanlarda perdenin ardını görebilecek basiret yani kalp gözü insanda olmazsa aldanma ihtimali yüksek ve kavidir. Zira Hz. Ömer zamanında çok ilginç bir vakıa gerçekleşir.

Hz. Ömer bir gün mecliste sohbet yaparken: "İçinizde fitneyle ilgili hadis bilen var mı?" diye sual eder. İlmin kapısı Hz. Ali: "Kişi ahiret ilmi ile dünyayı kazanmaya çalışacak, bu fitneye düçar olacak." der. Bu arada buradaki dünyayı kazanmaya sadece para gözüyle bakmayın. Bunun "makamı, hürmet görmesi, insanlar tarafından sevilmesi, benim de şurada bir tanıdığım var diyebilme arzusu" çok alt dalı var, geniş düşünmek gerek... Hz. Ömer: "Ben ondan bahsetmedim, başka bir fitne." deyince, Hz. Huzeyfe inceliği anlar ve: "Ey Ömer senin o fitnelerle ne alakan var? Sen onları görmeyeceksin. Ama sen o fitnenin kapısısın." der. Hz. Ömer: "O kapı kırılacak mı?" diye sorunca Hz. Huzeyfe, daha önce Resulullah'tan (asm) duyduğu beyanlara dayanarak "evet" cevabını verir. Hz. Ömer: "Desene o kapı tekrar kapanmayacak." der. Açılan kapı kapanır ama malesef kırılan kapı tekrar kapnamaz. Kapının kırılması Hz. Ömer'in şehit edilmesi manasındadır.

Hz. Huzeyfe'ye: "Ömer şehit edileceğini biliyor muydu?" diye sorulunca: "Evet, biliyordu." cevabını verir. Şimdi "sahabeler velilik nazarıyla bozguncuları neden keşfedemediler" sorusu daha manidar oldu. Sahabelerde de bir velilik nazarı var ama bizim bildiğimiz velilik tarzı değil, üst seviye bir velilik tarzı.

Sahabeler zahirden direkt hakikate geçen insanlardır. Kur'an'ı bütün anlam tabakalarıyla fehmetmiş olup birinci el kaynaktan beslenmişlerdir. Yani sahabeler meyveyi birinci elden turfanda yemiş, biz salamura yemişiz, araya çok vasıta girmiş. Sahabeler güneşi bizzat görmüş, biz aynalardan yansıya yansıya görmüşüz araya çok zaman girmiş. Sahabe efendilerimiz suyu kaynağından içmiş, bizim içtiğimiz su bize ulaşana kadar üstünden kaç kurbağa atlamış, kaç sazanlıkta kirlenmiş. O yüzden bizim vesveselerimiz, şüphelerimiz varken; onların vesveseleri, şüpheleri yok tam sadakatle bağlanmışlar.

Bizim önce şunu anlamamız lazım; kurbiyet mesleği olan velilerin yolu çok uzundur keyiflidir, kerameti, hediyesi boldur. Akrebiyet mesleği olan sahabelerin yolu ise çok kısadır; keyfi, kerameti, hediyesi azdır. Mesela biz Mersin'den İstanbul'a gidecek olsak kurbiyet mesleğini temsil etsin diye otobüsle gidelim, akrebiyeti temsil etsin diye de uçakla gidelim. Biz Mersin'den İstanbul'a otobüsle on beş saatte gideriz ama yolda çorba molası var. Eşi, dostu telefonla arama zamanımız var. İki üç tane film izleme imkânımız var. Hediyelik eşya dükkânından hediye alma, pişmaniye alma imkânımız var. Çünkü yolu 12 saatte gidiyoruz. Bu yüzden kurbiyet uzun ama kerameti bol olan bir yoldur. Lakin Mersin'den İstanbul'a uçakla gidersek yolda çorba içme, molada hediyelik eşya alma, eşimizi dostumuzu arama gibi bir imkânımız olmaz. Bunların hiçbirisini sağlayamayız ama varacağımız yere bir saatte varırız. İşte akrebiyet mesleği de bu şekildedir.

Kurbiyet mesleği uzundur. Uzun olduğundan keşif, keramet, eğlence, keyif boldur. Akrebiyet mesleği ise kısadır bazen bir saatte bazen bir andadır. O yüzden de içinde keşif, keramet azdır. Hem Kur'an hem Efendimiz (asm) beşerî aciz bırakan iki mucizeyken hangi kerametin sahabelerin nazarında bir hükmü olabilir ki? Bu da onlarda kerametin, keşfin az olmasının başka bir sebebi.

Bir insanın Kadir Gecesi'ni yakalamasının iki yolu vardır. Birinci yolu kurbiyet yoludur. Kişi bu yolda bir yıl bekleyecek, mücadele edecek ve ancak o zaman bu geceyi yakalayacak. İkinci yolu ise akrebiyet yoludur. Kişi bütün latifeleri ve hissiyatlarını ruhun hayat mertebesine çıkaracak, beden hapishanesinden kurtulacak. Zaman dediğimiz olay maddenin hareket etmesi olduğundan, ortada madde kalmayınca zaman da kalmayacak. Böyle olunca kişi geçmişi, geleceği ve şimdiyi bir an gibi yaşanan bir mertebede bütün Kadir Gecelerini yaşayabilecek.

Ruhun genişlemesi, zamanın üstüne çıkma olayı dediğimiz bu hadise ile ilgili mükemmel bir örnek var. Bir gün Efendimiz (asm), Hz. Ali'nin dizine uzanıyor ve uyuyor. Vakitlerden ikindi vakti.

Efendimiz namazını kılmış ama Hz. Ali kılmamış. Hz. Ali bakıyor ki Resulullah (sav) uykuya devam ediyor, O'nu (asm) uykusundan uyandırmıyor ve ikindi namazının vakti tam bir saat geçiyor. Peki neden böyle yapıyor? Efendimizi uyandırsa olmaz mıydı? Namazın gecikmesinden daha mı önemli Allah Resulü'nün (asm) uyuması? Evet aynen öyle Resulullah'ın (sav) uyuması daha önemli çünkü alemler onun hürmetine yaratılmış, namazlar onun hürmetine bize emredilmiş, kâinat onun yüzü suyu hürmetine dönmüş ve kâinatın varlık sebebi o olduğu için Hz. Ali, O'nu (asm) uyandırmaya kıyamıyor.

Risale-i Nur'da bununla ilgili şöyle bir cümle geçiyor: "Güneş bir saat tevakkuf etti." Yani Allah güneşi gökyüzüne çaktı ki Hz. Ali'nin bu hareketinden dolayı namazı kaçmasın. Öyle bir hadise ki Allah sistemleri, tüm kâinatı namazın hürmetine durduruyor ama biz hala bir otobüsü durduramıyoruz. Firmayla binerken anlaşma yapıyoruz ama namaz saatinde şoför durmuyor bir de "koskoca otobüs namaz için durur mu?" diyor. Kâinat durmuş, güneş çivi gibi gökyüzüne çakılmış, bir saat tevakkuf etmiş ama şoför 10 dakika mola veremiyor. İçler acısı. Eğer bizler namazın önem ve hakikatini tam bilsek, ölüm döşeğinde olsak sürünerek yine gideriz ama bilmiyoruz. Bilmediğimiz için de onca vakit namazsız geçiyor üzülmüyoruz hatta fark etmiyoruz bile.

Peki biz tüm bunları neden öğrendik?

Bizlerin bunları öğrenmesindeki en temel amaç; Allah'a yakınlık halini anlamamız. Çünkü bizler bu kavramları ne zaman tam manasıyla anlarsak o zaman Allah'a yakınlık halini yaşayabiliriz. Bu kavramların yaşanması ibadetle değil ubudiyetle olabilecek bir hal. Çünkü ibadetin yapılmasında ince bir amaç var ki ubudiyetin yani kul ve köle olmanın içindeki o acizliğin sırrını yakalamak.

Zira Yunus b. Metta okyanusun ortasında, yunus balığının karnındayken namaza durmadı. "Lâ ilâhe illâ ente sübhâneke innî küntü minezzâlimîn." (Enbiyâ 21/87) dedi; acizliğin, ubudiyetin sırrını yakaladı.

Hz. Eyyüb yaraları içerisinde o zor haldeyken oruç tutmadı. "Rabbî ennî messeniyeddurru ve ente erhemürrâhimîn." (Enbiyâ 21/83) dedi ve acizliğin o ince muazzam sırrını yakaladı. İşte bizim bu kavramları bu kadar anlatmamızdaki amaç; kullukta bu ince sırlar yakalandığı anda Allah'a muazzam bir yakınlık hali başlıyor. Ondan sonra hayatında kontrol edilemez dediğin ne varsa bu sırlar ve formüllerle kontrol ediliyor.

Sahabe, sohbet kelimesiyle aynı kökten geliyor. O zaman bizim şunu da net anlamamız lazım, sahabeleşmek için sohbet etmek gerekiyor. Çünkü insanın internetten video izlemesi, kitap okuması çok güzel adımlar, çok güzel başlangıçlar olabilir fakat İslam bu kadar değildir. Bizler İslam'ın göz göze, diz dize, birlik olarak yaşanmasının bütün formüllerini bu satırlarda konuştuk. Madem formüller bu, madem insibağın, in'ikasın, incizabın bir sırrı var; bu işler sadece kitap okuyarak, internetten videolar dinleyerek ancak bir yere kadar olabilir, bu işin daha yüksek bir noktaya taşınabilmesi yani sahabeleşebilmek için sohbette olmamız, sohbet meclislerinde bulunmamız, birlik olmamız, omuz omuza yürümek, sorumluluk almak ve projeler üretmemiz şarttır. Çünkü İslam bir ideoloji değildir. Sadece masada entelektüel tarzda konuşulabilecek bir hadise hiç değildir.

İslam, hayatınızın bütün evrelerini tanzim edecek bir sistemdir. İslam yatarken de İslam'dır, su içerken de İslam'dır, mücadele ederken de İslam'dır, helal haramda da İslam'dır. Allah'ın yolunda Peygambere, sahabeye benzeyip nasıl insanlığın imanına yetişebilirim meselesi de İslam'ın bir parçasıdır. O yüzden İslam sadece kitaptan okuma dini değil, bir pratik dinidir ama çevremizde çoğu insan bize ne diyor: "Ben sana Kur'an okuma demiyorum oku ama evde oku." İyi ama zaten okuduğumuz Kur'an bize evden çık diyor. "Sahabeyi oku ama evde oku." Tamam da bizim o sahabe dediğimiz insanların dünyanın dört bir tarafında kabirleri var. Neden bu kadar mücadele etmişler acaba? İşte biz burayı anlayamıyoruz.

İnsan nasıl sadece okuyarak yüzme öğrenemezse sadece okuyarak da İslam'ı öğrenmesi mümkün değildir. Bu din bir pratik dinidir, okuduğumuzu mucibince tatbik etmek için meclisler bu işin olmazsa olmazıdır. Şimdiye kadar anlattığımız kavramların sırrı, esrarı ise işte bu meclislerdir. Kardeşlik, uhuvvetle ilgili meseleler okuyorum ama kardeşimle gerilebileceğim bir atmosferde omuz omuza mücadele etmiyorum; ne işime yarayacak benim bu okuduklarım? Zira ben sizin fabrikanıza gelsem, on yıl demircilikle ilgili bilgi öğrensem; en son: "Ya arkadaş bu kadar bilgiyle dükkân açsana ne duruyorsun?" demezler mi? Ya da başka bir yere gitsem, tır ve nakliye hakkında her şeyi öğrensem ama hiç nakliye yapmasam: "On yıldır bilgi öğreniyorsun, niye taşımacılık yapmıyorsun, niye bu boş bilgileri öğreniyorsun?" demezler mi? Aynen öyle de İslam sadece masalarda konuşulacak, muhabbet edilecek ideoloji dini değildir.

İslam, Allah'ın tanzim ettiği ve pratiğe dökülmesi zorunlu olan bir sistemin adıdır. Biz bunu geçmişe baktığımızda da çok net görüyoruz. Şimdi biz toplumdaki insanlara hatta camideki insanlara "nasıl bir insan istersiniz" diye sorsak, hepsi ahlaklı, temiz, dürüst, adil, namazında, Rabbini bilen insanlar ister. Ama dikkat edin tüm bu istenilenler bir neticedir ve bütün neticeler bir sebebe bağlı olur. İnsanların beklediği bu neticelerin sebebi ise meclislerdir işte bizim burayı anlamamız lazım.

Mesela ecdat böyle olduğunu bildiği için sadece cami yapıp bırakmamış, caminin yanında bir de o camiyi doldurabilecek tekkeleri, zaviyeleri, mektepleri, medreseleri yapmış. Ecdat bu manayı sahabelerden, Suffa meclislerinden, Darü'l Erkam ekolünden çok iyi almış. O halde bizim de bunu çok iyi anlayıp omuz omuza verip bazı şeyleri tekrar ihya etmenin vakti gelsin. Tüm meseleler derinlemesine konuşulduğuna göre artık satırlarımıza Efendimiz'in (sav) meclislerle ilgili bir hadisini okuyup son verelim; "Allah'ın yer yüzüne gönderdiği seyyah melekleri vardır. Bir meclis bulunca birbirlerine haber verirler: "Gelin falanca yerde Allah için bir araya gelen bir topluluk var." derler. Kanatlarıyla arşa kadar helezon oluştururlar.

Allah onlara sorar:

"Ne yapıyor kullarım?"

"Seni tesbih ediyorlar ya Rab."

"Onlar beni gördü mü?"

"Hayır ya Rab."

"Peki onlar beni görselerdi ne yaparlardı?"

"Şu an ne yapıyorlarsa ziyadesini, fazlasını yaparlardı ya Rab."

"Peki o kullarım benden ne istiyorlar?"

"Senden cennet istiyorlar ya Rab."

"Peki o kullarım cenneti gördüler mi?"

"Hayır görmediler ya Rab."

"Peki görselerdi nasıl isterlerdi?"

"Şimdi nasıl istiyorlarsa ziyadesiyle isterlerdi ya Rab."

"Peki o kullarım benden ne için sığınıyorlar?"

"Senden cehennem için sığınıyorlar ya Rab."

"Peki o kullarım cehennemi gördüler mi?"

"Hayır görmediler ya Rab."

"Peki o kullarım cehennemi görselerdi nasıl sığınırlardı?"

"Şimdi nasıl sığınıyorlarsa ziyadesiyle sığınırlardı ya Rab."

"Ben bu haldeki kullarımın hepsini bağışladım."

"Ya Rabbi içlerinde bazıları var ki onlar diğerleri gibi değil."

"Orada oturanlar öyle iyi kimseler ki, aralarında oturan da şaki olmaz, ben hepsini birden bağışladım."

Meleklerin hadis-i şerifte "onlar diğerleri gibi değil" diye bahsettiği insanlar, "arkadaş zoruyla veya canı sıkıldığı için gelen, geçerken uğrayan yahut kınanmamak için gelen insanlardır. O mecliste olduğu için Allah onları da bağışlıyor. Çünkü mecliste bereket var, mecliste insibağ, in'ikas var. O an dinleyenlerin algıları kapalı bile olsa onlara orada o tohum ekiliyor ve zamanı gelince boy veriyor. Madem mecliste böyle bir kurtuluş var ve madem bu din pratik dinidir. Bizler birlik olmazsak, omuz omza ortak proje üretmezsek, sorumluluk almazsak nasıl olacak? Dünya için elektriğin, suyun faturasını; evin, işin mesuliyetlerini; bedenimizin, sağlığımızın gerekliliklerini yaparken; Allah için birlik olup o birlik içerisinde sorumluluk almadan nasıl olacak?

ER'REFİK-ÜL ÂLÂ

Zaman devrini tekrarlaya tekrarlaya, Allah'ın yeri ve göğü yarattığı ilk andaki çıkış noktasına döndü ve bir vahiy geldi: "Bugün sizin için dininizi kemale erdirdim. Size nimetimi tamamladım ve sizin için din olarak İslâm'ı seçtim." (Maide/3)

Allah Resulü'nün (asm) dilinden kelamlar döküldükçe döküldü, Ebubekir'in gözünden yaşlar... Anladı ve ağladı sadık dost. Tüm alemi kaplayan bir burukluk içinde, vakitlerden ikindi. Çıktı Bilal tüm hissiyatı harekete geçiren o gür sesiyle ezan okumaya: "Allahuekber... Allahuekber..." Kılındı namazlar ve bir süreliğine o buruklukla bekledi alem.

Günler sonra Allah Resulü'nden ashabına bir sesleniş daha: "Bana dünya hazinelerinin anahtarları verildi. Benden sonra şirke sapacağınızdan korkmuyorum. Korktuğum o ki, sizden evvelkiler gibi dünyayı sevip birbirinizi kırmayasınız." Bildi Allah'ın sevgilisi ümmetini bildi, dünyanın nasıl bir cazibesi var bildi ve bildiği içinde yineledi: "Sakın dünyayı sevmeyin. Çünkü bu sevgi bütün hataların başıdır." Vakit gittikçe daralıyor. Ruhlar daralıyor. Alem daralıyor.

Bir gün Efendimiz (asm) bakışlarını semaya kaldırıyor: "Kardeşlerimi çok özledim." buyuruyor. Sahabeler: "Ey Allah'ın Resulü biz senin kardeşlerin değil miyiz?" deyince Efendimiz: "Hayır sizler benim ashabımsınız. Kardeşlerim beni görmedikleri halde iman eden, sesimi duymadıkları halde davetime koşanlardır. Ben onları kıyamet günü tanıyacağım." Sahabeler: "Ya Resulullah (sav) onları nasıl tanıyacaksın?" deyince Allah Resulü: "Sizin bir sürü atınız ve o atların ayak ve alınlarında da beyazlıklar olsa siz onları o nişandan tanımaz mısınız? İşte ben de bana iman edenleri alın ve ayaklarındaki abdest izlerinden tanıyacağım." diyor ve: "Allah'ım beni görmeden iman edenlerin amellerini on katı ile sevaplandır." diye dua ediyor. Amin ya Resulullah (sav) amin... binlerce milyonlarca kez amin.

Efendimiz ömrünün son on üç gününde ciddi bir hastalık geçiriyor ve bize bu hastalığı Hayber'de yediğim zehirli etin tezahürüdür diye anlatıyor. Bu son günlerde bütün Medine garip bir halde, insanlar şaşkın, Allah'ın sevgilisi alevler içinde, başı sevgili Aişe'sinin göğsünde. Peygamberliğinin ilk günü eşinde teselli bulan Allah Resulü, peygamberliğinin son demlerinde de yine teselli arıyor eşinde. Ey sevgili ne büyük nasihatler barındırıyorsun son nefeslerinde bile. Gideceğin onca yer varken, kâinat senin hürmetine yaratılmışken, istesen yerin de göğün de tüm kapıları sana açılacakken, sen ki Allah'ın sevgilisi iken, teselli bulduğun yer ne muazzam. Bugün ümmetin bu muazzam ahlaktan neden bu kadar noksan.

Efendimiz son dönemlerinde ashabına sürekli bir meseleyi soruyor: "Usame bin Zeyd ordu ile sefere çıktı mı?" Çünkü on yedi yaşındaki bu ordu komutanının babası Zeyd bin Harise azat edilmiş bir köle ve insanların aklında hâlâ kölenin oğlunun ordu komutanı olmasına dair sorular var. İşte Efendimiz ashabına son nefeslerinde bile itaatin önemini anlatabilmek için sürekli bu soruyu soruyor ki ashabı itaat edeceği kişinin yaşını, geçmişini sorgulamasın.

Bugün de ümmetin en büyük sorunu bu değil mi zaten. İtaatsizlik. Kime sorsak ümmetin birliğini istiyor ama kimse birlik adına itaat, kimse kimseye biat etmiyor. Herkes birlik istiyor ama bu birliğin kendi çatısı altında olmasını umuyor, kendisine benzemeyeni de hain ilan ediyor. Söylesenize böyle bir ahvalde ümmet bir olabilir mi? İşte Efendimiz (asm) ümmetinin düşeceği bu imtihanı biliyor ve son günlerinde sürekli aynı soruyu soruyor: "Usame ordu ile sefere çıktı mı?"

Usame'nin komutan olarak gideceği seferde birçok büyük kimse, Usame'nin emri altına gireceği için: "Böyle genç bir insandan komutan olur mu?" diye itiraz ediyor. İtirazlar çoğalınca Allah Resulü hasta hali ile hutbe vermek durumunda kalıyor ve: "Neden Usame'nin komutanlığına itiraz ediyorsunuz? Daha önce de Mute'de babası Zeyd için böyle itiraz etmiştiniz. Babası da Usame de bu komutanlığa layıktır, onlar ümmetin hayırlılarındandır. Eğer siz itaat meselesinde gerekeni yapmazsanız bu iş olmayacaktır." diyor. Usame bin Zeyd, Efendimiz'i (sav) bu hasta halinde bırakmak istemediği için seferi erteliyor ama Resulullah (sav) defaatle: "Usame'ye söyleyin sefere çıksın." deyince yola revan oluyor ve böylelikle Efendimiz rahatlıyor.

Zaman; zamanın ve mekânın uğrunda yaratıldığı peygamber için bile durmuyor, vakit vadeye doğru ilerliyor. Efendimiz o güne kadar hanımlarının hukukunu koruyarak her gün sırayla birisinde kalmasına rağmen bir gün "sıra kimde" diye birkaç kez üst üste soruyor. Diğer hanımları anlıyorlar ki, Allah Resulü son anlarını kıymetli Aişe'sinin yanında geçirmek istiyor. Müsaade ediyorlar ve Efendimiz son dört gününü Aişe annemizle hücre-i saadetlerinde geçiriyor.

Günlerden perşembe, akşam namazı vakti Efendimiz namazı kıldırıyor daha sonra odasına geçip Mürselat suresini okuyor. Biraz sonra yatsı namazının da vakti girince sahabeler Efendimiz'i imamet vazifesi için bekliyorlar ama Efendimiz (asm) kendinde yataktan kalacak güç bulamıyor. "Ebubekir'e söyleyin namazı o kıldırsın." buyuruyor. Hz. Ebubekir, Resulullah'a (sav) olan üzüntüsünden bir türlü imamlığa geçemiyor, Efendimiz emrini birkaç kez tekrarlamak durumunda kalıyor. Aişe annemiz: "Ya Resulullah (sav) Ömer geçse olmaz mı? Bilirsin babam seni çok sever ve dayanamaz çok ağlar." deyince Efendimiz: "Olmaz imamlığa Ebubekir geçecek." diyor ve böylece vefatından sonra ümmetin başına geçecek kişiyi de tayin etmiş oluyor.

Hz. Ebubekir imamlığa geçip iftitah tekbirini getiriyor ama namazı ağlamaktan zor kıldırıyor. Bu vazife kendisine Efendimiz vefat edene kadar on yedi kez nasip oluyor hatta bir gün Efendimiz de cemaate katılarak onun arkasında namaz kılıyor. Efendimiz'in (sav) hastalığı gün geçtikçe ağırlaşıyor. Çok sevdiği babasının bu dünyadan ayrılma vaktinin geldiğini anlayan Fatıma annemiz Allah Resulü'nün yanına giriyor ve babasına sıkıca sarılıyor. Efendimiz kıymetlisine "sabret kızım artık Allah babana acı çektirmeyecektir" deyince Fatıma annemiz babasının bu hastalıktan kurtulamayıp vefat edeceğini anlıyor ve hüngür hüngür ağlamaya başlıyor.

Kızının gözyaşlarını silen babası tekrar onun kulağına eğilip "ehli beytimden bana ilk kavuşacak olan sensin" diye müjde verince Fatıma annemizin gözündeki yaşlar yerini hoş bir tebessüme bırakıyor ve gerçekten de Efendimiz'in (sav) vefatından altı ay sonra kızı Fatıma babasına kavuşuyor. Rebiülevvelin on biri, günlerden pazartesi, zaman son darlığında. Cebrail ve Azrail kapıda. Ölüm meleğinin bile müsaade isteyerek girdiği huzurda, Allah Resulü bir tercihte muhayyer bırakılıyor.

"Dünya mı, O'nun (cc) yakınlığı mı?"

Allah Resulü'nün mukaddes başı sevgili Aişe'sinin göğsünde, şehadet parmağı göklerde, dilinde ise hece hece bir cümle: "Er'Refik-ül Âlâ- Yüce Dost."

Hay ve lâyemut olan yalnız Allah'tır. Vakti gelince her nefis ölümü tadacaktır. Resulullah'ın (asm) evinden çıkan sessiz haykırış... Sadık dost Ebubekir bu vefattan habersiz, Ömer, Ali, Osman bir taştan farksızcasına tepkisiz halde kapıda. O esnada tüm sessizliği bozarcasına kulaklarda çınlayan o sayha sahibi Hz. Ömer: "Kim Allah Resulü öldü derse onu paramparça ederim!" Kimsenin sesini çıkaramadığı, kuşların bile uçuş istikametlerinin şaştığı bu sayha karşısında herkesten merhametli ama herkesten bir o kadar da kuvvetli o dağ Hz. Ebubekir: "Nefsimi kudret elinde tutan Allah'a yemin olsun ki peygamber öldü. Hayatında ne güzeldin, ölümünde de ne güzelsin ey sevgili." Hz. Ömer gerilerde Resulullah'ın (sav) öldüğüne kalbini bir türlü ikna edemiyor ve dilinde aynı cümle: "Vallahi peygamber ölmedi! Peygamber ölmedi!"

Hz. Ebubekir'den dostuna en gür sada ile son bir sesleniş: "Kim Muhammed'e (sav) tapıyorsa bilsin ki Muhammed (sav) öldü. Kim Allah'a tapıyorsa bilsin ki Allah ölmez. O (cc) Hâyy ve Lâyemuttur."

Yeni kitap önerimiz
için karekodu
telefon kameranıza
okutunuz.
Aynı karekod ile her hafta başka bir kitap

iyi ki kitaplar var...

ARAYIŞ

MEHMET YILDIZ

Ömrünün baharında solmuş bir genç...
Aile içi şiddeti, cinayeti, sokakları, uyuşturucuyu, pisliği,
yetimhaneyi, pişmanlığı ve varoluş sancısını yaşamış gencecik
bir yürek. Bu genç yaşında kaldıramıyor bu kadar yükü...
Bir arayışta...
Yaşadığı acı dolu hayata bir anlam bulmak istiyor bu genç.
Dipsiz bir kuyuda geleceği için bir parça umut arıyor...
Ve yolunu kaybedenlere rehberlik eden çiçeği
burnunda idealist bir öğretmen...
Büyük kâinatta kaderlerinin birlikte yazılması asla tesadüf değildi.
Mehmet Yıldız'ın gerçek bir hayat hikâyesinden
esinlenerek yazdığı bu romanda, bahtsız bir gencin sarsıcı
ve dokunaklı dönüşümüne şahit olacaksınız.
"Kimse boşu boşuna girmemiştir hayatımıza.
Ya imtihan olmuştur ya armağan."